数学教材整合下的接引性学习单的实验研究

明春生 / 编著

图书在版编目（CIP）数据

数学教材整合下的接引性学习单的实验研究 / 明春
生编著 . -- 北京：世界图书出版公司，2019.6
ISBN 978-7-5192-6331-7

Ⅰ . ①数… Ⅱ . ①明… Ⅲ . ①中学数学课—教学研究
Ⅳ . ① G633.602

中国版本图书馆 CIP 数据核字（2019）第 105447 号

书　　名	数学教材整合下的接引性学习单的实验研究
（汉语拼音）	SHUXUE JIAOCAI ZHENGHEXIA DE JIEYINXING XUEXIDAN DE SHIYAN YANJIU
编　　著	明春生
总 策 划	吴　迪
责任编辑	齐　雪　李爱华
装帧设计	刘　岩
出版发行	世界图书出版公司长春有限公司
地　　址	吉林省长春市春城大街 789 号
邮　　编	130062
电　　话	0431-86805551（发行）　0431-86805562（编辑）
网　　址	http：//www.wpcdb.com.cn
邮　　箱	DBSJ@163.com
经　　销	各地新华书店
印　　刷	三河市燕春印务有限公司
开　　本	787 mm × 1092 mm　1/16
印　　张	15
字　　数	270 千字
印　　数	3 001—5 000
版　　次	2019 年 6 月第 1 版　　2020 年 5 月第 2 次印刷
国际书号	ISBN 978-7-5192-6331-7
定　　价	45.00 元

目 录

CONTENTS

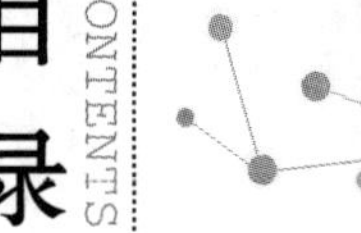

第一章 课题报告

第二章 论文成果

第三章 教学设计和课堂实录

第五章 微课教学

第一章

课题报告

《数学教材整合下的接引性学习单的设计的实验研究》开题报告

龙岗区教育科学规划课题
开题报告

课题名称　数学教材整合下的接引性学习单的实验研究

课题类别　教师课题

课题主持人　明春生

课题所在单位　龙岗区宝龙学校

课题主持人手机号　1501672××××

填写日期　2017 年 10 月

龙岗区教师进修学校科研部制

2017 年 9 月

一、课题主持人及成员基本情况

主持人姓名	明春生	性别	男	民族	汉	出生年月	1971 年 4 月
行政职务	无	专业职称		中学高级		最后学历	本科
办公电话	0755－89362058	手机	1501672××××			传真	
电子信箱	568373×××@qq. com					邮编	518116

课题组主要成员名单			
姓名	工作单位	职务/职称	承担任务
黄敏佳	宝龙学校	三年级	组织课题的实施
蔡晓玲	宝龙学校	二年级	实验教师
翟兴权	石芽岭学校	八年级	数据的统计
吴红平	宝龙学校	七年级	实验教师
官丽婷	宝龙学校	一年级	实验教师
陈宠年	宝龙学校	五年级	实验教师
宋志航	宝龙学校	五年级	实验教师
钟巧玲	宝龙学校	二年级	实验教师
黄妙玲	宝龙学校	六年级	资料的收集
周道斌	深圳中学龙岗初中	八年级	数据的统计
钟庆欣	宝龙学校		资料的收集

二、开题活动简况

[时间、地点、报告人、评议专家（姓名、单位、专业，不少于 3 人），参与人员等]

时间：2017 年 10 月 25 日

地点：二楼行政会议室

报告人：明春生

评议专家：涂源安校长　宝龙学校　教育专家、物理专业、高级教师
肖国辉副校长　宝龙学校　教育专家、语文专业、高级教师
陈波副校长　宝龙学校　教育专家、语文专业、高级教师
陈景宜主任　宝龙学校　教育专家、政治专业、高级教师
韦新祥科组长　宝龙学校　教育专家、数学专业、中级教师

参加人员：课题组全体成员、宝龙学校领导、课题组评审组成员

三、开题报告要点

课题研究背景及拟解决的核心问题；研究的理论意义和实践意义；核心概念界定；国内外研究述评；研究理论依据；研究目标和主要内容；研究方法、研究步骤、预期成果、保障条件、研究的创新点（不少于5000字，可加页）。

（一）课题研究背景及拟解决的核心问题

1. 课题研究背景

随着我国教育教学改革以来，课堂教学改革的出发点和归宿是教会学生掌握科学的学习方式，学会学习，学会创造，和谐发展，致力于提高教育教学的质量。现在大部分的初中生学习数学的方式基本上处于上课听教师引导并结合小组合作学习的模式，将课堂的主动性还给学生，让学生成为课堂的主体。课后完成作业，在从事大量的解题练习的状况之中，逐步形成了千篇一律的学习方式，采取的手段是强化练习、变式训练。这种学习方式在学习巩固知识、深刻理解知识、创造性地应用知识等方面固然有良好的作用，但弊端也很明显，这种学习方式单一、被动，学生缺乏自主探索、合作学习、独立获取知识的机会，对学习过程的反思和调节重视不够；缺乏自己经历观察问题、发现问题、提出问题、探究和解决问题、回到实践中验证结论的正确性这样的完整的过程，创新意识与发展潜能提升缓慢，学生缺乏自觉地提高学习能力的意识，只会以解题练习为主要学习形式，学习方法简单，投入多、产出少，学习效率较低，无法做到让学生真正减负和打造高思高质的数学课堂。

2. 拟解决的核心问题

以思维为导向，以接引性学习单为载体，促进学生学习方式的改变与学生思维品质的提高。宝龙学校从办学以后一直以老办法进行教学，在教学中发现按以前的方法进行教学，不但低效，老师也教得辛苦，成绩也难以提高，学生还不能得到全面发展。究其原因是学生一直在被动学习，完全发挥不了学生的主动性。于是从2016年2月开始，宝龙学校开始了教学改革，改革学生的学习方式，学生由被动学习转化为主动学习，在主动学习中，强调学生的思维训练。本课题就是在这样的情况下进行研究的。

（二）研究的理论意义和实践意义

1. 理论意义

随着新课程改革的不断深入，构建高效课堂已成为课改的一大“亮点”。高效课堂的核心理念就是促进学生更好更快地发展，其目的是要培养学生的学生素养和思维方式。通过本课题的研究，数学教学由关注知识向关注思维转变，由关注数学成长转变为关注人的成长。而我校涂源安校长提出的大假设法思维下的完整课堂理论，正是为了培养知、情、意、行完整成长的人。通过对国内外相关研究的分析，导学案是有，但都是围绕知识点的掌握而设计的，而基于以思维训练为主的接引性学习单的设计几乎没有，对于在对数学教材整合下的接引性学习单的设计研究就更少了，因此，数学教材整合下的接引性学习单的设计的实验研究，对我校大假设法思维下的完整课堂研究也具有积极的作用。

续 表

2. 实践意义

数学教材整合下的接引性学习单的设计的实验研究有多方面的实践意义：一是促进教师对教材的理解。教师为了高效的接引性学习单的设计，必须对教材进行认真钻研，达到非常熟悉的情况下才能对教材进行整合。二是促进教师对学情的分析。怎样设计才能达到入口浅、学生感兴趣，而且学生能主动去学习，并且对各方面的学生都有帮助；在设计中怎样设置易、中、难的比例，教师只有在对学生学情相当了解的基础上才能达到。三是促进教师加强业务学习。如何设置才能使学生感兴趣，每次的设计如何才能使学生有新鲜感，如何在接引性学习单中突出重点、突破难点，提升学生的自我学习能力与潜力。以此打造高思高质、学生自主探索的数学课堂，真正为学生的学习减负。这要求教师必须加强自己的业务学习，通过不断学习，提升自己对接引性学习单的设计水平。四是接引性学习单的设计是提高数学课堂教学实效性的有效途径。让课堂教学从知识取向转向思维取向，由关注数学成长转变为关注人在数学中的成长。为课堂搭建了一个整体的逻辑架构，对于提高课堂教学，一般在新课的前一天发给学生，让学生在家先进行自主学习。

（三）核心概念界定

数学教材整合下的接引性学习单是一张学习清单，它是在基于教师对数学教材进行整合情况下形成的一张学习清单。首先是数学教材的整合，即根据一线教师多年的经验与当前本校学生的学情，对现行义务教育的数学教材根据易学发展思维的原则进行前后顺序的处理，或是对同一内容以先集中讲解后练习等方式进行处理，包含跨年级、跨章节进行整合。其次是接引性学习。广义地讲，是以“学”为中心，以交往与对话为基本形式的学习。狭义上讲，学生在接引性学习单的指导下开展的独立学习称为接引性学习。而接引性学习单有两层含义：一是接，是指从已有的旧知识中接到本节课要讲的新知识，也就是本节课知识产生的根；二是引，是如何从已有的旧知识通过什么途径引到本节课的新知识，在运用什么途径时，要考虑到最简单、最根本的路径，既要使学生感兴趣，又要使大部分学生愿意接受的途径。即一是直指根本的路径设计，二是有效的学科兴趣与学习热情激发。而数学教材整合下的接引性学习单，就是结合数学教材整合和接引性学习单的特点设计的学习清单。

（四）国内外研究述评

1. 国内外研究现状

目前，国内外关于导学案的研究相当丰富，研究时间很长，国外从 20 世纪 80 年代开始，许多专家、学者对此进行了系列研究，并取得了丰硕的成果。国内起步稍晚，1979 年前后，我国教育才开始学导式教学的试验研究，全国总共有 11 所学校先后自发地开始实验，名称也不统一，也未构成系统的理论与实践体系，所以，这个阶段只能叫作导学案探索阶段；20 世纪 80 年代初，黑龙江的胥长辰在自学式教学实验的基础上首先提出学导式教学，后由哈尔滨师范大学的刘学浩从理论上加以总结；1982 年《黑龙江高教研究》上出现了对学导式教学的研究；1983 年《成人教育》《新华文摘》及《中国教育报》等出版物媒体对学导式教学进行了进一步探讨；从 1988 年起，我国连续几年召开了全国学导式理论研讨会与讲习班，并在各地、各级各类教学和继续教育、职工培训等领域得到推广；1991 年后，学导式教学法列入世界五大教学法之一，至此，学导式教学法基本走向成熟，基本形成了较为完整的理论体系与实践方法体系。20 世纪 90 年代以来，学导式教学走出经验主义的发展道路，开始吸收各种营养，进入深化阶段。到目前为止，导学案已经在各级各类教育中广泛适用，全国各地小学、初中、普通高中和职业高中都有学校和教师在采用。

续 表

导学案是一种辅助引导学生预习和课堂自主学习的方案，使学生通过借助导学案，在教师的指导下逐步达到自主学习和主动学习的目的。为课堂教学的有效性奠定基础，逐步提高学生的预习和自学能力，逐步由过去的被动学习转向主动学习。导学案需要体现学生的学习：师生、生生之间的讨论与交流，互相沟通信息的过程和具体方法。学生在导学案的指导下，易于发挥个人创造力、发扬集体协作的精神。它实际上是作为学生课堂学习的"副本"，使教师转换角色，为学生自学了解目标起导学作用，为学生自学理解学习内容起助学作用。

而接引性学习单是在我校完整教育的教学改革中于2016年2月提出的新名词，它和导学案一样对学生起着导学的作用。首先是二者的形式和作用完全不同。从形式上看：导学案一般包括学习目标、知识链接、预习导学、合作探究、达标检测、总结反思；而接引性学习单包括学习目标、承接部分（新知识所需要的旧知识）、引导部分（由旧知识到达新知识的根本路径）、自主探究、话语激励、指引等部分组成。从起的作用上看：导学案是强调学生先学后教，而数学教材整合下的接引性学习单有利于激发学生的学习兴趣和动机，接引性学习所获得的知识是由学生自我建构的，学生会获得一种愉悦、成功的体验。其次是教师搭建"脚手架"，提供"方向标"。学生在教师的指引下，围绕核心问题，有方向、有目标地开展自主学习。再次是接引性学习是学习成长路径的最优化，是学生"最近发展区"的高度拓展。

2. 研究中存在的问题

难以保证预习环节，学生的主体性未能体现。预习环节是使用导学案的基本环节，它不仅涉及学生的学习习惯能否养成、自学能力能否提高，还直接影响课堂展示能否顺利进行。如果学生的预习时间不够充分，预习方式未能落实，那么，课堂展示就会流于形式，或上成习题课，或上成学生的对答案课，或上成教师的展示课，学生的主体作用无法发挥。我校学生没有住宿生，而学生在学校白天时间安排得比较满，缺少自主学习的时间，在家中又难以保证预习，所以我试图让学生在课堂上完成预习任务，但总感觉时间短，学生预习不透，而且缺少获知的欲望，学生的主体性未能得到体现。

而数学教材整合下的接引性学习单在整合教材的基础上为学生节省了时间。接引性学习单要求内容少，设计的问题必须简单，面向中低层学生，引的过程是直指知识的根本路径，为学生节省了时间，而且在设计中要求做到能开放的尽量开放，使不同层次的学生有不同想法，为学生完成学习提供了极大的激发学生兴趣的可能。

3. 自身研究的生发点

在数学教学中，学生的认知过程、思维过程是具有一定层次性的，而且层次间具有内在的逻辑联系。恰逢我校涂源安校长创立了大假设法思维下的完整课堂，倡导以知识为基础，思维为核心作用，问题为工具，活动为载体。大假设法思维课堂，是基于学情预判设定学习目标，目标是最大的假设，也是课堂的终点。以问题为核心的课堂教学，更注重学生思维和素养的提升与建立，在学生已经有的知识背景下，由浅入深地引领思维向纵深发展，朝着核心问题的方向，构建清晰、完整的逻辑思维。怎样引领学生进行思维过程，逐步推进学生思维的发展，指向学生思维的发展，这还需要以问题为主的基于数学教材整合下的接引性学习单的设计为抓手，进行接引性学习单的设计的实验研究。

续表

（五）研究理论依据

1. 辩证唯物主义关于事物发展的“内因、外因理论”

人的发展要靠内外两个因素，外因是次要的辅助因素，内因才是主要的核心因素。在教学上，就是强调学生是主体，学生是学习的主人，教师只是学习的客人，所以，在教学时教师不要喧宾夺主。这就告诉我们，编写接引性学习重点是要规划好、设计好学生的学，而且要进行整体和完整的规划。此外，在教师根据学生的学进行有针对性的指导的时候，还要把激活学生自主学习放在第一位。

2. 著名教育家布鲁诺的“发现学习理论”

学生的学习是主动发现的过程，而不是被动地接受知识。因此，设计接引性学习单的时候要小步子、有梯度、循序渐进，并且要设计引导学生发现问题的过程。

3. 建构主义

建构主义（construcitvism，也译作结构主义理论）作为一种教育思潮在20世纪80年代迅速崛起，被人们称为“当代教育心理学中的一场革命”。作为一种独到的理论，它强调以学生为中心，学生在一定情境中，借助包括教师和学习伙伴在内的其他人的帮助下，实现建构自己的知识的过程，教师在整个教学过程中起组织者、指导者、帮助者和促进者的作用。人的认知结构就是通过同化与顺应过程逐步建构起来的，并在“平衡——不平衡——新的平衡”的循环中得到不断的丰富、提高和发展。它的理论在课堂教学上简单来说，就是通过学生的学和教师的教，让学生从学习者的无疑惑到学习中的有疑惑，再到消除疑惑的过程。基于皮亚杰的建构主义的原理，在接引性学习单的设计和教学中，我们在设计时应注意创设问题情境，以诱发学习者进行思考，使其在认知上达到同情况进行同化或顺应，形成新的知识结构，从而达到新的平衡。

4. 大假设法思维下的完整课堂

2016年2月，我校涂源安校长创立了大假设法思维下的完整课堂，倡导以知识为基础，思维为核心作用，问题为工具，活动为载体。大假设法思维课堂，是基于学情预判设定学习目标，目标是最大的假设，也是课堂的终点。完整课堂的理念能较彻底地改变目前教学知识碎片化、重知识而不重视思维训练的现状。完整课堂中的组学、群学等环节就是指学生先自学，然后到小组中汇报自己所学的情况，对学习中遇到的困难，可在小组内通过积极讨论解决一部分，对确实不能小组内讨论解决的问题，可通过其他小组帮扶解决，在帮扶解决的过程中予以加分，通过比较加分的多少激发学生的兴趣。总之，在课堂上学生成了主人，学生的思维始终在与别人交流解法（要么自己展示，要么发现别人的错误，要么从别人的错误中吸取教训等），在思维碰撞中提升学生的思维能力，从而快速地掌握好知识。

（六）研究目标和主要内容

1. 研究目标

（1）通过研究，明确现行数学教材整合的可行性及必要性，明确数学接引性学习单的基本形式及每种形式的基本栏目，明确数学教材整合下的接引性学习单的设计的基本原则和要求，并能根据数学的不同课型设计不同的接引性学习单，区分不同课型的接引性学习单的不同，从而使教学设计以最佳的方式呈现。

（2）通过研究，提升教师解读教材、整合教材的能力，优化以接引性学习单为主导的教学设计，促进教师的专业成长，打造学科教学特色。

续 表

2. 研究的主要内容 (1) 教材整合是基础课。教材解读的价值在于实现读者与作者的交流，即通过自己的实际去走进教材、走近作者，形成自己对教材的理解。而解读是有层次的，数学教师只有在各个层次上解读出符合数学性质和学情的内容，才能真正有效地呈现教材，完成课堂教学任务。 在教材完全解读的基础上对教材进行整合，既要符合教材设计的意图，又要对现有的章节、各年级的内容进行优化组合，根据思维训练、考点频率的高低进行整合。现在的教师这方面比较薄弱的，一方面源于教师对编写者的尊重，认为教材是神圣的；另一方面是现在课题组的教师比较年轻，对现行教材的把握不准，这是需要努力去提升的。 涂源安校长的课改理论指出：数学的接引性学习单的设计主要是以训练学生思维能力为主线的学习清单。同时，课堂教学的过程本质上就是师生、生生思维碰撞的活动过程，更是培养学生思维能力的过程。问题是思维的源泉，也是思维的动力。问题的设计最终是要在课堂教学中去实践的，促进学生的思维能力的发展。然而，思维并不等于简单的思考，二者有很大的区别，也不太容易理解。对学生来说，应该培养怎样的思维？在数学教学中，又应该培养哪方面的思维？有了思维分类，又如何在教学中加以培养……诸如此类的许多概念，我们目前还不是很清晰，是做接引性学习单之前要细细研究和讨论的。 好的接引性学习单设计一定会关注学生的学情，对学生学情的分析决定了教材的整合的跨度，决定了接引性学习单的问题的设计的方式及难易程度。太难的学习单学生无法思考，太过简单的学生又不必思考，只有恰当地、符合学生学情的接引性学习单的设计才能激起学生思维的火花。总之，教材整合的两个基本原则是学生思维发展的规律与教材内在的思维逻辑。 (2) 接引设计是前提。有了思维的理论指引，有了对教材的整合，有了对学情的精准分析，在具体设计时还要精心思考，要遵循一定的原则要求，尤其是对于不同课型要有区别。如，如何设置才能激发学生的兴趣，如何设置才能使问题具有层次性，才能推进学生的思维。在原则方面，一是情境化原则，建立数学与生活的联系，引导学生经历知识生成的过程。二是简单、低入原则，“简单”指的是重视基础，重视最基本的技能。“低入”指的是门槛低，降低起点“接”学生，设置情境“引”学生，不能让学生无从下手，要让学生有话可说、有活可干。三是根本性原则，是指抓住事物的最基本、最核心的要素，抓住知识的根、源、线、脉。四是开放性原则，是指问题的设计中，结论不封闭，而且接引性学习单的形式多样，不局限于书面作业。另外，有了设计的基本原则，数学教材整合下的接引性学习单的问题情境的创设及问题如何呈现？接引性学习单的设计和以往的教学设计稍有不同，要能够更好地体现问题之间的逻辑关系，思维导图似乎是最佳工具。但是，在实际教学中，我们对思维导图的设计运用能力不够强，还需不断学习、反复实践，最终确定出不同课型的接引性学习单的最佳呈现方式。 (3) 评价方式是保证。课堂教学是接引性学习单的最佳评价方式，通过学生在课堂上小组合作中的组学、群学的表现，达到对思维能力的观察，语言表达能力的考查，可以判断出接引性学习单设置的有效性、合理性等。通过大家的交流，不断地反思，反思后再对数学教材整合下的接引性学习单进行二度设计，然后再实践、再修改。

续表

（七）研究方法、研究步骤、预期成果、保障条件、研究的创新点
1. 研究方法 （1）文献法。通过查找相关资料，了解有关思维科学的相关知识，了解学生的心理特点，分类整理、学习，为本课题的研究提供参考。认真学习、钻研我校的校刊《倾听花开》杂志，深刻理解学校的大假设法思维课堂理念，学习相关的思维知识及相关教师优秀的教学案例、课改学习心得等，进一步提升自己的理论知识及课堂改革的实践能力。 （2）行动研究法。①在专家的引领下，不断更新理念，调整思路，规划教学研讨任务。②采取既分工又合作的方法，不同教师承担不同的研讨任务，在不同的任务中又协同合作，即可对不同任务发表不同的意见供大家参考。③课堂教学实践采取组内研究与校级研讨、区级研讨相结合的方式。加强集体备课，多磨课，营造良好的研课氛围，以此检阅数学教材整合下的接引性学习单的设计是否切合实际，有哪些方面需要进行修改。④通过反思，在反思后再对接引性学习单进行二度设计。 2. 研究步骤 （1）第一阶段（准备阶段）（2017 年 9 月之前）。一方面，全方位搜集关于学生思维能力培养的相关书籍、杂志、影音等资料，把握相关研究动态，借鉴已有的研究成果和经验教训，为课题研究提供理论框架和方法论的支持；另一方面，观察数学学科接引性学习单的设计，从而了解数学学科接引性学习单的设计现状，为开展研究做准备。 （2）第二阶段（实践阶段）（2017 年 9 月—2018 年 5 月）。①制定课题实施方案，邀请专家，召开课题开题论证研讨会，听取专家和课题组教师对研究方案的意见。②实验教师根据课题会议的精神进行数学教材整合下的接引性学习单的设计。③邀请课改专家对数学教材整合下的接引性学习单的设计进行指导，听取专家们对接引性学习单的设计意见和建议，完善数学教材整合下的接引性学习单的设计原则、方法、流程、模式，以及评价相关研究工作。 （3）第三阶段（论证阶段）（2018 年 6 月）。比较和分析学校其他科目的课程开发经验和课题研究经验，梳理参加公开课的接引性学习单，汇编成册。同时邀请专家，听取他们对《数学教材整合下的接引性学习单的设计的实验研究》编订的意见和建议。最后是对将已经完成的《数学教材整合下的接引性学习单的设计的实验研究》初稿进行梳理、编辑。 （4）第四阶段（推广阶段）（2018 年 7—8 月）。一方面，在专家的指导下，课题组教师共同研讨修改完成《数学教材整合下的接引性学习单的设计的实验研究》；另一方面，撰写课题结题报告，填写课题成果鉴定书。同时请求专家认证指引，做好课题的归位以及推广工作。 3. 预期成果 （1）结题报告。 （2）论文 2 篇以上。 （2）编制《数学教材整合下的接引性学习单的设计的实验研究》。 其他成员：负责数学教材整合的实验研究，并在数学教材整合下对接引性学习单进行设计的实验研究。

续 表

4. **保障条件** （1）人员保障。课题组主持人明春生，中学高级教师、特级教师，具有丰富的教学经验，从教20多年，对各版本的初中数学教材非常熟悉，而且来宝龙学校已有两年，对学校学生的能力水平也已了解到位。宝龙学校从2016年2月开始进行课改，在各位领导的指导下，在课改先锋们的感染下，对接引性学习单的设计具有一定的了解，尤其是数学教材整合条件下的接引性学习单的要求、原则有一定的基础。作为宝龙学校数学组的一员，明春生积极参与到课改的过程中，课题组成员黄敏佳、蔡晓玲、吴红平是老教师，对各种教材比较熟悉，尤其是对北师大版的教材，有了基础就易进行教材整合。课题组其他成员、学员是宝龙学校的教师，全程参与了宝龙学校的课改工作，对宝龙学校的接引性学习单有一定的了解，并且从实际中掌握了接引性学习单的设计的基本经验。而工作室其他非宝龙学校的教师，也都是老教师，主要负责对数学教材进行整合，对教材的整合提出可行性方案。 （2）经费保障。经费方面预计为0.26万元（其中图书资料费：1000元；办公用品及专用材料费：300元；复印、打印和制作费：300元；专家咨询费：500元；其他费用：500元）。 （3）人才保障。作为课题负责人的明春生是龙岗区名师工作室的主持人，可把课题研究与区名师工作室的主题教研相结合，还可以与宝龙学校数学科组的主题教研相结合，通过区名师工作室的成员、学员的共同努力，以及宝龙学校数学科组成员的共同努力，更快、更扎实地推进课题研究的进程。 5. **研究的创新点** （1）研究内容的创新。教材整合很多人都在做，但教材整合的目的并不十分清晰，而且教材整合后如何实施也没有很好的路径，而课题组的大部分成员又经历了这一年多的课改，并在课改中对学生的思维能力的培养做了很多努力和尝试，积累了丰富的一手材料，有着较前卫的思想；借明春生名师工作室的成立，使区内各层次的人均能参与到本课题组的研究当中，尤其是工作室的成员中，大多数是教过几轮学生的老教师，对义务教育的北师大版数学教材非常熟悉，对教材的整合非常有帮助。作为教研处主任的陈景宜是学校课改的负责人，分管数学组，经常亲临数学组指导工作；作为校长的涂源安，物理学科出身，但对数学有深刻的理解，也经常深入数学组进行指导。这样，我们通过以整合数学教材为基础，以接引性学习单为手段来达到对学生思维能力的培养。 （2）研究视角的创新。传统的导学案以知识的获取为核心，忽略了学生思维训练的发展、情感体验及意志力的培养；而数学整合下的接引性学习单是以学生的情感体验为基础，以训练学生的思维能力为核心，以培养学生的意志力为目的。

四、专家评议要点

对开题报告进行可行性评估，并提出修改建议（800字以内）。 **（一）核心概念界定中应有3个核心概念** 1. 数学教材整合。 2. 接引学习及接引性学习单。 3. 数学教材整合背景下的接引性学习单。

续 表

（二）课题研究背景中应有教育教学理论及当代教育发展要求的支撑 我建议以建构主义理论作为理论支撑来展开阐述，当代教育教学发展的现实可以考虑新课程实施后在实施手段上存在的问题。 （三）拟解决的核心问题 以思维为导向，以接引性学习单为载体，促进学生学习方式的改变与学生思维品质的提高。 （四）国内外研究述评 可考虑从导学案讲起，从导学案的源起、导学案的发展过程、导学案设计的目的与原则、导学案的批判等方面着手展开。接引性学习单从本质上看是导学案，但本研究中所指“接引性学习单”是指……（参看《倾听花开》第一期涂校长文章《课改做在明白处》）我觉得要着重阐述接引性学习单设计的目的与意图，与学校课改的精神实质相结合。在此基础上，再回头看目前已有的关于导学案的研究与设计，着重指出导学案无法解决的问题，由此引起“本研究的生发点”。 （五）研究目标的子目过多 可适当整合为 3 条以内。 （六）研究的主要内容 1. 可分 3 个内容展开 教材整合是基础，接引设计是前提，评价方式是保证。我觉得没有必要分得那么细。可考虑将第二条与第三条放在第一条中一并阐述，并作为第一条的支撑，因为，接引性学习单的设计首先应在教材整合的基础上进行，而教材整合的两个基本依据是学生思维发展的规律与教材内在的思维逻辑。 2. 关于原则方式的研究 应与有关“接引性学习单”的界定相结合，体现接引价值。如情境化原则——建立数学与生活的联系，引导学生经历知识生成的过程；开放性原则——尊重学生内在的思维与个性及独特的个体体验，并为课堂展示做好铺垫；根本性原则——直指知识实质的路径设计…… （七）研究的主要阶段 准备阶段、实践阶段、论证阶段、推广阶段。 （八）研究的创新点 1. 研究方式 因为在研究方式上主要采用行动研究法，无所谓创新，所以这条可以删除。 2. 两个创新点 可考虑两个创新点：一是研究内容上的创新。教材整合很多人都在做，但教材整合的目的并不十分清晰，而且教材整合后如何实施也没有很好的路径。本研究在研究内容上，既体现了思维发展的要求，也为学生的思维发展提供了有效的路径设计。二是研究视角的创新。从人们常见的导学案入手，通过对导学案的批判性继承及接引性学习单的设计，并以此为载体，引导学生思维品质的提高，是全新的视角，目前在国内尚无相关研究。

五、重要变更

（根据评议专家意见，对课题研究所作的重要调整）

根据专家意见，对第一点进行重新调整，重新把核心概念分为3个核心概念，即数学教材融合、接引性学习及接引性学习单、数学教材整合下背景下的接引性学习单。对第三点进行修改，即将拟解决的核心问题与学校的课改结合起来；对第五点进行修改，将6个子目录整合成3个子目录，第六点将研究的内容由6个方面整合成3个方面。原则方面，根据学校课改的理念修改了几个原则，如开放性原则等；第七点也将4个阶段的名字进行了统一，第八点研究的创新点由“研究方式的改变”改为“研究的内容的改变”。

课题主持人签名：

年　月　日

六、所在单位意见

单位盖章：　　　　负责人签章：

年　月　日

七、龙岗区教师进修学校意见

单位盖章：　　　　负责人签章：

年　月　日

图 1　宝龙学校涂源安校长主持课题开题会

图 2　明春生在做课题开题报告的汇报

图 3　与会专家在认真审核开题报告

图 4　明春生与涂源安校长、陈景宜教研主任合影留念

《数学教材整合下的接引性学习单的设计的实验研究》中期检查报告书

一、研究工作进展情况

<table>
<tr><td>课题名称</td><td colspan="3">数学教材整合下的接引性学习单的设计的实验研究</td></tr>
<tr><td>课题负责人</td><td>明春生</td><td>所在学校</td><td>宝龙学校</td></tr>
<tr><td>最终成果形式</td><td>报告、论文</td><td>课题批准号</td><td>2017JS206</td></tr>
<tr><td colspan="4">（研究工作方案、方案实施情况、阶段性成果、存在的问题、下一步的研究工作计划等）</td></tr>
</table>

续 表

（一）按照已制定的工作方案进行课题研究

课题组主要成员正在按已制定的工作方案、时间要求积极推进课题研究，中期检查既是对课题按进度保质保量进行研究推进的督促，也是汲取专家们对下一步课题研究建议的好机会。

已制定的工作方案中，在第一阶段中，一方面，全方位搜集学生思维能力培养的相关书籍、杂志、影音等资料，把握相关研究动态，借鉴已有的研究成果和经验教训，为课题研究提供理论框架和方法论的支持；另一方面，观察数学学科接引性学习单的设计，从而了解数学学科接引性学习单的设计现状，为开展研究做准备。在第二阶段中，首先是制定课题实施方案、邀请专家、召开课题开题论证研讨会，听取专家和课题组教师对研究方案的意见。其次是实验教师根据课题会议的精神进行数学教材整合下的接引性学习单的设计。再次是邀请课改专家对数学教材整合下的接引性学习单的设计进行指导，听取专家们对接引性学习单的设计的意见和建议，完善数学教材整合下的接引性学习单的设计原则、方法、流程、模式及评价相关研究工作。在第三阶段中，比较和分析学校其他科目的课程开发经验和课题研究经验，梳理参加公开课的接引性学习单，汇编成册，同时邀请专家，听取他们对《数学教材整合下的接引性学习单的设计的实验研究》编订的意见和建议。最后是对将已经完成的《数学教材整合下的接引性学习单的设计的实验研究》初稿进行梳理、编辑。在第四阶段中，一方面，在专家的指导下，课题组教师共同研讨修改完成《数学教材整合下的接引性学习单的设计的实验研究》；另一方面，撰写课题结题报告，填写课题成果鉴定书，同时请求专家认证指引，做好课题的归位，以及推广工作。

（二）方案实施情况

1. 本校从 2016 年 3 月开始进行完整教育的课改，作为完整教育的一部分，接引性学习单已实施两年多了，积累了一定的经验，渐渐形成了一定的格式。自从申报此课题后，课题组成员们更是全方位搜集关于学生思维能力培养的相关书籍、杂志、影音等资料，把握相关研究动态，借鉴已有的研究成果和经验教训，为数学教材整合下的接引性学习单作了前期准备工作。

2. 课题组成员为整合数学教材进行多轮磋商。为了使课改的接引性学习单更高效，课题组成员先是在课题组内积极商讨数学教材的整合，根据讨论的意见进行整合修改，然后由课题组成员积极向各学校的数学科组中的老教师请教数学教材整合意见，将意见集中到课题主持人处汇总，然后在课题组内进行再次商讨和再修改的过程。在接下来的时间里，准备将经过两轮商讨的意见稿向区内的名师们征求意见。

3. 课题组成员根据已有的接引性学习单的经验与两轮修改的整合意见稿进行整合设计，力求结合两方面的特点，设计出后进生能进入、中等生能接受、尖子生能挑战的学习单，力求使接引性学习单的设计做到既简单、根本、开放，又能使学生感兴趣，在感兴趣的基础上又能得到实实在在的训练，达到提高学生解题能力的目的。

4. 开展了接引性学习单的设计交流。为了使课题组成员的设计水平得到提高，除每天要求要进行接引性学习单的设计外，还要求每周至少设计一个高质量的接引性学习单，课题组成员利用两周一次的交流活动，在交流活动中达到交流各自设计数学教材整合下的接引性学习单的设计经验、教训，为下一次的交流提出了更高的要求。

5. 开展了数学教材整合下的接引性学习单的设计原则、方法等的初步小结。

（三）阶段性成果

1. 课题组部分成员撰写的接引性学习单发表在校刊《倾听花开》上。

续表

2. 课题组部分成员（如蔡晓玲、黄妙玲、陈宠年、吴红平等）利用高质量接引性学习单上的优质课得到校领导的高度好评。 **（四）存在的问题** 1. 由于各个学校的教研活动时间不同，教师能力参差不齐，以致研讨交流活动开展不足。 2. 由于开展调查研究的课题协调的力度不够，因此课题组其他学校的教师和专家配合度不高。 3. 由于课题组的成员比较年轻，又没有开展过课题研究，加上课题的研究具有一定的理论性，又没有类似的课题得以借鉴，以致课题组在总结提炼方面有所不够。 **（五）下一步的研究工作计划** 1. 多邀请专家对现行设计的接引性学习单进行指导，为进一步提高接引性学习单的质量做准备。 2. 多开展课题的协调会、交流会，通过交流总结得到数学教材整合下的接引性学习单的设计原则、方法、流程、模式及评价方式等。 3. 加强优质接引性学习单的收集、整理，为《数学教材整合下的接引性学习单的设计的实验研究》做准备。 4. 着手撰写与课题有关的论文，力争尽早发表。 5. 着手撰写《数学教材整合下的接引性学习单的设计的实验研究》的结题报告。

二、1 ~ 2 项代表性成果简介

1. 课题组部分成员的接引性学习单发表在《倾听花开》校刊上，为课题组成员及其他数学教师提供了一种好的范式，使课题组成员能够相互借鉴、共同提高，从而更好地为教学服务。 2. 课题组部分成员（如蔡晓玲、黄妙玲、陈宠年、吴红平等）利用高质量接引性学习单上的优质课得到校领导的高度好评。 3. 在刚刚结束的办学水平评估中，课题组成员利用高质量的接引性学习单上的完整课堂，得到了办学水平评估专家的一致好评！ 学校科研管理部门初审意见：   （签章） 年　　月　　日

龙岗区教育科研管理部门终审意见：   （签章） 年　月　日

注：如课题研究工作需推迟结题时间、调整研究方向、变更重要课题组成员等重大变更事项，需另填报《龙岗区教育科研课题重要事项变更申请表》。

图1　明春生在做中期报告

图2　数学科组组长韦新祥在课题中期交流会上发言

图3　课题组成员在认真听汇报会

图4　交流会

《数学教材整合下的接引性学习单的设计的实验研究》结题报告

2017年课题顺利立项，并获得学校的高度重视，课题《数学教材整合下的接引性学习单的设计的实验研究》是在宝龙学校大假设法思维的完整教育的课改背景下进行的，本课题主要通过对现行数学教材进行整合和接引性学习单的设计的实验研究达到以思维为导向，以接引性学习单为载体，改革学生的学习方式，使学生由被动学习转化为主动学习，在主动学习中，强调学生的思维训练，促进学生学习方式的改变与学生思维品质的提高。在这个过程中，主要采取文献法、行动研究法、实验法等方法对数学教材整合下的接引性学习单的设计进行实验研究，在整个研究过程中，主要分为4个阶段，第一阶段为准备阶段，第二阶段为实践阶段，第三阶段为资料汇总、课题论证阶段，第四阶段为课题总结、推广阶段。经过一年多的研究与实践，本课题的成果如下：

（1）总结出了接引性学习单的设计原则：简单、低入原则，根本性原则，开放性原则，趣味性原则。

（2）总结出了接引性学习单的设计思路：以价值为导向，以知识为基础，以思维为灵魂，以问题为工具，以活动为载体。

（3）研究结果：完成省级论文发表，被省级以上杂志录用的文章有2篇，被校刊采用的文章有1篇。

（4）3篇以上接引性学习单的设计获市、区教研员的好评；10篇以上获街道名教师的好评。利用好的接引性学习单的课改汇报，不但赢得校内师生的好评，还赢得了省内外来学习的专家们的好评。其中，优秀接引性学习单的汇编工作正在进行中，实践证明《数学教材整合下的接引性学习单的设计的实验研究》成效显著，实现了学校、学生及教师的多方位发展，从而探索出了一条培养教师的快速通道。

一、研究的主要问题

1. 现在，大部分初中生学习数学的方法基本上处于上课听教师讲，教师引导并结合小组合作学习的模式。将课堂的主动性还给学生，让学生成为课堂的主导是现在教学改革的方向。

2. 课后完成大量的作业，这种学习方式单一、被动、枯燥无味，学生缺乏自主探索、合作学习、独立获取知识的机会，使学生的学习积极性难以调动。

3. 数学的枯燥加上学生的主动性不够，造成数学两极分化愈加严重。

而本课题就是改变这种以教师讲、学生反复练习的局面。课题以思维为导向、以数学教材整合下的接引性学习单为载体，改革学生的学习方式，使学生由被动学习转化为主动学习，在主动学习中，强调学生的思维训练，促进学生学习方式的改变与学生思维品质的提高。

二、核心概念的界定

数学教材整合下的接引性学习单是一张学习清单，它是在基于教师对数学教材进行整合的情况下形成的一张学习清单。首先是数学教材的整合，即根据一线教师多年的经验与当前本校学生的学情，对现行义务教育的数学教材根据易学发展思维的原则进行前后顺序的处理，或是对同一内容以先集中讲解后练习等方式进行处理，包含跨年级、跨章节进行整合。其次是接引性学习，广义地讲，是以“学”为中心，以交往与对话为基本形式的学习。狭义上讲，学生在接引性学习单的指导下开展的独立学习，称为接引性学习。而接引性学习单有两层含义：一是接，是指从已有的旧知识中接到本节课要讲的新知识，也就是本节课知识产生的根；二是引，是如何从已有的旧知识中通过什么途径引到本节课的新知识，在运用什么途径时，要考虑到最简单、最根本的路径，既要使学生感兴趣，又要使大部分学生愿意接受的途径。即一是直指根本的路径设计，二是有效的学科兴趣与学习热情的激发。而数学教材整合下的接引性学习单，就是结合数学教材整合和接引性学习单的特点设计的学习清单。

三、国内外研究现状

目前，国内外关于导学案的研究相当丰富，研究时间很长，国外从 20 世纪 80 年代开始，许多专家、学者对此进行了系列研究，并取得了丰硕的成果。国内起步稍晚，1979 年前后，我国教育才开始学导式教学的试验研究，全国总共有 11 所学校先后自发地开始实验，名称也不统一，也未构成系统的理论与实践体系，所以这个阶段只能叫作导学案探索阶段；20 世纪 80 年代初，黑龙江的胥长辰在自学式教学实验的基础上首先提出学导式教学，后由哈尔滨师范大学的刘学浩从理论上加以总结；1982 年《黑龙江高教研究》上出现对学导式教学的研究；1983 年《成人教育》《新华文摘》及《中国教育报》等出版物媒体对学导式教学进行了进一步探讨；从 1988 年起，我国连续几年召开了全国学导式理论研讨会与讲习班，并在各地、各级各类教学和继续教育、职工培训等领域得到推广；1991 年后，学导式教学法列入世界五大教学法之一，至此，学导式教学法基本走向成熟，基本形成了较为完整的理论体系与实践方法体系。20 世纪 90 年代以来，学导式教学走出经验主义的发展道路，开始吸收各种营养，进入深化阶段。到目前为止，导学案已经在各级各类教育中广泛适用，全国各地小学、初中、普通高中和职业高中都有学校和教师在采用。

导学案是一种辅助引导学生预习和课堂自主学习的方案，使学生通过借助导学案，在教师的指导下逐步达到自主学习和主动学习的目的。为课堂教学的有效性奠定基础，逐步提高学生的预习和自学能力，逐步由过去的被动学习转向主动学习。导学案需要体现学生的学习：师生、生生之间的讨论与交流，互相沟通信息的过程和具体方法。学生在导学案的指导下，易于发挥个人创造力、发扬集体协作的精神。它实际上是作为学生课堂学习的“副本”，使教师转换角色，为学生自学了解目标起导学作用，为学生自学理解学习内容起助学作用。

而接引性学习单是在我校完整教育的教学改革中于 2016 年 2 月提出的新名词，它和导学案一样对学生起着导学的作用。首先是二者的形式和作用完全不同。从形式上看：导学案一般包括学习目标、知识链接、预习导学、合作探究、达标检测、总结反思；而接引性学习单包括学习目标、承接部分（新知识所需要的旧知识）、引导部分（由旧知识到达新知识的根本路径）、自主探究、话语激励、指引等部分组成。从起的作用上看：导学案是强调学生先学后教，而数学教材整合下的接引性学习单有利于激发学生的学习兴趣和动机，接引性学习所获得的知识是由学生自我建构的，学生会获得一种愉悦、成功的体验。其次是教师搭建“脚手架”，提供“方向标”。学生在教师的指引下，围绕核心问题，有方向有目标地开展自主学习。再次是接引性学习是学习成长路径的最优化，是学生“最近发展区”的高度拓展。

四、现状调查研究

1. 调研方式

（1）数据分析法：深入实验的年级、班级，对学生使用新的接引性学习单的教学成果、学生评价进行统计对比分析。

（2）行动研究法：通过对学生的实践情况进行分析，再研究调整重新进行实践，并将经验总结、记录，形成有价值的文字。

（3）教育实验法：立足于自己所在的教学班级，通过研究前、中、后学生的变化，找到适合学生科学素养发展的方案。

（4）文献法：广泛收集整理文献资料，对数学教材整合下的接引性学习单的设计的相关理论进行梳理。

2. **调研内容**

（1）对现行的接引性学习单的使用情况进行调查。

（2）通过访谈调查、发放网络问卷等形式向部分专家、教师、学生了解接引性学习单的教学目标、提出背景、实施过程前后的相关问题，并对学生、专家、教师等方面的反馈进行深入研究并不断修正。

调查问卷

亲爱的同学：

感谢你能完成此次的调研问卷。此问卷主要针对现在的数学教材整合下接引性学习单的使用情况进行调查，是想了解学生对接引性学习单的认识，以及对学生对接引性学习单的教学模式、学单中的题目难易程度及各占比例发表一些自己的看法，谢谢合作！

所在学校：　　　　　　　　性别：

年级：　　　　　　　　　　班级：

1. 你对现在使用的学习单是否感兴趣？（　　）

A. 很感兴趣　　B. 一般　　C. 无所谓

2. 你每天晚上完成数学学习单的时间大约为多少？（　　）

A. 20 分钟以内　　B. 20 至 40 分钟　　C. 40 分钟以上

3. 现在课堂上主要由学生讲，你的满意度是多少？（　　）

A. 60% 以下　　B. 60% 以内　　C. 60% ~80%　　D. 80% 以上

4. 在课堂交流过程中，你是否与同学因为答案不同而进行争论？（　　）

A. 经常　　B. 偶尔　　C. 几乎没有

5. 若在课堂上，你是否愿意与学困生进行交流？（　　）

A. 不愿意　　B. 无所谓　　C. 自身能力不足　　D. 其他

6. 你认为教师讲占教学比例应该是多少？（　　）

A. 不需要　　B. 25% 以下　　C. 20% ~50%　　D. 50% 以上

7. 你对现用的学习单有何意见？（可以从题目的数量、题目的难度、课堂上如何用等方面提意见）

____

____

3. **调研结论**

在这一年的时间里，一共进行了 3 次调研，第一次调研的结果反映出如下问题：一是接引性学习较难，对于新学的学生来讲，做接引性学习单的用时过长；二是教师讲的时间较多。

第二次调研的结果中反映出如下问题：一是能否在接引性学习单中增加少量前一节内容的关键内容，这可以帮助学生巩固当天的学习内容；二是将接引性学习单的一部分内容移到课堂上用，如接引性学习的预习内容只是让学生产生学习的兴趣，同时让学生通过自主学习能对所学内容起到基本了解的作用，这时做相关习题，能弄懂则好，否则会使学生对错题产生定势，而且会打消学生学习数学的积极性。将典型例题移到课堂，可在小组内消化前一天接引性学习单的内容的基础上再对本节重点内容进行小组合作学习，既能体验成功的喜悦，又能使课堂充满竞争、互助的局面。

第三次调研的结果反映出如下问题：随着年级的增加，有些难题学生难以讲清楚，这时教师在课堂上讲的比例就有所增加，同时，学生希望教师在学生们 PK 后进行总结提升，为了照顾后面的学生，建议作业进行分层。

五、实践研究过程

本课题实施经历了 4 个阶段。

第一阶段：准备阶段

自从宝龙学校实施课改以来，作为老教师的我，难以从老师教、学生学的过程中转变过来。上课很难得以改变，设计的接引性学习单也总是变成导学案，为此我很难过。我觉得自己难以跟上学校课改的步伐，后虽得到领导和同行们的指点，但还是难以满意，而且在这过程中存在很多疑惑，于是萌发了申报一个课题来研究的想法。自从有了这个想法，我就对课题组的人员进行分工，不断从网上查找有关导学案的相关资料，了解国内外研究现状，同时不断向学校同行们请教，尤其是向负责课改方面的专家（如涂源安校长、肖国辉副校长、陈景宜主任等）了解接引性学习单的设计方法及注意事项。经过一段时间的摸索，结合专家方面的指导，逐渐有了初期的模式。

第二阶段：实施阶段

自从课题申报下来以后，我将实施阶段分为 3 个阶段。第一阶段为负责数学教材的整合阶段。2017 年 9 月至 11 月，组织本课题组成员对现行的数学教材进行一次整合，先是由本课题组成员自己根据教学经验，对现行教材提出整合意见，然后将整合意见提请教研组讨论，课题组成员根据教研组成员的意见进行第二轮整合。其次是由课题组成员将第二轮的整合意见提请区内知名教师审阅，根据知名教师的意见进行最后修改，成为本课题组整合教材的范本。第二阶段为实践阶段，时间为 2017 年 12 月至 2018 年 3 月，主要负责接引性学习单的设计，根据数学教材整合的意见进行接引性学习单的设计，为了提高课题组成员的设计水平，做到每两周进行一次交流，在交流中分享各人在数学教材整合下的接引性学习单的设计中的困惑和经验。通过交流讨论，为下一个周期的设计提供了更有力的指导作用。另外，本课题组于 2018 年 3 月进行了数学教材整合下的接引性学习单的设计比赛，通过设计比赛，使课题组每一位成员最大限度发挥各自的潜能。第三阶段为总结提升阶段，时间为2018 年4 月至2018 年5 月，先是由每个人根据不同课型（概念课、定理公式课、练习课、复习课、专题课）提出自己设计的接引性学习单经验与存在的困惑，交流讨论后再进行论证，然后再分享、再讨论，如此经过三轮，各人为不同课型的接引性学习单的方法及注意事项进行总结归纳并及时上交，从而得到较为完善的数学整合教材下的接引性学习单的设计的实验研究的设计原则、方法、流程、模式及相关评价等。

第三阶段：资料汇总、课题再论证阶段

第三阶段的时间为 2018 年 6 月。这一阶段主要是比较分析学校其他科目的课程开发经验和课题研究经验，梳理参加校内公开课、开放周、课改汇报课、教学视导课、外校来学习的公开课等优质课的接引性学习单，将这些资料汇编成册。同时邀请专家，听取他们对《数学教材整合下的接引性学习单的设计的实验研究》编订的意见和建议。课题组成员根据专家的意见对已经完成的《数学教材整合下的接引性学习单的设计的实验研究》初稿进行梳理、编辑，为以后的推广阶段做准备。同时，各课题组成员积极梳理参加课题组以后的心得体会，反复讨论修改，形成具有一定价值的论文，积极向各杂志社投稿，力争到 2018 年6 月底达到2 篇以上论文被杂志社采用。

第四阶段：课题总结、推广阶段

在资料汇总的基础上着手结题报告的撰写，填写课题成果鉴定书。在各位专家的指导下进行再次修改，然后将研究结果再次进行汇总，并请各位专家再次进行指导修正，然后在全校乃在全区进行数学教材整合下的接引性学习单的设计推广。

六、课题研究成果

（一）总结出了数学教材整合下的整体框架

为了使学生更好地进行学习，根据本课题组成员的共同努力，认为七至九年级的数学教材可做如下整合：

1. 九年级的《投影与视图》一章可与七年级的《丰富的多彩世界》结合在一起进行整合。

2. 七年级的《相交线与平行线》与八年级的《平行线的证明》进行整合，从一开始就进行规范的数学证明格式。

3. 八年级下册的《平行四边形》与九年级上册的《特殊的平行四边形》进

行整合，使学生能更了解知识的形成过程。

4. 七年级下册的《生活中的轴对称》与八年级上册的《三角形的证明》进行整合，使学生一开始就能利用规范的证明格式使用角平分线的性质和垂直平分线的性质进行证明。

5. 七年级上册的《一元一次方程》与七年级下册的《二元一次方程》进行整合，既可培养学生解题的灵活性，又可节省时间让学生有更充足的时间探索生活中的应用，促使学生克服应用难题。

6. 在《三角形的全等》与《三角形的相似》中，均可将判定方法先在一节课由学生在复杂的图形中找出全等或相似的图形，然后由自己归纳得出全等或相似的判定方法，这样做，能在同等的时间内，使学生更灵活地运用全等或相似的判定方法证明相关问题。

（二）总结出了接引性学习单的设计思路

1. 以价值为导向

根据单元整体性及文本价值要求和本节课教学目标与教学内容是什么进行设计。比如，八年级下册“1.1 等腰三角形”的接引性学习单，我是这样设计的：

（1）你还记得等腰三角形的样子吗？请你动手画一个等腰三角形吧！它是一个轴对称图形吗？如果是，你能找到它的对称轴吗？

（2）在$\triangle ABC$中，$AB=AC$，$AD\perp BC$，垂足为D，点E是AD上一点，连接BE，CE，请找出图中所有相等的角和相等的线段，并说明理由。

（3）认真阅读课本第 5 页例 1：证明等腰三角形两底角的平分线相等。仿照例题，回答问题：等腰三角形两腰上的中线相等吗？高呢？请说说你的理由，并与同伴交流。

这样的设计与七年级下册的轴对称中等腰三角形的性质构成一个整体，并与运用全等三角形的知识证明等腰三角形的性质相得益彰，丰富了证明方法。

2. 以知识为基础

学习主题是属于哪个知识系统；本主题的知识结构怎样；主题的知识本质是什么；知识如何进行可视化；知识的根在哪里，它是从哪里生长出来的，或知识的源头在哪里；知识是沿着什么线索展开的，又是沿着怎样的脉络走向的；知识的表征方式有哪些；知识是属于什么范畴（如质与量、结构与功能、现象与本质、区域与时序、动机与结果、连续与断裂等），又与哪一思维范式（是什么、为什么以及怎么样）相对应等。比如，八年级下册“同分母的分式加减法”的接引性学习单，我是这样设计的：

1. 计算：

（1）$\frac{1}{5}+\frac{2}{5}$

（2）$\frac{1}{6}+\frac{2}{6}+\frac{3}{6}$

2. 计算：

（1）$\frac{1}{5a}+\frac{2}{5a}$

（2）$\frac{1}{6a}+\frac{2}{6a}+\frac{3}{6a}$

3. 请你说说你是如何计算第 2 题的？你能用字母或文字表示出来吗？

这样的设计就将同分母的分数加减法与同分母分式加减法联系起来了，并为同分母的分式加减法找到了知识的根，并运用类比方法可得出法则，从而使学生知道分式的知识是沿着分数的知识脉络走向的。

3. 以思维为灵魂

设定的假设（任何知识结论都作假设）是什么：思维的重点在哪里，是假设的形成阶段，是检验阶段或是整个阶段；学习或运用什么具体思维方法或工具；如何运用形象思维（联想与想象）进行意象及情感体验建构。比如，八年级上册“三角形的内角和定理”的接引性学习单，我是这样设计的：

1. 三角形的内角和是多少？

2. 你能用几种方法证明三角形的内角和定理？

3. 通过你刚才的方法，你能猜想到四边形、五边形的内角和是多少？你能用类似的方法得到吗？

这样的设计能广开思路，只要能严密证明即可。同时，又要学生能对所想的方法进行小结，进而运用到猜想四边形、五边形的内角和，对训练学生的思维起到了很好的作用。

4. 以问题为工具

建构怎样的课题情境（真的或想象的都可以）；选择怎样的问题形式（如抽象性问题、历程性问题、个体性问题、学科性问题、综合性问题与开放性问题等）及设计怎样的问题结构（如中心式结构、阶梯式结构等）。比如，九年级下册“轴对称”的复习课的接引性学习单，我是这样设计的：

1. 请你设计一个轴对称图形，并写出你的理由。

2. 请你举出几个与轴对称有关的习题，比比谁的选题更典型。

这样的设计以开放性问题的形式出现，既让不同程度的学生都能入手，而且愿意动手，通过学生找题，对轴对称图形的性质起到了复习作用。

5. 以活动为载体

教学中匹配怎样的学习活动，如阅读、讨论、辩论、表演、演讲（朗诵）、游戏、制作、展示、实验、调查等。比如，七年级上册“一元一次方程的认识”的接引性学习单，我是这样设计的：

1. 请你对下列内容进行分类，并说说你的分类标准是什么。你能进行几次分类？

1，x，$x+1$，$x+y$，$x+1=2$，$x+y=2$，$xy=2$，$x2+x=2$，$1+2=3$，$2x=x+4$，$\frac{1}{x}+1$，$\frac{1}{x}+1=2$。

2. 下列方程是一元一次方程的是（　　）。

A. $x^2+x=5$　　B. $x\frac{x}{3}+\ =4$　　C. $x+y=7$　　D. $\frac{5}{x-9}=2$

3.（1）下列数值：1，2，3，4 中，是方程 $2x+3=7$ 的解的是________。

（2）检验 $x=1$ 是不是方程 $3x+4=2x+5$ 的解。

这样的设计以学生讨论为载体，进而进行分类，在分类标准中使学生理解“元”“次”“方程”的含义，在此基础上引申得到等式与代数式的区别，等式与方程的区别。而在方程中，又有整式方程与分式方程的区别，在整式方程中，又有一元一次方程、二元一次方程、一元二次方程、二元二次方程的区别，通过此设计，基本覆盖了初中方程的所有情况。

（三）总结出了接引性学习单的设计原则

1. 简单、低入原则

“简单”首先指的是重视基础，重视最基本的技能。“低入”指的是门槛低，降低起点“接”学生，设置情境“引”学生，不能让学生无从下手，要让学生有话可说，有活可干。如在学习“百分数和小数的互化”一节，可以设计如下的接引性学习单：

请任意写下一个小数，你能将它变成百分数吗？再任意写下一个百分数，你能将它变成小数吗？在这个基础上，你发现了什么规律？

“简单”，其次是在抓住知识的本质上的简单，而不是对掌握知识、技能等能力上的降低要求。举例：$x^2=4$。

2. 根本性原则

指抓住事物最基本、最核心的要素，抓住知识的根、源、线、脉。如上面的例子$x^2=4$，虽然简单，但它已经具备了解未知数的基本要素。$x^2+2=6$只是它的丰富而已。再如“倒数”一节的学习，这样设计：“你能写出几组两个数相乘乘积为1且含分数的算式吗？试试看，你发现了什么？”学生写算式的过程就是一个再创造的过程，体验到了“倒数”这一概念的根本所在：乘积为1的两个数。

3. 开放性原则

第一，开放性原则一方面指的是问题（或者活动）的设计，结论不封闭、单一，让不同层次的学生都各有说法、各有做法。比如，学习“反比例函数”一节，可以让学生观察图表，发现规律，设置这样的接引性学习：“通过观察图表，你了解了什么？发现了什么规律？”有人总结出小学数学接引性学习是“画一画、量一量、算一算、称一称、买一买、记一记”。第二，开放性原则另一方面指的是接引性作业不仅仅是书面的，还可以通过走进各种场馆、商场、社区、野外等途径去完成。

例如，“认识人民币”的接引性学习单设计如下。

和父母去超市购物

班级：　　　　　　姓名：

尊敬的家长：

您好！本单元我们将学习与人民币有关的内容，目标是会辨别各种人民币，知道圆、角、分之间的关系。我希望您能给孩子准备若干张各种面值的人民币，让孩子进行辨别和分类，带孩子一起去超市进行购物，让孩子观察物品是如何标价的、如何计算花费的、如何支付的等，帮助孩子树立正确的消费观。感谢您的大力支持和配合！

黄老师

2016年2月30日

下面是这一活动的接引性学习任务。

认识人民币

班级：　　　　姓名：

1. 为你的父母整理钱币，你认识各种面值的人民币吗？你会怎样分类？

2. 拿着购物小票，向家庭成员介绍今天买了哪些商品，它们的单位和数量分别是多少。然后用（　　）元（　　）角（　　）分的方式记下所买商品的单价。

3. 请你算一算所购买商品的总价，看看是否和购物小票上的总价一致。

（四）总结出了运用接引性学习单进行教学的评价方式

通过一年的实验研究，大家一致认为运用接引性学习单的评价方式有以下几种。

1. 组内评价

为了督促小组内学生的互助，特制定组内评价方式，若被老师抽到 4 号组员，答对给 4 分；抽到 3 号组员，答对给 3 分；抽到 2 号组员，答对给 2 分；抽到 1 号组员，答对给 1 分。督促小组内优生要教后进生，同时采用对每周内得分最少的一组要加做作业的方法，作业内容由教师临时指定。

2. 组间评价

课堂上，在每个小组内相互交流后，各组抽一个人（一般为 2 号）到其他组进行抽题测试，即一个组的 2 号到另一个组内，对其他 3 名学生进行抽题测试（所抽的题是学习单上的题）。抽到 1 号，答对不给分；抽到 3 号，答对给 1 分；抽到 4 号，答对给 2 分；若答不对，则每题扣 2 分。通过组内评价，可督促学生小组间互助。

3. 考试评价

为了检查学生上周的学习情况，也为了了解学生在小组合作内的学习情况，实行每周一考制度。为了增加学生的竞争意识，让对抗组的成员坐在一起，考后互评，对在竞争中胜利的一方进行加分处理。一个月后进行评比，对积分前 3 名的小组进行奖励，对积分后 2 名的小组进行谈话处理。

（五）运用接引性学习单来指导学生学习需要注意的几个问题

1. 接引性学习不一定是在课外，也可以是课前或者课中。如果学习内容较少，或者是低年级，让学生把接引性学习和课堂学习放在一起也可以。

2. 设计的容不要过多，设计的问题或者活动控制在 3～4 个即可，书面完成的时间一般在 15～20 分钟。

3. 要及时检查评价。

（1）及时检查评价。为了保障接引性学习的效果，要做好检查工作。可以让组内成员互相检查批改或者小组长检查、课代表检查、老师抽查等方式，同时要及时评价。

（2）进行有效激励。尽可能提供机会让学生呈现接引性学习的成果，学生才会有成就感，才会积极主动地去投入到接引性学习中来。可以通过优秀作业的展览、表彰进行激励。

（六）构建了学、练、训一体化教学模式，并得到校内教师的认可与推广

课题组成员经过一年的努力研究，形成了有利于自己特点的教学模式，并且在运用新的模式进行教学后，学生的成绩、思维能力都得到了很大的提升，大部分课题组成员的教学成绩获校内教师的好评，所上的课均获家长、学生的好评。

（七）总结出不同课型的接引性学习单的设计方法

1. 概念课的接引性学习单的设计

概念课的接引性学习单的设计主要是通过生活实例或已有知识经验了解新概念产生的原因，了解新概念的内涵和外延，使学生经历知识产生的过程，在新概念的形成过程中发展学生的思维。在这个设计中，主要贯彻简单、低入原则和根本性原则，设计直指根本路径的接引性学习单，重在激发学生学习兴趣的基础上，让学生经历相关的概念的形成过程，在这个过程中，了解新概念的内涵和外延。例如，“一元一次方程”的概念课，我是这样设计的：

1. 请你对下列内容进行分类，并说说你的分类标准是什么，你能进行几次分类？

1，x，$x+1$，$x+y$，$x+1=2$，$x+y=2$，$xy=2$，$x2+x=2$，$1+2=3$，$2x=x+4$，$\frac{1}{x}+1$，$\frac{1}{x}+1=2$。

2. 下列方程是一元一次方程的是（　　）。

A. $x^2+x=5$　　B. $x+\frac{x}{3}=4$　　C. $x+y=7$　　D. $\frac{5}{x-9}=2$

3. （1）下列数值：1，2，3，4 中，是方程 $2x+3=7$ 的解的是________。

（2）检验 $x=1$ 是不是方程 $3x+4=2x+5$ 的解。

2. 命题课的接引性学习单的设计

命题课的接引性学习单的设计主要是让学生了解命题产生的原因，以及命题的正确性的证明过程，并且掌握学习了正确的命题能够给我们带来哪些便利，以及运用时要注意的事项。

在这个设计过程中，主要贯彻简单、低入原则，以及根本性原则和开放性原则，使学生能尽其所能地说明或证明命题的正确性。通过证明命题的正确性，对要掌握的命题起到更好地促进作用，从而培养学生的思维。例如，学习勾股定理时的命题课，我是这样设计的：

1. ①请画出一个直角三角形，使得它的两条直角边的长度分别为 $a=3\text{cm}$，$b=4\text{cm}$，量出斜边 c 的长度等于________，猜猜 a、b、c 之间的关系，结论：________。请再画出一个直角三角形，使得它的两条直角边的长度分别为 $a=5\text{cm}$，$b=12\text{cm}$，量出斜边 c 的长度等于________，猜猜 a、b、c 之间的关系，结论：________。（温馨提示：可根据各种运算去猜）

② 一般地，在 $\triangle ABC$ 中，$\angle C=90°$，$\angle A$，$\angle B$，$\angle C$ 各角所对的边为 a，b，c，则三边满足的关系为：________。

2. 如图 1 所示：每个小正方形的边长为 1，A 的面积是________个单位面积；B 的面积是________个单位面积；C 的面积是________个单位面积。

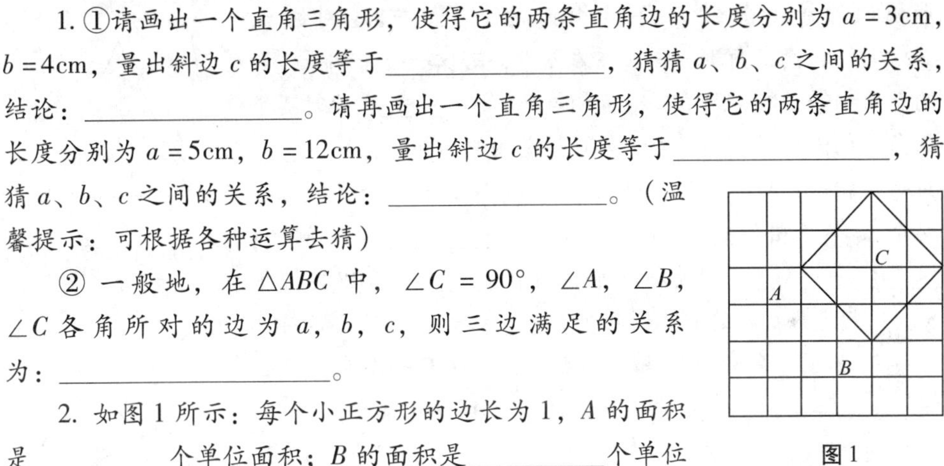

图 1

① 你能发现图 2 中三个正方形 A，B，C 的面积之间有什么关系吗？

② 你能发现如图 2 中三个正方形 A，B，C 围成的直角三角形三边的关系吗？

③ 请你任选图 2 中的一个图，证明勾股定理。

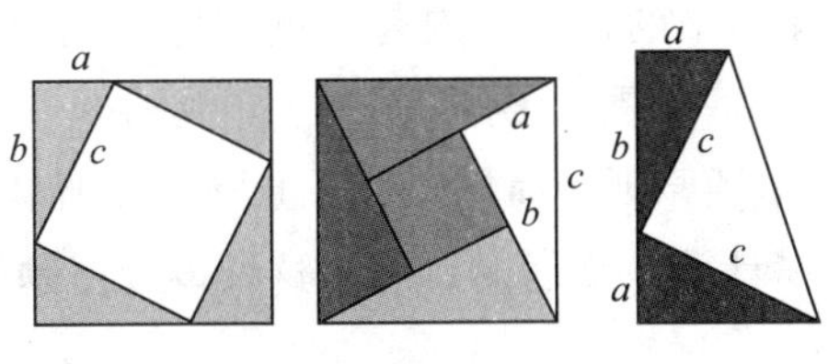

图 2

3. **活动课的接引性学习单的设计**

活动课的接引性学习单的设计主要是让学生在活动中掌握相关的数学知识。在这个设计过程中，主要贯彻根本性原则和开放性原则，使学生在老师有目的的设计活动中发现数学知识、归纳数学知识，做到一课一活动、一活动一主题，例如，学习全等三角形的判定时，我是利用活动课的形式进行设计的：

1. 判定相似多边形的关键是要求形状__________，并不要求全等，为此只要多边形的角__________，多边形的边对应成__________即可。由此类比得出相似三角形的定义：三角__________，三边__________的两个三角形。

2. 动手画$\triangle ABC$一条中位线DE（见图3），与边AB，AC相交于点D，E，由DE所截的三角形与原三角形各边有什么关系？各角有什么关系？$DE /\!/$________，得出新三角形与原三角形的三角对应________，三边________，所以这两个三角形相似。由此得到三角形相似的判定：三边对应成________，两三角形相似。在右图中，若少一个角相等，即两个角相等，能得到第三个角相等吗？________；此时两个三角形相似，因而得到关于角的判定相似的判定：________角对应相等，两个三角形相似。在图3中只有一个角能保证两个三角形相似吗？________________，举反例为：________________。要加一个条件：________，即类似于SAS的判定为：两边成比例且________相等，两三角形相似。

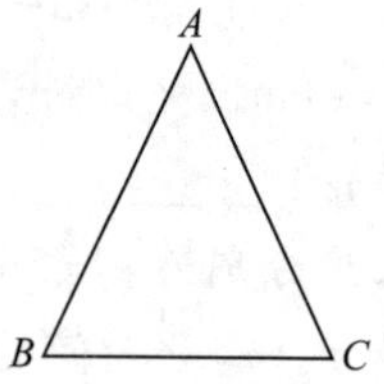

图3

3. 如图4所示，已知$\triangle ABC$，$\triangle ACD$有一个公共角：$\angle$______ $=\angle$______，要使$\triangle ABC \backsim \triangle ACD$：

可加一条件：$\angle$________ $=\angle$________，可利用判定________________；

可加一条件：$\angle$________ $=\angle$________，可利用判定________________；

可加一条件：________ = ________，可利用判定________________。

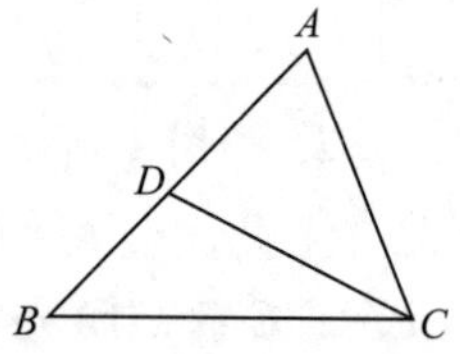

图4

4. **习题课的接引性学习单的设计**

习题课的接引性学习单的设计主要是体现习题梯度与难度，即在一份学习单中，既要有相当量的基础题（约占50%）、中档题（约占30%）、较难题（约占20%）。贯彻根本性原则和简单、低入原则，使所有学生都有事做，愿意做。例如，在学习完“计算”专题时，我是这样设计习题课的：

1. 计算：

(1) $(2018-3)^0+\left|\sqrt{3}-3\right|-\sqrt{64}+\left(-\dfrac{1}{2}\right)^{-2}$

(2) $(\pi-3)^0-6\cos 30^0+\sqrt{27}-\left(\dfrac{1}{2}\right)^{-1}$

(3) $\sqrt{(-2)^2}-2\sin 30^0-(\pi-2018)^0+\left|-\sqrt{3}\right|$

(4) $\left|-\dfrac{1}{3}\right|+(\sqrt{2018}-3)^0-2\sin 30^0+3^{-1}$

2. 解方程：

(1) $(x-5)^2=16$

(2) $x^2-4x+1=0$

(3) $\dfrac{x-3}{x-2}+1=\dfrac{3}{2-x}$

(4) $\dfrac{3}{2x+1}-\dfrac{2}{2x-1}=\dfrac{x+1}{4x^2-1}$

5. 复习课的接引性学习单的设计

复习课的接引性学习单的设计分为两种，一种是要点式复习，一种是补偿性复习。对于要点式复习，主要是沿一条主线进行设计，将相关的内容进行全面串联，对于重点内容、难点内容再以例题的形式出现，而一般知识都以练习的形式出现，这样的设计可以避免学生重复做性价比较差、做无用功的练习，达到精讲精练、重点知识重点练的效果。这种设计主要贯彻简单、低入原则和根本性原则。例如，在学习“旋转”复习课时，我是这样进行设计的：

1. 知识准备

如图5所示，线段OA，在平面上绕点O按顺时针方向旋转α（$0°<\alpha\leqslant 360°$），得OA_1（用圆规操作一下），$\triangle OAA_1$会是什么三角形？你有什么发现？

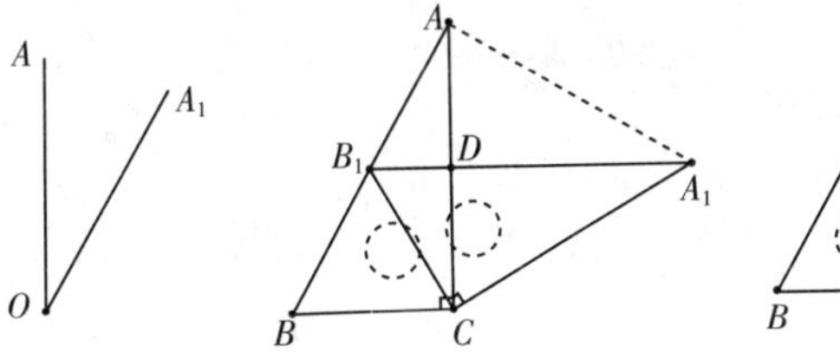

图5

例如：在此过程中，$\triangle OAA_1$必为__________三角形（除$\alpha=$__________外）；

当旋转角为__________°，则$\triangle OAA_1$为等边三角形；

当旋转角为__________°，则$\triangle OAA_1$为等腰直角三角形；

当旋转角为__________°，则$\triangle OAA_1$变为一条线段。

点A经过的路径是什么图形？__________；线段OA扫过的部分是什么图形？__________。

2. 应用

如图6所示，一块含有30°角的直角三角板ABC，在平面上绕点C按顺时针

方向旋转 α（$0^\circ<\alpha\leqslant360^\circ$），得$\triangle A_1B_1C_1$。

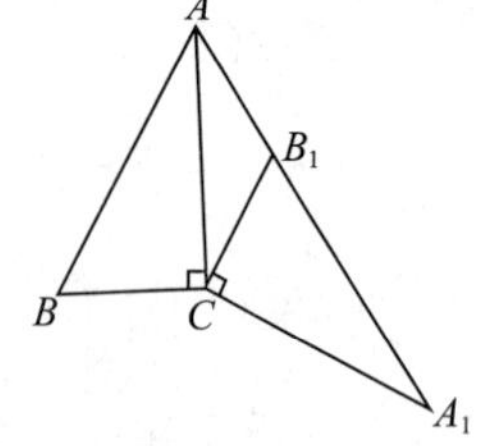

图6

（1）当点 B_1 在 AB 边上时，则旋转角为__________。

（2）当点 B_1 在 AC 边上时，则旋转角为__________。

此时若 $BC=4$，则线段 $AC=$__________，线段 $AA_1=$__________。

（3）当点 A、B_1、A_1 在同一条直线上时，若 $BC=4$，求：①旋转角为多少度？②线段 AA_1 的长度；③点 A 经过的路径长；④线段 CA 扫过的面积。

3. 提升（如图7）

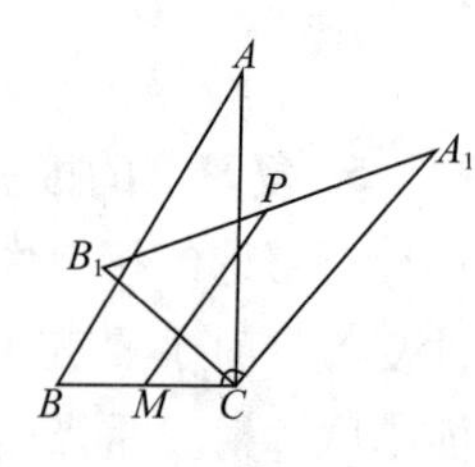

图7

（1）若 $BC=4$，直角三角板 ABC 在旋转的过程中，则 AA_1 有最大值是__________。

（2）若 $BC=4$，P、M 分别是 A_1B_1、BC 的中点，直角三角板 ABC 在旋转的过程中，则 PM 的最大值是_______。

对于补偿性复习，主要用于周测或月测后的复习课，对于这样的复习课，教师必须先了解到学生在哪些方面存在问题，然后分析原因，进而设计与测试时相关且有所不同的问题在复习时用，一方面让学生了解自己的不足，另一方面使大部分学生在补偿性复习后，能对上次存在的问题得到解决。这种设计主要贯彻开放性原则和根本性原则。例如，在初三第二学期第一次月考的复习课，我是这样设计补偿性练习的：

1. 在$\frac{1}{3}$，$\sqrt{2}$，$\sqrt{5}$，-2，π 中，随机选取一个数，选中无理数的概率为_______。

2. 二次根式 $\sqrt{1+2x}$ 有意义时，x 的取值范围是__________。

3. 下列命题：①圆周角等于圆心角的一半；②$x=3$ 是方程 $x(x-3)=0$ 的一个解；③对角线互相相等平分的四边形是矩形；④$\sqrt{81}$ 的算术平方根是3。以上命题是真命题的是________________（填序号）。

4. 一个扇形的圆心角为120°，半径为3，则这个扇形的弧长为__________，面积为__________。（结果保留 π）

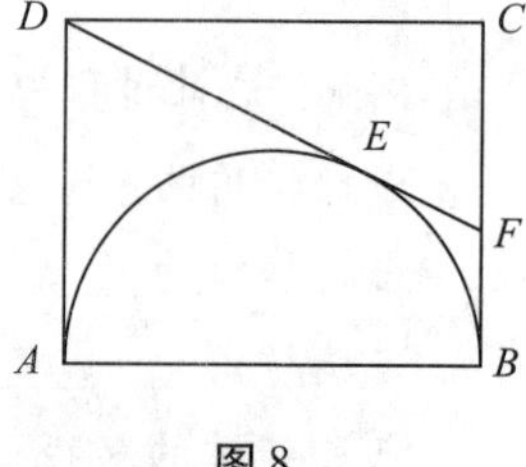

图8

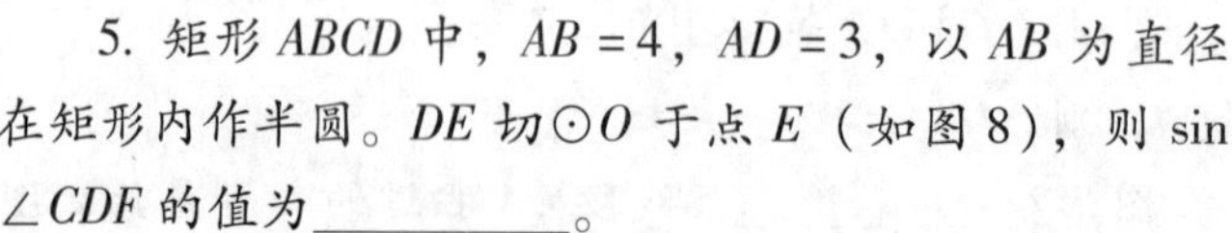

5. 矩形 $ABCD$ 中，$AB=4$，$AD=3$，以 AB 为直径在矩形内作半圆。DE 切⊙O 于点 E（如图8），则 $\sin\angle CDF$ 的值为__________。

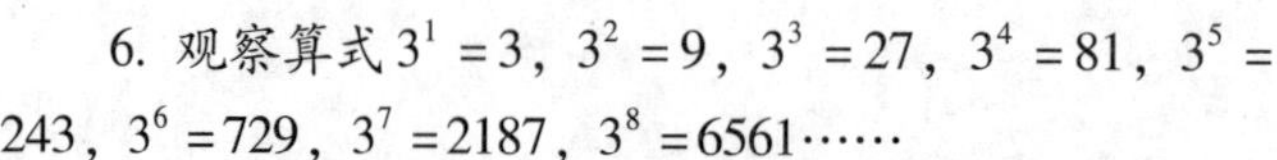

6. 观察算式 $3^1=3$，$3^2=9$，$3^3=27$，$3^4=81$，$3^5=243$，$3^6=729$，$3^7=2187$，$3^8=6561$……

通过观察，用你所发现的规律确定 3^{2014} 的个位数字是__________。

7. 如图 9 所示，已知二次函数 $(x+1)(x-1)-4(x-1)=0$ 的图像如图，则下列结论：①$ab<0$；②当 $a^3-25a=$ 时，$x_2=3$ 随 $y=k_1x-1$ 的增大而增大；③ $2a+b=0$；④$b^2-4ac>0$；⑤$y=\frac{1}{2}x-1$ 是方程 $y=x^2\times x+(-1)\times 1$ 的一个根；⑥当 $x<-1$ 或 $x>3$ 时，$y<0$；以上结论中正确的是________。（填序号）

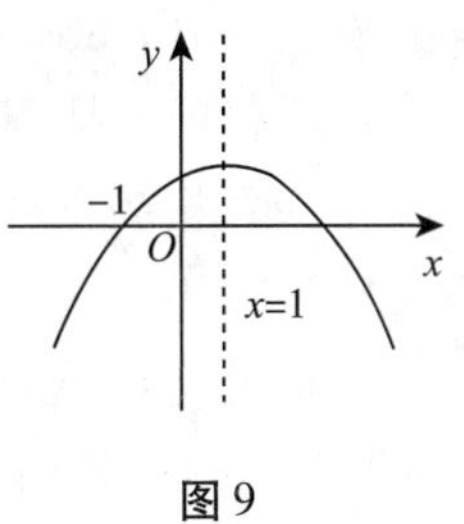

图 9

8. 计算：$|-3|+\left(-\frac{1}{3}\right)^{-2}-\sqrt{12}\cos 30^0+(\pi-2018)^0$

9. 解方程：$\frac{3}{x-1}-\frac{x+2}{x(x-1)}=1$

6. 讲评课的接引性学习单的设计

讲评课的接引性学习单的设计主要贯彻简单、低入原则和开放性原则。在这张接引性学习单中要包含了解学生错的题号、产生错误的原因及本班中此题错答的数量，这种设计既是为了了解学生的答题情况，更为了教师在以后的教学中进行改变提供实验的数据。例如，在中考前的二模测试后的讲评学习单是这样设计的：

同学们：

为了更好地了解学生的答题情况，更为了以后改正教学提供依据。请同学们根据中考前的二模测试中的答题情况填写如下内容。

1. 本次测试，你认为较难的题有哪些？

2. 本次测试，你认为哪些题你无法动手？

3. 本次测试，动了手却做错了的题有哪些？产生错误的原因是什么？

4. 你还有什么话要和老师说？

（八）课题组成功完成论文发表

1. 明春生老师撰写的论文《整合教材下的数学接引性学习单的设计研究》被省级杂志《数学教学通讯》（国内统一刊号：CN 50 – 1064/G4；国际标准刊

号：ISSN 1001－8875）所采用，发表在2018年第10期上。

2. 蔡晓玲老师撰写的论文《例谈高效的数学接引性学习单的设计》被省级杂志《中学生导报·教学研究》（国内统一刊号：CN 62－0021；国际标准刊号：ISSN 0030－1996）所采用，发表在2018年第22期上。

3. 黄敏佳老师撰写的论文《追根溯源，寻找路径——浅谈学习单设计》被学校课改专刊《倾听花开》第8期采用。

七、课题研究反思

第一，研究的内容跨度大，时间较紧，难以对九个年级的教材进行融会贯通，同时也为了兼顾自然的教学年级，因而只能对一学期内的相关内容进行整合，难以形成一套完整的教材体系。

第二，难以保证预习环节，学生的主体性未能体现。预习环节是使用接引性学习单的基本环节，它不仅涉及学生的学习习惯能否养成、自学能力能否提高，还直接影响课堂展示能否顺利进行。如果学生的预习时间不够充分，预习方式未能落实，那么，课堂展示就会流于形式，或上成习题课，或上成学生的对答案课，或上成教师的展示课，学生的主体作用无法发挥。我校学生没有住宿生，学生在校时间安排得比较满，缺少自主学习时间，在家中又难以保证预习，所以我试图让学生在课堂上完成预习任务，但总感觉时间短，学生预习不透，而且缺少获知的欲望，学生的主体性未能得到体现。为此，本课题组只能从激发学生的学习兴趣出发，以兴趣督促学生及时完成数学的接引性学习单。

第三，课题组绝大部分都是年轻教师，教学经验不够丰富，而老教师有的只对中学教材熟悉，对小学教材不熟悉；有的对小学教材熟悉，对中学教材不熟悉，因而造成难以将一至九年级的教材作通盘考虑，并在此基础上进行整合。

图10　课题结题会于2018年6月20日召开

图11　明春生在结题报告上做汇报

图 12　外聘专家龙岗区第二职业学校赵红主任在结题报告上发言

图 13　结题报告时明春生与专家们的合影

图 14　肖国辉副校长在结题会上讲话

图 15　课题结题会的专家们与校领导、课题主持人合影

结题证书

课题类别：龙岗区教育科学“十三五”规划2017年度课题
课题名称：数学教材整合下的接引性学习单的设计的实验研究
主 持 人：明春生
主持人所在单位：龙岗区宝龙学校
课题组成员：黄佳敏　蔡晓玲　吴红平　翟兴权　官丽婷
评定等级：合格
课题编号：2018JTH106

本课题通过专家组鉴定，经审核准予结题，特发此证。

龙岗区教师进修学校
二〇一八年七月

图 16　结题证书

明春生　供稿

第二章

论文成果

接引性学习单的设计要做到“七要”

接引性学习单是学生学习的路线图、方向盘、学步车。接引性学习单的功能重在“导”，核心在“学”，而“案”是指教师课前要形成具有本班特色的课堂教学互动方案。接引性学习单重在不仅要备教材、备教法，更重要的是要备学生、备学法。因此，接引性学习单在设计时要做到以下七点。

一、要能发挥学生的主体作用

1. 要全面了解学生，做到“五清”

知识摸底清，认知心理清，学习态度清，可接受程度清，环境影响清。只有这样，才有可能充分估计到学生与教材之间可能出现的矛盾。

2. 要做到“四个吃透”“四个把握”

（1）吃透教材内容所占的地位、整体结构、主要线索、纵横联系，把握住知识点，形成知识链，构成知识网。

（2）吃透教材编写者的意图，把握住重点、难点、训练点，实现学用结合。

（3）吃透教材中针对不同层次的学生的要求，把握住教材内容的深度、广度，以实现“因材施教”“差异教育”。

（4）吃透如何让学生真正参与学习的全部过程，把握住知识的停靠点、能力的增长点、思维的激发点，以解决学生思维、探索的问题。

3. 学习目标要准确定位，要有的放矢

制订学习目标的目的是使学生明确要学什么。目标不仅要具体，还要充分根据教材的单元目标要求、章节预习提示、课后思考和练习要求来确定，而且要重点突出，明确学习重点，但不要面面俱到，避重就轻。目标的表述要以学生为主体，要让学生明白本节课的学习任务。

4. 要关注学法指导

接引性学习单中的学法指导主要包括知识识记和技能训练的方法指导、问题的处理策略指导。重视学法指导是“教会学生学习”的前提和保证。接引性学习单的设计中，学法指导要贯穿始终，如接引性学习单中的学习目标的设计，疑难问题的提示，解题思路、方法、技巧等指导性内容和要素，构成了一条明晰的学法线。随着知识网络的形成，学法指导也构成科学完整的体系，为学生发挥自己的聪明才智提供和创造必要的条件。

二、要体现创新性原则

1. 发挥知识的智力因素，鼓励学生创新思维

比如，学习一个重要定理，我们不仅要求学生掌握定理的条件和结论，知道它的重要用途，认识定理证明的思想方法，理解其中的运算和推理技巧，关键还要深刻理解定理反映的事物本质。智力因素，让我们站在巨人的肩膀上，看得更远，这正是培养学生创新思维能力的智力源泉，也是启迪创新思维活动的根据。

2. 课堂教学要体现创新思维的新视角

要体现创新思维的新视角，重新认识教材，从中挖掘创新素材，发挥知识的智力因素，创设教学活动情境，激发学习兴趣，进行创新探索；发挥知识的智力因素，做到发散思维与收敛思维的辩证统一，培养学生的创新思维能力。

3. 激励学生大胆探索，勇于实践

引导学生独立思考，大胆探索，在学习知识的过程中体验、发现与创造。指导学生运用已有的知识、学习经验、学习方法去探索与发现，从而获得新知，这对学生来说，是一个再创造的过程。

三、要关注学生的不同层次

1. 学习设计——关注学生不同层次

教师在备课中不仅要备教材、备教法，更要备学生。既要关注学生的“共同点”，更要关注学生的“特殊性”，并根据这一差异性确定学习目标，选择学习方法，以确保多数学生能完成学习目标。在学案设计中，教师应站在学生的角度，根据学生的已有经验和认知水平，充分预设学生可能出现的各种情况，确定相应的教学策略和教学方法。

2. 学习过程——考虑学生不同层次

虽然教师在接引性学习单设计时已经预设了学生的差异，但由于学生学习情境和学习过程的动态生成，必然会有一些情况在教师的预设之外。这就要求教师要有一定的教学智慧，要根据学生不同层次的客观现实来组织教学。

3. 学习方式——尊重学生不同层次

教师要树立正确的学生观，允许学生用自己的方式展开学习。尊重学生独立思考，就是要承认学生的个体差异，允许不同的学生有不同的学习方法。引

领学生畅所欲言，把自己的想法都说出来；还要认同学生的各种想法，不能随便或过早做出结论，让不同层次的学生都可以在原有的基础上获得相应的发展。

4. 练习设计依据学生不同层次

要设计有层次的练习，使不同层次的学生都有收获，使学生得到有差异的发展。考虑学生的差异，力求使每名学生的学习潜能都在原有的基础上得到充分发展，让不同层次的学生都能获得成功的体验，增强学习的自信心。

5. 教学评价——承认学生不同层次

对学生的评价要因人而异，因时而异，因境而异。做出针对性、艺术性的评价，采取“分层多维”的评价方法，促进不同层次学生的发展。在评价学生时，不能单纯地以考试成绩为指标，要从多方面考查学生。既要考查学生对知识技能的掌握情况，又要考查学生的独立思考能力、分析解决问题能力，以及动手操作能力等。重视学生学习态度的转变，重视学习过程和体验情况，重视方法和技能的掌握，重视学生之间的交流与合作，重视动手实践与解决问题的能力。

四、要体现探究性原则

1. 创设问题情境，激发探究兴趣

设计问题情境让学生产生兴趣，会使学生的注意力更集中、思维更敏捷、想象更丰富、观察更细致、理解更深刻，还会使学生实现由“要我学”向“我要学”和“我乐学”“我会学”的方向转变，将教学目标转化为问题，充分发挥学生的自主能力，在积极参与中获取知识体验，学生的记忆也更深刻。

2. 问题设计应体现探究方法

让学生掌握探究方法、培养探究能力，是探究教学的主要目的和出发点。引导学生进行补充、分析、推理、完善学案设计，在学生由于受知识、经验和能力的限制自身不能总结出结论时，教师要适时、适当地对学生进行点拨、引导，培养学生探究问题和解决问题的能力。

3. 问题探究应具有现实性、科学性和可操作性

在设计探究问题时，要考虑学生的现有知识水平；设计的问题能使不同层次的学生得以解答；在问题的推动下，能引导学生展开多维度的思维活动，对培养学生的思维能力、探索精神、创新意识更为有效，充分调动学生的参与意识。

4. 问题探究要面向全体学生

在创设问题时，要把问题的层次性和学生的层次性相结合，尊重学生的个体差异，让不同层次的学生都能参与到探究中来，使学生都能得到不同程度的发展，这就激活了学生的思维，实现了生生之间、师生之间的思维碰撞。

五、要体现开放性原则

1. 内容的开放性：从“文本课程”走向“体验课程”

开放，体现在过程上，就是从教师单向传输走向师生交往、互动的过程。“学生是具有自主性、能动性、创造性的人。”在这种互动交往中，教师以开放的心态面对学生、面对文本，教学的过程是知识交流的过程，是心灵沟通的过程，更是生命对话的过程。

2. 开放性问题的设计要兼顾预设与生成

在接引性学习单的编写和应用过程中，要注意两个方面的问题：一方面是由教师根据教学内容和要求在设计接引性学习单时提前预设的问题；另一方面是学生在学习过程中通过思考、质疑自主产生的生成性问题。生成性问题更可贵，因为它直接与学生的学习需要和学习经验相联系。

3. 唤醒并激活教师、学生的问题意识

“在压抑的思想环境下，禁锢的课堂氛围中是不可能产生问题，更不可能撞击出创造性的思维火花。”（英国哲学家约翰·密尔）创设开放、民主、和谐的学习环境与教学情境是学生主动产生问题、提出问题的前提。引导学生敢于提出问题，敢于发表个人见解，敢于质疑对抗，敢于进行文本批判和个性化的解读，并对学生给予引导和激励。

六、要践行实践性原则

1. 明确教学目标，建立知识结构框架

接引性学习单中要体现明确、具体的学习目标，即知识目标、能力目标、德育目标。知识结构包括学科知识结构、单元或章节的知识结构。通过知识结构分析，建立知识结构框架，使学生对将要学习的知识有一个整体的宏观认识，便于学习的展开。

2. 把握知识的重难点，找出最佳切入点

“学案”把重点、难点问题交给学生，给学生一定的方法引导和思维启示，让学生自己动脑，分析解决问题，在探究中加深对知识的理解，培养学生分析问题的能力、解决问题的能力、思维能力。

3. 设计问题，培养学生运用知识的能力

设计恰当的问题是引导学生探索求知的重要手段，是学案设计的关键所在。教师依据学习目标、学习内容，依据学生的情况，精心设计问题。问题设计应根据学生现有的知识水平和综合能力，要有一定的科学性、启发性、趣味性和实用性，还要有一定的层次。

4. 通过练习，及时自查和巩固学习成果

对学生自学探索后的自查巩固。因为学生水平不同，理解问题和解决问题的能力有较大的差异，学习过程中可能会出现各种问题，帮助学生及时从练习中发现这些问题并及时进行正确的引导，对培养学生的主体意识和思维能力至关重要。

七、要体现灵活性原则

1. 要处理好教与学的关系

学案设计以提高学生的学习兴趣、学习习惯、学习方法、知识运用的能力，完善学生的思维模式、自主学习能力为根本目的。其中，最主要的是学生的自主意识和自主学习能力。不仅要兼顾教师的教，同时也要突出学生的学，要融合学法指导，达到“教是为了不教”的目的，真正体现学生的主体性，培养学生的自主意识和自主学习能力。

2. 注重知识的系统性和连贯性

在培养学生创造能力的同时，知识传授应具有系统性、完整性、连贯性的特点。基于整体课程与知识结构的系统性来设计问题，做到课时教学服从单元教学的要求，单元教学服从整体教学的要求。教师在处理教材时，要弄清知识的新旧联系，做到由旧知带动新知，温故而知新。

3. 遵循学生的认知规律

接引性学习单的设计，必须要了解学生的学业状况，设计符合学情的问题、方法，还要了解学生的心理结构，确定课堂教学过程。要让学生掌握所学内容，必须了解学生的身心发展规律、认知发展规律，以学生易懂易会的形式表现出来，这样才具有科学性、现实性，才能做到事半功倍，才能体现学生是课堂的主人。

4. 遵循教学过程中的多边互动原则

教学活动是一个师生之间、学生之间的多边合作互动过程。接引性学习单的设计应体现多边活动，做到师生之间、生生之间甚至教师之间的多边互动。利用接引性学习单使学生之间展开讨论，师生之间展开交流，教师之间探讨经验，形成一个多边的信息交流网络，体现“教师为主导，学生为主体”的教学思想。

明春生　供稿

例谈高效的数学接引性学习单的设计

接引性学习单的设计是基于我们学校的课堂改革理念而来的。长期以来，我们的课堂都以传授的形式为主，是老师讲、学生听的传统课堂。为了能让学生自主学习的主动性真正发生，我以我们学校的课堂改革为例谈谈如何设计有效的接引性学习单。

一、什么是接引性学习单

所谓接引性学习，广义地讲，是以“学”为中心，以交往与对话为基本形式的学习，它的特点是以教师设计的接引性学习单为依据，通过学生先在家独立学习（叫独学），第二天课堂上再以小组形式进行小组学习（叫组学），最后在全班以汇报、对话、质疑的形式进行的学习（叫群学），通过以上 3 种学习方式来实现。接引性学习单的设计是整个教学活动的关键，学生在接引性学习单引导下的独立学习是整个教学活动的基础。从狭义上讲，学生在接引性学习单的指导下开展独立学习称为接引性学习。

二、接引性学习单设计的两大根本特点

一是指根本的学习路径设计，二是学科兴趣和学习热情的有效激发。遵循三大原则：根本性原则，简单、低入原则，开放性原则。其具体设计要求：“接”，一是接学生原有的学习状态、学习基础与学习习惯；二是接学生的真实生活与经验；三是接新旧知识与方法，架设新旧知识、新旧方法之间的桥梁。“引”，一是引领学生的学习方向；二是引发学生的学习欲望与学习需求；三是引爆多维的对话与交往。

三、以两节新课的接引性学习单为案例

以下是我根据课堂教学设计的学习单。

三年级上册“什么是周长”接引性学习单

1. 在家动手找一找、摸一摸、说一说生活中物体表面的周长在哪里？

2. 把找到物体表面的周长画下来，并说说画的过程中你是如何画的，要注意什么问题。

3. 通过以上操作活动，你对周长的认识是怎么样的呢？请简单描述，明天在小组里面再次与同学们进行分享交流。

“什么是周长”属于图形与几何的知识。那么，这一课的学习单到底要如何做到简单、开放、直指根本呢？以下只是个人的一点儿粗略认识。

首先，我们要知道“什么是周长”这是一节概念课，而在学习这一课之前，学生有哪些知识储备。学生在一年级就直观认识了简单的几何图形，如三角形、长方形、正方形等，而二年级再次认识了这些图形，并且对长方形、正方形的特点有详细的认识，知道了图形的边在哪里，也知道了边的特点。而本节课的学习正好与这些图形的边有关，本课“什么是周长”以提问式的课题出现，依据学生的生活经验及学过的图形认知，对“什么是周长”已经有一定的感观模型，只是无法正确表达出来，而学生的感观认识到周长，正好是其对周长概念的一个假设，只是自己不知道。那么，如何把学生的感性认识上升到理性认识，形成抽象的周长概念呢？这就要设计一个学习活动了，由此引发出以上的学习单设计。

第 1 个问题设计的目的是让学生初步感知各种不同物体表面的周长在哪里。而第 2 个问题的设计目的是把感知到的周长画下来，并说出如何画，而画的过程中所注意到要沿着物体表面的边画，并且从起点回到起点，起点也是终点。虽然学生不懂这么标准的描述，但他们能感知到，而感知到的认识恰好是理解周长意义的重点。第 3 个问题主要是让学生对“什么是周长”这个概念有一个自我的认知。

在这个找一找、摸一摸、说一说、画一画的活动中初步感知周长的基本含义，为第二天学习周长的概念做足了铺垫，并且是第二天学习中必须要解决的问题，这就直指教学的中心和根本。这个学习活动学生们在家完成是完全可以做到的，而通过各种各样的物体表面去认识周长，体现了问题的开放性。

最后，在课堂上进行组学，经过观察、讨论、质疑、补充、修正，又在群学中进行生生对话、质疑、补充、修正，此时教师在适当的时候进行点拨、点补，学生经历了独学、组学、群学，逐步理解了周长的实际含义，获得了更多更直观的有关周长的直观经验，从而建立起周长的概念。而这个建立周长概念的过程，就是对学生原有周长概念的一个检验的过程。所以，学习单设计了以上 3 个具有可操作性和思考性的问题。

再如：

三年级下册“分桃子”接引性学习单

1. 将图 1 中的这些桃子平均分给 2 只猴子，每只猴子分多少个？

你会分吗？可以动手操作，也可以画图哦，请把分的过程用式子表示出来，并说说为什么这样分。

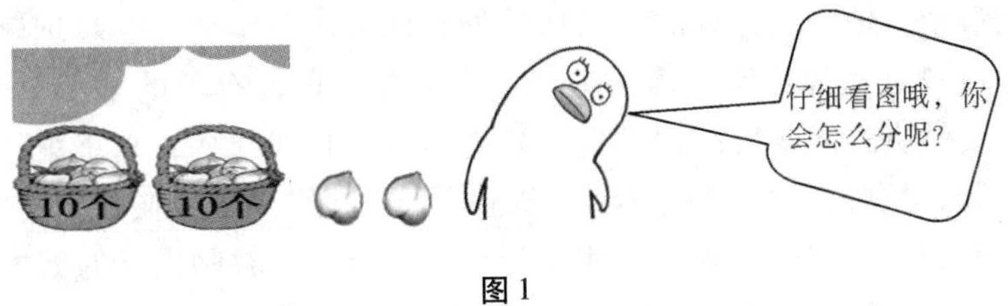

图 1

2. 将图 2 中的这些桃子平均分给 2 只猴子，每只猴子分多少个？

图 2

如果是这样，你又会分吗？可以动手操作，也可以画图哦，请把分的过程用式子表示出来，并说说为什么这样分。

本节课的重点是学习两位数除以一位数，商是两位数的除法，这是在学生对除法竖式有了初步的认识，并学习了两位数除以一位数的口算基础上进行的学习，而本节课的重点是学习用除法竖式计算，难点在于理解除法竖式的每一步的含义。这节课本着接引性学习单设计的简单、低入原则，直指中心，因此设计了以上接引性学习单。

第 1 个问题是简单的 22 个桃子平均分给 2 只猴子，每只猴子可以分多少个桃子。学生对于数字小而容易接受，所以除法竖式计算起来较容易理解；第 2 个问题是 44 个桃子平均分给 2 只猴子，每只猴子可以分多少个桃子？比起第 1 个问题，数字在变大，但方法一样，学生可以通过迁移的方法来计算，再到课本的 68 个桃子平均分给 2 只猴子，每只猴子可以分多少个桃子。由以上两道题的竖式计算，学生对两位数除以一位数的除法竖式计算有了一定的模型。从学习单到课本，3 个问题一样，而解题方法也一样，唯一不同的是数字在不断变大，由浅入深的阶梯式教学设计，建立了同一个竖式计算的模型，同时设计开放性的问题，让学生通过老师的设问在家先独立学习，在独立学习中，学生把自己的想法可以通过操作语言、图形语言、符号语言进行表达，第二天再在课堂小组里面进行分享讨论“为什么可以这样分”，最后再小组汇报，全班对话、质疑、归纳总结。通过在家的独学、在小组的组学、在全班的群学，把竖式计算的方法从课外到课内不断延伸，逐步理解掌握了两位数除以一位数的竖式计算的方法。本节课以设计有效的学习单为桥梁，把课堂上要解决的问题提前让学生去独立学习，自我建构，真正去体验知识的形成过程，教师搭建“脚手架”，提供“方向标”，学生在教师的指引下，围绕核心问题，有方向、有目标地展开自主学习。而教师设计有效的接引性学习单，是课堂教学的重要载体，关乎着一节课的课堂学习是否有效。另外，接引性学习所获得的知识是由学生自我建构的，学生会获得一种愉悦、成功的体验。长此以往，学生的自主学习兴趣就会浓厚，自学能力就会提高，从而提升学生的自我价值认同感。

此文发表在《中学生导报·教学研究》2018 年第 22 期

蔡晓玲　供稿

设计并应用好接引性学习单的“七个关键”

接引性学习单要根据学习目标，安排好学生自主预习，把握重点、难点，指导学生进行合作探究、质疑问难、拓展延伸，课堂进行精讲点拨，引领学生在解决问题的过程中，突破原有的思维束缚，获得新的发展。设计并应用好接引性学习单要做到以下几个“关键”。

一、如何制订科学、合理的学习目标

1. 必须以课标为准绳

课程标准是规定某一学科的课程性质、课程目标、内容目标、实施建议的教学指导性文件。课程标准体现的是国家意志，提出了面向全体学生的学习基本要求，所以，在制订学习目标时必须紧紧围绕课程标准，认真研究、分析课程标准的要求，根据学情细化学习目标。

2. 应该以学生为中心

“学习目标”的出发点是为学生的学习指明方向，应面向全体学生。学生是具有差异性的个体，他们的认知水平各有不同，学习目标的制订应根据学情，分层制订。既要有适合绝大多数学生的“普遍目标”，又要有适当的、适合学生成长的“发展性目标”。

3. 应体现“三维目标”

接引性学习单中学习目标的制订，要体现出过程与方法、知识与技能及情感、态度与价值观的培养。“学习目标”中应明确规定学生必须要亲自经历的探究过程；要把课标要求的内容按目标层次细化为三维目标：知识目标、能力目标和情感目标。三维目标是事物的三个维度，并不是三个目标。它是一个不可分割、相互交融的有机整体，体现了对学生全面发展的要求。当然，所制订的目标也要具有可行性，不能让学生感到高不可攀。

4. 陈述要简洁、全面、准确、具体

学习目标的陈述应包括3个方面的关键词：用什么具体方法来学、学什么内容、学到什么程度，也可以概括为“行为＋内容”的形式。但是这个“行为”既包括具体的行为动词，又包括行为条件，还包括行为的程度。

学习目标的设计要“有所为，有所不为”。学习目标不用面面俱到，要选择学生能在可利用的时间内以相当高的程度实现的，同时又是确实重要的目标，这样才是有效的学习目标。

二、如何准确地确定学习重点与难点

1. 课标和学习目标是确定重点、难点的根本

课程标准是规定某一学科的课程性质、课程目标、内容目标、实施建议的教学指导性文件。学习目标是依据课标而确定的，它将课标细化为“知识与能力”“过程与方法”“情感、态度与价值观”三个维度，体现了对学生全面发展的基本要求，学习重点、难点是学习目标中最基本且最主要的内容。

2. 吃透教材是确定学习重点、难点的基础

教材是教学的主要依据，学习重点往往是教材中某一内容，是诸内容中最基本、最主要的，是基础知识，或基本技能，或是进一步学习其他内容的关键。学习难点往往是那些太抽象、离学生生活实际太远的、过程太复杂的、学生难于理解和掌握的知识、技能与方法。因此，学习重点和难点的确定必须深挖教材、吃透教材，明确知识间的内在联系和抽象、难懂的知识。

3. 分析学情是确定重点、难点的关键

学习重点、难点都是针对学生而言的。因此，要确定正确的重点、难点，必须要关注学生、了解学生、研究学生，包括了解学生原有的知识储备和认知能力、学生的兴趣需要和思想状况、学生的学习方法和学习习惯等。编写学案时，教师要根据教材特点及学情，对可能出现的难点做出预设，以便在教学中对症下药，避免教学中的主观主义和盲目性，切实做好理论联系实际，从而确定好课堂教学静态的和动态的重点、难点。

4. 教师的专业水准是确定重点、难点的重要因素

教师的专业水准的高低，直接关系到学习重点、难点能否正确确定。教师既要不断学习专业知识，深入研究课标和教材，明确知识间的内在联系，准确地把握学习重点，还要不断地研究教育教学理论，深入研究学生的特征和需求，准确把握学习难点。

5. 经典习题是确定重点、难点的重要依据

经典习题特别是中考试题，对于中学生来说，具有很强的导向作用。教师在备课时，多研究这类试题，是确定重点、难点最有效的依据。例如，在毕业年级教学中，可通过查阅相关的中考试题，来确定学习的重点、难点。

当然，学习重点不等同于学习难点。有些内容是重点不是难点，有些内容是难点不是重点，有些在教学中既是重点又是难点。应该具体问题具体分析，否则会影响学习效果。因为，学习重点、难点的主体是学生，教师在制订、陈述学习重点和难点时，要从学生的角度出发。

三、如何进行有效的学法指导

1. 教师要明确课标要求

新课标对学生提出了“知识与能力”“过程与方法”“情感、态度与价值观”三个维度的要求，学习方法和学习能力是课标的基本要求。教师在教学中，必须认真研究课标，明确课标对学生学习方法和能力的要求，并以此为依据，在教学中指导学生学会相应的学习方法并养成对应的学习技能，有效地完成学习目标。

2. 教师要掌握灵活多样的学习方法

教师是进行学法指导的主体。因此，要想指导学生掌握并灵活运用各种学习方法，教师首先要掌握多种学习方法，并熟知多种学习方法指导的途径、技巧、技能等，这样才能有效指导学生掌握学习方法。如语文教师要掌握朗读的方法、写作的方法、识字的方法等；英语教师要掌握记单词的方法、读单词的方法、写作的方法等；数学教师要掌握消元法、降次法、代入法、图像法等。只有教师首先掌握了这些方法，才能引导学生进行学习。

3. 引导学生主动学习和积极参与

学生是学习和认知的主体。首先，要培养学生主动学习的意识，改变传统的学生被动学习的教育模式，让学生从被动学习变主动学习，从“要我学”转变成“我要学”；其次，要学生积极参与到认知实践中去，在学习实践活动中去认识、体验学习方法，才能“内化”为学生自己的学习方法。学无定法，学生只有在学习实践中，才能把握并创造出更多、更好、更适合自己特点的方法。因此，学法指导的基础是增强学生学习的主体意识，并积极参与到认知实践中去。

4. 教师要准确把握学情

学法指导要以发展认知能力为基础，这是进行有效学法指导的关键。首先要把握学生的认知能力。学生在学习中主要有 4 个认知阶段，即感知、理解、巩固和运用，教师要依据学生的认知能力，指导学生在不同的认知阶段掌握不同的学习方法。教师还要充分把握学生的年龄特征、个体需要。在学生年龄偏小的时候，要以发展学生的形象思维和感性思维为主，指导学生掌握一些基本的学习方法。同时，还要考虑学生的个体需要，要因材施教。

总之，要有效地对学生进行学法指导，必须全面把握学情，因势利导、因材施教。

四、如何有效组织学生开展合作探究学习

1. 创设情境，营造“问题”氛围，实现学生自主学习

“学起于思，思源于疑。”教师可以根据学生的认识特点和心理特征，有意识地营造“问题”氛围，培养学生质疑的兴趣，以趣生疑，由疑生奇，由好奇引发需要，因需要而思考，使学生不断地发现问题，自觉地在学中问，在问中学。

2. 唤起原知，搭设平台，让学生学会合作学习

教师要相信学生的能力，为学生提供学习材料，让学生自主地发现规律和结论，学会倾听、思考、讨论、实践和表达。小组合作前，教师要为学生留出独立思考的空间；合作过程中，教师要给足学生讨论交流的时间，让不同程度学生的智慧都得到尽情的发挥；合作完成后，教师要给足学生发言、补充、更正甚至辩论的时间，这是学生思维火花最易闪现的时候。

3. 张扬个性，拓展空间，引领学生探究学习

教师要尊重学生的自主性，让学生自己探索知识，发现规律，拓宽学习领域，开发学习内容，运用学习收获。从“事先预设”走向“动态生成”，教师要给学生创造个性自由的学习空间。使问题在动态中不断生成，在动态中不断解答，赋予课堂更多的开放性、动态性、发展性和生成性。在动态的不断发展推进过程中，培养学生探究学习的能力。

4. 加强指导，促进自主探究与合作交流的形成和完善

自主、合作、探究学习要加强教师的组织、引导、帮助与促进。教师应引导学生提出问题、探讨和解决问题，把质疑、释疑作为教学的重要组成部分，通过对学生质疑问题的指导，让学生带着问题去合作、讨论，激发学生的探究欲望，让学生学会从知识的探索与对比中提出问题，留给学生充分思考与探索的空间。

总之，有效的合作探究学习，能够唤醒学生沉睡的潜能，激活封存的记忆，开启封闭的心智。教师必须积极营造适合学生进行合作学习的环境，时刻把握以学生发展为本这根主线，我们的课堂教学才能焕发出生命活力，才能让学生在探究中自主学习，在探究中合作与交流，在探究中快乐成长。

五、如何进行精讲点拨

1. 在新旧知识联结之处点拨

许多知识具有较强的系统性，每个新的知识点必然有与它相关的旧知识，联结处就是新旧知识的结合处，在新旧知识的结合处点拨，便于引导学生由旧

知识过渡到新知识，促进知识的迁移。

2. 在学习新知关键之处点拨

知识内容的关键处是学生学习、理解、掌握知识的最重要之处，是教材内容的重点、难点。在这些关键处适时进行点拨，有益于重点、难点问题的突破，使学生对所学知识理解得深，理解得透，掌握得牢。

3. 在学生疑惑之处点拨

在探求知识的发生、发展及形成过程中，学生有时会感到疑惑不解，厌倦困顿。这时就要求教师进行点拨指导，设计合适的坡度，架设过渡的桥梁，引领学生寻找思维的突破口，帮助学生排除疑难，解决困惑。

4. 在学生争议之处点拨

在探求新知的过程中，由于学生的知识基础不同、思维角度不同，对一些问题的结论、实验结果有争议。这时教师要针对学生争议的热点、焦点问题进行认真分析，找出问题的症结，然后进行适当的点拨，或给予正确的解释，或启发学生按照正确的思路、方法、步骤进一步探讨，自己找出问题的答案。

5. 在思维受阻之处点拨

在课堂上，新课中的难点往往会使学生的思维受阻，这时教师可适当地分化这些问题，体现一定的层次性与诱导性，巧妙地引导学生在探究中突破难点，同时也能提升学生的逻辑思维能力。

6. 在受思维定式干扰之处点拨

在课堂学习中，学生往往容易受思维定式的干扰，产生负迁移，此时设计探究问题，可以引导学生冲破原有思维方式的束缚，从不同的角度、方向，寻求解决问题的正确途径。

课堂上，教师适时、适度、适当地精讲点拨，可以帮助学生化难为易，变困惑为顿悟，引导学生的思维发展，促进学生学习能力的提高，优化教学过程，大大提高课堂教学效果。

六、如何进行有效的拓展延伸

1. 拓展延伸要立足课本

课堂拓展应立足在文本基础之上，突破“文本”的限制，对文本进行有效的拓展与超越，因为教材提供的文本是有限的，“教材无非是个例子”，学生学习能力的发展最终必须超越课堂、超越文本。拓展延伸应该围绕教材的主题和教学目标、教学重点和难点。拓展延伸是为深入理解教学内容服务的，不能让内容为拓展延伸服务。所以，教师在对教材拓展延伸时，首要的就是深挖教材、紧扣文本，尊重教材的价值取向。

2. **拓展延伸要把握学情**

拓展延伸的内容要符合学情，包含学生的生活经验、生活阅历、认知水平、知识积累、能力的发展水平、地区差别和特征等。要做到切合学生实际，因材施教。因此，拓展延伸时教师应注意照顾学生的个性差异，充分考虑不同层次学生的“最近发展区”。应立足课堂实际，考虑时间、场地、情境的限制。

3. **拓展延伸要适度**

课堂延伸必须适度，应该把主要精力放在深入理解和把握教材上，由课内向课外延伸，设计一些拓展活动，在最值得拓展延伸的时机、地方去拓展延伸。拓展延伸掌握合适的“度”，拓展切不可不着边际，伤害到教学的本体，以免喧宾夺主、本末倒置、画蛇添足。

拓展延伸有课内向课外的延伸，有文本与网络资源的链接，有学科向学科的渗透。在鲜活的教学实践中，要善于抓住课本拓展的契机，把握课本拓展的火候，用好课本拓展这根“魔棒”。这既是我们每一位教师的教学追求，更是对我们教师教学机制的考验。

七、如何才能设计出合理、科学、有效的达标检测

1. **要有科学性**

所谓科学性，主要是指题目本身不能出现科学性错误，问题的指向性要明确，不能模棱两可；检测题的内容不能超出所学知识范围；题型设计要合理，切忌随意。比如，在选择题中不应出现这样的命题：“下列命题中，正确的个数是……”因为，假如学生恰好将一个正确的命题和一个错误的命题判断反了，那么所选择的答案依然是正确的，这就不利于教师及时查找学生的错误原因。

2. **要有目的性**

检测题的设计应根据教学内容和目的，根据学生的年龄特征和心理规律，做到紧密联系课堂教学内容，紧扣教学要求，以基本训练为主，围绕教学的重点、难点进行设计。具体地说，课堂检测的设计应以“双基”训练为主，通过检测，促使知识与技能结合，加深对所学知识的理解和巩固，有助于学生对所学知识的系统掌握。

3. **要有针对性**

所谓针对性，就是针对学生认知中的误区和解题中的“常见病”“多发病”，设计一些学生易错、易混或易漏的知识点进行检测，以期通过检测，达到“药到病除”的功效。

4. 要有新颖性

（1）题型要新颖。目前，课本中的题型几乎被计算题、应用题、证明题、选择题、材料分析题所“垄断”，教师可以用新颖的题型进行“包装”，如猜谜语、讲故事、做游戏、直观演示、各种小竞赛等，学生就会产生新鲜感。

（2）题材要新颖。为激发学生的兴趣而设计，让学生有耳目一新之感。

达标检测是接引性学习单中的基本要素，是实施课堂优化教学的重要手段。达标检测既承载着学生的学习目标，又加强了知识之间的紧密联系，对提高课堂教学效率，拓展学生思维空间，起着重要作用。

明春生　供稿

追根溯源，寻找路径

——浅谈学习单设计

我有幸参与官老师的教研公开课探讨活动，本节课的内容是北师大版三年级上册“搭配中的学问”，它是一节实践活动课，主要的目标是结合“搭配服装”等现实情境，探索并掌握简单的搭配方法，能用适当的方式表示出各种搭配方法；在尝试、展示、交流过程中，逐步学会按一定的顺序思考和解决问题；在探索用不同方式表示搭配方法的过程中，初步培养学生的符号意识。本节课的重难点是探索并掌握简单的搭配方法，能用适当的方式表示出各种搭配方法。对于三年级学生而言，他们已经具备了一定的知识储备和生活经验，能够对物体进行简单的搭配。同时，他们的认知水平还停留在浅层次，对于活动过程会出现重复遗漏，是时有发生的。基于这些可能发生的情况，教师在课堂上要有针对性地进行引导。

回顾以往的教学经验，这样的内容我们一般会根据情景图给出相对应的内容，并提出如下问题：一顶帽子搭配一条裤子，有几种不同的摆法？学生根据要求，通过摆一摆，很有可能出现不同的结果。因此，在教学过程中，我们将利用这些课堂生成，让学生意识到由于搭配过程中的无序出现的遗漏或者是重复的问题。针对以上这些不足，我们可以采用按照一定的顺序进行搭配。方法是先确定裤子再搭配帽子，抑或是先确定帽子，再搭配裤子。

根据我校的大假设法思维课堂的模式，我们打破了常规的教学。追根溯源，找出知识的生长点与延伸点。经过反复推敲，我发现看似是一个独立的知识点，其实它在一、二年级早已出现过。例如：

1. 在以下数字中找出三个数，使得它们能够组成加法算式和减法算式。

12、4、9、6、8

□○□ = □　　□○□ = □

□○□ = □　　□○□ = □

2. 3、6、1 这三张卡片能组成几个不同的两位数？

在学生的潜意识里，已经有了有序排列的思想做铺垫，于是承接旧知的知识点便敲定为三张不同的卡片能组成几个不同的两位数。

数学课堂是思维的课堂，怎样提问才能启发学生有效的思考？什么才是思维课堂？什么才是简单、开放、直指根本？这些问题一直在我的脑海中出现，于是学习单的设计显得格外重要。通过反复推敲，我们的思想逐步成熟，由最初的直接抛出问题："两顶帽子，三条裤子。一顶帽子搭配一条裤子，一共有几种不同的搭配方法？请你摆一摆，说一说。"到最后确定为："两顶帽子和三条裤子，一顶帽子搭配一条裤子，小丑认为有 5 种不同的搭配方法，你同意吗？请你摆一摆，说一说。"这样设计的目的是让学生经历猜测、验证的过程，能够更好地理解有序排列的重要性，既可以避免重复，又可以避免遗漏，而且能够更清晰地表达出来。同样的知识点，由学生自己发现、自己总结会更深刻，更有意义。

假设是否成立，还需要数学上的严格证明，以发展学生的演绎推理能力。课堂上通过学生的自主探究，小组合作分析，我们发现学生自己通过实物操作、画图分析、语言表达，这样的设计更显得顺理成章，让课堂呈现知识更为流畅。最后过渡到将前面的假设转化为数学符号语言后，形成了本节课的知识规律。

学习单的设计是一门学问，等待着我们一起去学习，一起去探究，一起去改进。

黄敏佳　供稿

蜕　变

——使用接引性学习单给我们带来的变化

一份好的接引性学习单，对学生而言，可以完善学习方式，倡导自主探究，拓展学习空间；对教师而言，可以改善教学方式，构建立体环境，优化教学过程，提高课堂效率，构建生态课堂。下面是使用接引性学习单带来的可喜变化。

一、学案导学，完善学生学习方式

接引性学习单是引导学生学习的方案，是学生全部课堂学习实践过程中的操作方案，是学生学习活动的路线图，指示着学习的路线、方向和基本要求，学生按照路线图去实践、去探究，完成学习的全过程。总之，接引性学习单的应用，完善了学生的学习方式。

1. 变接受式为发现式

如果只是单纯依靠由教师搜集资料信息内容，再在课堂上传授给学生，学生只是被动接受，那样时间花得多而效果却不好。教师充分利用接引性学习单提供的学习资源和方法，引发学生的好奇心，引导学生主动地参与学习，这就增添了学生学习的责任感和愉悦感，促使学生更加积极、主动、有效地去学习。

2. 变等待式为体验式

接引性学习单一般采取灵活多样的教学方法和学生一起进行探究性学习。美国华盛顿国立图书馆墙上写有 3 句话：“我听见了，但可能忘掉；我看见了，就可能记住；我做过了，便真正理解了。”课堂教学本身就是学生生命整体体验和发展的过程。学习活动中有多种感官参与，提高了大脑的兴奋性，促进建立暂时联系，变等待式为体验式，大大提高了学生的学习效率。

3. 变独立式为合作式

接引性学习单的应用，引领学生从个人单独学习转变为群体合作学习。学习资源的存储、检索、获取、呈现正在向多媒体化、信息化方向发展，民主开放的教育环境中，越是规模大、学生多的班级，越需要小组合作学习。小组合作学习不仅有利于发挥集体的智慧，解决学生个体不能解决的问题，而且培养了学生之间合作交往的能力，促进学生提高学习的主动性，使学生学会共同学习、共同生活、共同工作。

总之，接引性学习单的应用，完善了学生的学习方式。它引领学生怎样学习，让学生从学会转到会学，从“要我学”转到“我要学”，真正做到让学生成为学习的主人。

二、转变教师角色，改善教学方式

学案导学，让教师的职能从知识的传输者变为学生自主学习的组织者，教师的角色从“主演”变为“导演”，由“台上”走到“台下”，改善了教师的教学方式。

1. 从知识的灌输者转换为学生的引导者

学案导学改变了学生被动的学习方式，教师的教学方式也随之改变。教师传授知识不是以灌输为主，而是引导学生在发现与探究中学习知识、构建知识。教师要改变过于强调知识传输的倾向，努力培养学生积极主动的学习态度，注重学生获得知识的过程，关注学生建立健康的情感、态度与价值观，尽量营造良好的学习氛围，给学生以心理上的安全感和精神上的愉悦感。

2. 从课堂的主宰者转换为平等的交流者

学案导学让师生关系也发生了改变，教师不再是居高临下的权威，而是“平等中的首席”，是与学生平等对话、共同发展的伙伴；教师与学生不再是灌输与被灌输的主从关系，而是互动互惠；教师与学生不再是以知识传递为纽带的传授关系，而是以情感交流为纽带的合作关系。

3. 从单向的传授者转换为互动的合作者

学案导学要求教师转换自己的角色，要学会合作。课堂要在合作中互动，在互动中前进。课堂的合作要信任学生，允许学生就学习活动提出意见，要营造一种学生敢于表达的民主气氛，加强师生之间的关系。

总之，学案导学中不应以教师的权威压抑课堂，而要看成是师生有限生命的重要组成部分，是知识的汇集、文明的碰撞、情感的交融，从而追求一个有效的课堂教学。

三、有效引导学生进行自主探究

1. 精心设计学案，培养学生探究的兴趣

在学案设计和应用中，教师应通过兴趣的培养、情感的交流与共鸣，使学生体验到愉快、积极、振奋，更主动积极地去领会知识和探索奥秘；唤起学生的主体意识，引领学生自主调动已有的知识、经验、策略去体验和理解知识，激活学生的思维，引发学生自主探究。教师在这个过程中只是学生学习活动的组织者、指导者、参与者、促进者。

2. 创设问题情境，激发学生探究的欲望

爱因斯坦说："提出一个问题往往比解决一个问题更重要。"引导学生形成问题意识的策略主要是创造性地构建学习环境，给予机会激发学生的主体意识。为此，教师应该尊重学生，给学生表明观点的机会；充分满足学生的好奇心和探究欲望，给学生大胆猜测和"异想天开"的机会；对学生出现的错误或不足加以引导，给学生反思和修正的机会。

3. 明确探究目的，指导学生探究的方法

无论是观察、调查、实验、收集分析资料等多种探究形式，必须让学生明确探究目的。一定要让学生亲自去体验，去操作，去领悟。"探究"是让学生体验科学探究全过程的活动，教材在设计这类活动时，给学生较大的自主性，为学生发挥富于个性的创造力留出了空间。

4. 设计合理练习，注重学生探究的延伸

练习是对学生学习效果的检测和反馈，对于学生探究能力的发展和提高非常重要。如2008年北京奥运会的主题，其中涉及"绿色"奥运、克隆技术的发展等相关内容，要求学生课后查阅资料，写出小论文、手抄报等。这样既渗透环保教育，又做到课内外知识的结合，注重学生探究活动的延伸。

总之，在探究性学习里面，要求教师具备高水平的科学素养和探究教学技能，改变传统的教学观念，重新调整自己的角色，要充分发挥教师的主导作用，调动学生的积极性，组织学生全员参与。

四、拓展学习空间，有效组织教学

1. 自然拓展

有效地拓展应该是跟文本之间有一种"互文性"的关系。拓展的内容和教学需要达成的目标也应该有一种密切的联系，因此在拓展时，也应该是自然的、不露痕迹的。一次简单的、不露痕迹的拓展，让学生很快产生疑惑，同时也能激发学生学习的兴趣。

2. 适度拓展

拓展延伸应立足于文本的基础之上，突破文本的限制，对文本进行有效地拓展与超越。拓展延伸应该围绕课文的主题和教学目标、教学重点和难点进行。任何离开课文的拓展延伸都如空中楼阁，不着边际。拓展延伸是为深入理解教学内容服务的，不能让内容为拓展延伸服务。同时，拓展的内容要符合学生的实际状况，包含学生的生活经验、生活阅历、认知水平、知识积累、能力发展水平、地区差别和特征等。做到切合学生实际，因材施教。

3. 巧妙拓展

课程资源的有效开发和利用，课内外的适度拓展延伸，可以让课堂更加充盈和丰富！教师在课堂上恰当地选择拓展的内容，适当地选择拓展的时间，有助于唤醒学生沉睡的心灵，拨动学生内心的感情之弦。

有效拓展学习空间，引领学生的学习向课外、课后延伸，及时进行反馈、交流，有利于最大限度地开发课程资源，可以促进课内外学习和运用的结合，调动学生学习的积极性，并不断扩大学生学习的视野。

五、构建立体化的教学环境

信息化时代，多媒体技术正在逐步改变着我们的生产方式、生活方式、工作方式和学习方式。随着素质教育、创新教育等现代教育思想理念的逐步推广和深入，以多媒体技术为基础的立体环境教学已成为大家的共识。接引性学习单的设计与应用，为我们构建了立体化的教学环境。

1. 教学准备立体化

使用多媒体教学，需要丰富的多媒体信息资源做支撑，因此，需要建立多媒体信息资源库。这些资源包括视频、音频、文本、图片、时政漫画、统计数据等。将信息技术整合于学科教学课堂之中，既有利于学生学习学科知识和掌握学习技能，又有利于发展学生收集信息、处理信息和传递信息的能力，为学科课程提供了丰富的课程资源。

2. 教学内容立体化

以往教师在利用多媒体进行教学时，总是先把整节课的内容制成课件，上课的时候把课件演示给学生。这种做法把多媒体当成课堂展示的工具，教师成了解说员，其实质还是一种灌输式教学。要改变这种状况，就必须利用多媒体构建立体课堂，让有限的课堂向前后、上下、左右延伸。教师充分运用课前准备、课中拓展和课后延伸，再加上讲评督促的方式，拓宽学生的体验空间。

3. 教学过程立体化

建构主义理论使我们更注重发掘多媒体作为情境探究和发现学习的工具、信息加工和知识构建的工具、信息交流和个别辅导的工具。因此，我们要善于引导学生收集、整合与教学内容相关的信息，并对这些信息进行处理，设计一些有价值的问题，在课堂教学过程中，由教师组织学生对这些问题进行讨论、探究。让学生自始至终都处在主动求知的状态，把课堂的主动权还给学生。有条件的地区还可以进行自主交互式的网络教学，为学习者提供充分的选择性，最大限度地发挥其主观能动性。

六、有效优化教学过程

1. 教师要转变与更新教育观念

教学过程是师生交往、共同发展的互动过程，教师是学习活动的组织者、引导者、参与者。这就要求教师与学生在课堂教学中交往、互动，实施对话，要做“教学活动的组织者、引导者、参与者”，不仅要“传道、授业、解惑”，而且要教会学生思考。

2. 课堂教学要与学生的生活实际相联系

课堂教学要面向学生的现实生活世界，还要关注学生可能面对的生活。课堂教学只有与学生相联系，面向他们的生活世界，才能真正把他们吸引到课堂上来，才能真正改变学生的生存状态、生活方式，提升学生的生活质量，才能激发他们的学习热情。

3. 要尊重学生已有的知识经验

学习过程是自我生成的过程，这种生成是他人无法取代的，是由内向外的生长，而不是由外向内的灌输，其基础是学生原有的知识与经验。教学活动必须建立在学生的认知发展水平和已有的知识经验基础之上，学生的学习过程是在教师引导下的自我建构、自我生成的过程。

4. 利用多媒体教学提高课堂效率

在课堂教学中，充分利用多媒体，给学生以全新的感官刺激，激发学生的兴趣，增加知识的密度，展现知识的生成过程，弥补传统教学的不足，从而提高课堂教学效率。在利用多媒体教学时要注意的是：不要仅仅为求新鲜刺激，而要摆正多媒体作为教学手段的地位，让多媒体切实为教学服务。

七、引导学生完成自主学习，提高课堂效率

1. 学案导学转变了教师的教学行为

学案导学，教师成为引导学生主动参与的组织者，由传授者变为参与者。尊重学生的个性，关注每一名学生成长与发展的每一点进步，帮助学生制订适当的学习目标，让学生明白自己要学习什么和获得什么，并确认和协调达到目标的最佳途径；帮助学生形成良好的学习习惯、掌握学习策略和发展元认知能力。教师成为学生利用课程资源的引导者，引导学生走出教科书，走出课堂和学校，走向生活，走向社会和自然，充分利用校外资源，在社会的大环境里学习和探索。

2. 学案导学转变了教师的教学手段

现代信息技术与学科的有机整合，使教师真正成为学生学习的引导者和促

进者。以计算机为中心，多通道、全方位、整体化地呈现教学信息。对于抽象的概念、原理，可以用三维实景虚拟现实过程；对于不可视的变化，可以通过虚拟现实技术去展现。同一教学内容用多种信息形式来表现，克服了书本文字单一和难以协同表现的弊端，促进了个性化教学，提高了教学效益。

3. 学案导学转变了学生的学习方式

课程改革倡导学生主动参与、乐于探究、勤于动手，培养学生搜集和处理信息的能力、获取新知识的能力、分析和解决问题的能力及交流与合作的能力。学习方式是学习质量的基本变量，高质量的学习效率必须依赖高效率的学习方式；学习目标决定着学习方式的层次。综合性的教学目标，对学习方式的要求必然具有多元性，高质量、高层次的学习方式必然体现出自主性、探究性与合作性。

4. 学案导学为学生预习提供了很好的辅学大纲

学案导学最大的特点是通过接引性学习单或其他方式揭示学习目标，呈现学习内容和需要解决的问题，简单地说，就是“先学后教”。在这种情况下，教师的教能指向先学过程中学生暴露出来的问题，最大限度地减少教师不必要的讲授和没有针对性的指导，提高了课堂效率。

5. 学案导学让学生获得积极的情感体验

不管是学生的预习还是注重学生课堂上的表达，都极大地使学生找到了学习的自信，提高了学习的兴趣。这份自信与兴趣将是学生今后学习中强大的动力。学生对一节课中所学的知识快速地在脑海中放映一遍，说出他们的收获，或是知识的概括，或是解题技巧，或是书写的要求，学生自己得到的结果是很难忘记的。

八、以人为本，构建生态课堂

生态课堂体现了教育的本质规律，体现了教育的真谛，体现了教育的灵魂。生态课堂实现课堂教学的返璞归真，建构高效的生态课堂，促进师生和谐发展。那么，在接引性学习单的设计与应用过程中，如何通过学案导学构建生态课堂，让课堂充满活力呢？

1. 让课堂充满情感

营造氛围，激发情感，是构建生态课堂的基本因素。夏丏尊说：“没有情感，就没有教育。”情感是引发学生个人行为的内驱力。我们要充分挖掘教材中蕴含的道德情感因素，用多种方式激发学生的道德情感，增强学生的情感体验，使学生产生强烈的情感共鸣，引起学生参与活动的激情。应把课堂教学放到社会大背景中去，使课堂教学贴近学生和社会，和学生的情感有机地融为一体。

2. 让课堂充盈开放

当代课堂必须以开放的姿态接纳和利用来自校园、家庭、社区乃至整个社会的信息。教师要从教育思想、教育理念、教学组织形式、教学方法、师生关系上开放，要求我们必须走出教室，走进社会大课堂，从课堂向课前、课后、课外开放，从生活中提取源泉丰富课堂，同时要解放学生的心理，给学生创造一个宽松、和谐、民主的心理氛围，让学生带着知识走出课堂，用科学的思维方式来观察社会。书本知识只有走进现实生活世界，才能实现其价值。

3. 让课堂展示个性

生态系统中的各个物种都具有各自的生物特性、生长需求和生存规律，具有各自相应的地位和作用。从生态学的角度看，课堂必然也必须是学生个性得以充分发展的场所，课堂教学培养的不是规格化、标准化的人才，不是千人一面，而是生动活泼、多姿多彩、独具特色的“人”。

“生态课堂”把课堂的学习权还给学生，把学生的发展权还给学生，让学生学会合作、学会分享、学会思考、学会交流、学会创新。“生态课堂”让每名学生成为学习的主人，培养学生高尚的道德品质、良好的思维品质、终身学习的能力，这也是学校对新时代教育价值的追求。

明春生　供稿

第三章

教学设计和课堂实录

“探索与表达规律”教学设计

一、教学目标

1. 会用代数式表示简单问题中的数量关系。

2. 经历探索数量关系、运用符号表示规律、通过运算验证规律的过程，体会探索规律的一般方法。

3. 在活动中发展观察、发现、合作、交流等能力，认识探索规律的必要性；体验数学学习的乐趣。

二、教学重点

根据问题的起始情况，总结规律，探索出问题的一般性结论。

三、教学难点

体验并归纳出探索规律的一般方法：观察、猜想、归纳、验证。

设计意图：“探索与表达规律”是对前面所学知识的综合应用，也是对这些知识的拓展与延伸。本节主要通过具有现实意义的、学生感兴趣的探索活动，使学生初步感受数字之间蕴含的规律，体验并归纳出探索规律的一般思维方法：观察、猜想、归纳、验证，对帮助学生树立数学的建模思想具有重要作用。同时也为学生以后学习方程、函数等内容做了很好的铺垫。

四、过程设计

（一）课前独学

问题一：

仔细观察下列各组数，按你发现的规律填空。

1. 1，2，3，4，____________，____________。

2. 2，4，6，8，____________，____________。

3. $\frac{1}{2}$，$\frac{2}{3}$，$\frac{3}{4}$，$\frac{4}{5}$，____________，____________。

4. 3，5，7，9，____________，____________。

5. 1，4，7，10，____________，____________。

问题二：

仔细观察下列餐桌的摆法。

1. 按照图 1 的摆法摆放餐桌和椅子，完成下表。

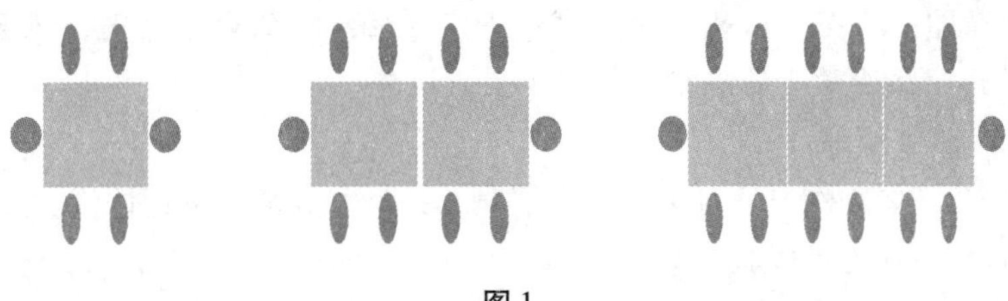

图 1

表 1

桌子张数	1	2	3	…	n
可坐人数					

2. 按照图 2 的摆法摆放餐桌和椅子，完成下表。

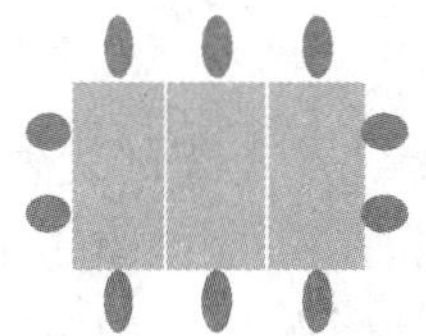

图 2

表 2

桌子张数	1	2	3	…	n
可坐人数					

设计意图：通过填空和填表格活动，以及具体的数字规律来初步感受一般规律，为用字母表达规律的一般性做铺垫，从而降低了难度，分散了难点，起到接引的作用。

3. 你是怎样得到当桌子数量为 n 张时可坐的人数的？说说你的思路。

4. 在桌数相同时，哪一种摆法容纳的人数更多？

5. 若你是一家餐厅的大堂经理，由你负责在一个宽敞明亮的大厅里组织一次规模盛大的西式冷餐会（类似于自助餐），你会选择哪种餐桌的摆法？说说你的理由。

设计意图：用探索出的一般规律解决实际生活中的简单问题，体会数学与生活的联系，拓展学生的思维，拓宽学生的视野。

（二）课堂组学

1. 小组长交叉检查学习单的完成情况，并对完成情况进行评价。

2. 小组成员相互核对答案。

3. 将自己在独学时存在的疑惑向其他组员请教。

4. 每人挑至少一个问题向其他组员讲解自己的思路，其他组员补充。

5. 组内统一观点，整理学习单，准备汇报。

设计意图：小组内的交流、讨论活动既可以培养学生的语言表达能力，又利于展示不同的探索途径，实现全班智慧共享，开阔学生的视野。

（三）课堂展示与群学

1. 请一个小组的代表上台展示问题一，并讲解组内的统一观点，其他组的同学补充。

2. 请一个小组的代表上台展示问题二的解决方法，重点讲解解题思路及小组内合作学习时还未解决的问题，向其他小组寻求帮助。

3. 其他小组认真倾听，发表自己组内的统一观点，进行适当补充。

4. 教师根据课堂实际情况，进行适时的思维点拨。

设计意图：通过体验引导学生归纳出探索规律的一般过程及表达方法。

（四）深入探究

观察图3中的日历（PPT显示）。

日	一	二	三	四	五	六
		1	2	3	4	5
6	7	8	9	10	11	12
13	14	15	16	17	18	19
20	21	22	23	24	25	26
27	28	29	30	31		

图3

1. 观察日历中的数字，你有什么发现？

2. 横排或竖排连续的三个数的和有什么规律？你是怎么得到的？

3. 大胆猜想：框出的这 9 个数字的和与哪个数有密切关系？有怎样的关系？你是怎么得到的？这种关系对其他 9 个数是否成立呢？请动手验证。

4. 你还能得出“十”字形、“H”形等多种情形下的规律吗？总结规律，并用所学的知识验证这些规律。

设计意图：引导学生学会观察、猜想、分析、验证、探索出日历中数字之间蕴含的规律，进一步体验到探索规律的基本方法和基本思想：特殊⇒一般⇒特殊。

（五）归纳小结

1. 你认为探索规律的一般方法或一般过程是怎样的？

2. 你怎样将发现的规律表达出来？

3. 在探索规律中遇到挫折时，你会怎么办？谈谈你的体会。

设计意图：让学生从知识、方法、拓展创新 3 个方面，对本节课进行整理、归纳、反思。

如图 4 的思维导图。

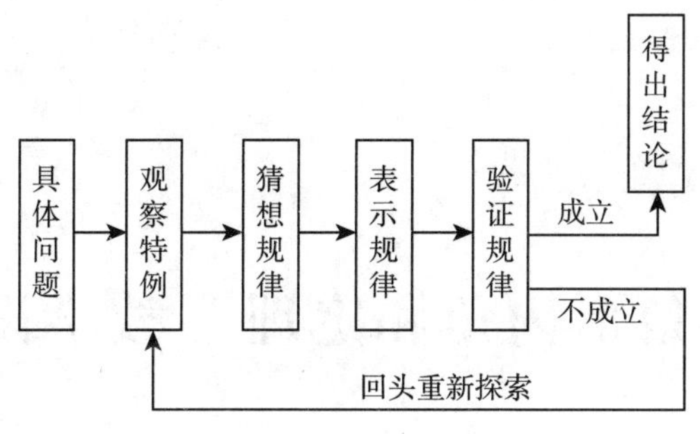

图 4

（六）拓展延伸

认真观察与分析图 5 的日历。

日	一	二	三	四	五	六
		1	2	3	4	5
6	7	8	9	10	11	12
13	14	15	16	17	18	19
20	21	22	23	24	25	26
27	28	29	30	31		

图 5

请问：方框里的 9 个数字之和能为 90 吗？能为 100 吗？能为 225 吗？

若能，分别求出这 9 个数字；若不能，请说明理由。

设计意图：运用课堂上学习到的知识与方法，再结合方程的知识来解决，为下一步学习一元一次方程奠定一定的基础。

五、教学设计说明

本节课的教学设计是建立在“以学生的发展为本，为学生的终身学习奠定基础”的教育理念上的。遵循“观察—猜想—验证”这一探索规律的基本途径，渗透了“特殊到一般”“字母表示数”的数学思想，进一步体验大假设思维法的核心过程：提出假设，验证假设。

本节课接引性学习单的设计，遵循简单—根本—开放的原则，从简单问题着手来进行独学，课堂上进行组学与群学，充分利用了学生已有的知识经验来生成新知识，培养了学生发现问题、分析问题和解决问题的能力，以及合作、交流的能力。

韦新祥　明春生　供稿

“三角形内角和定理”教学设计

一、教学目标

1. 经历探索与证明的过程，证明三角形内角和定理，进一步发展学生的推理能力。

2. 能运用三角形内角和定理解决简单的问题。

3. 在一题多解、一题多变中，积累解决几何问题的经验，提升解决问题的能力。

二、课前独学

学生独立完成学习单（见附件）。

三、课堂学习

（一）温故知新

问题：

图 1 是采用撕纸的方式来验证三角形内角和定理的，你能用自己的话说一说这样做的道理吗？

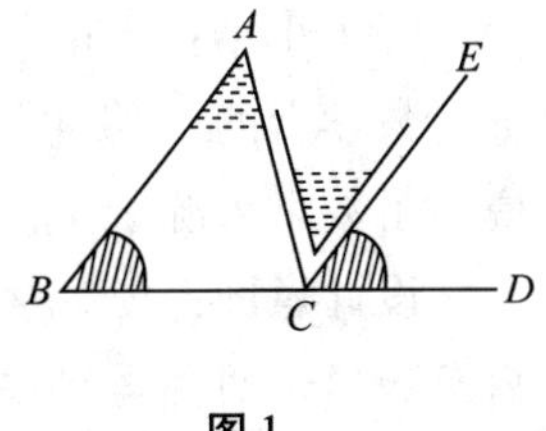

图 1

学生活动：抽号，由学生个人代表小组进行回答和分享思考的结果。

设计意图：先引导学生回顾原来的探究与验证的过程，力图从探究与验证活动中获取证明的思路。

（二）新课探究

1. 小组组学，初步验证

师：像上面这样，用实际动手操作来验证数学猜想的过程，只是一种合情推理，并没有经过严密的数学证明，这样的结论只能称之为经验，还不能称之为定理。我们还需要用数学语言对它进行严密的推理和证明。

问题：

根据问题一中已给出的基本事实和方法，你能有哪些方法证明三角形的内角和为 180°？请你分别画图，写出已知、求证，并说明自己的证明方法。

设计意图：鼓励学生通过小组合作和组间交流，寻求更多的证明方法，同时在多样的证明方法中感受共性，将分散的要素集中在一起。

学生活动：

（1）组内合作交流

第一步：组内成员相互说一说自己证明的方法，并判断其合理性及必要的数学根据。

第二步：根据组内的讨论完善证明方法。

（2）组间合作交流

第一步：每组的 2 号同学去到下一组，1、3、4 号同学留在本组。

第二步：2 号同学首先向下一组的 1、3、4 号同学介绍自己小组的方法，然后 1、3、4 号同学再向 2 号同学介绍自己小组的不同方法。

第三步：2 号同学回到自己小组，与 1、3、4 号同学相互交流从其他组收集到的新方法，并做好展示的准备。

2. 全班群学，全面论证

师：有请 × × 小组为大家分享他们组的证明方法。

学生活动：

（1）分享目前小组收集到的所有方法，画出图示和说明道理。

（2）询问其他小组是否有不同的方法或见解，如果有，请具体说明。

（3）分享完毕，回到座位，全体同学补充并整理讨论结果。

师生小结：无论是哪种证明方法，我们都是借助平行线的性质，对“角”进行数学上的“移动”，最终拼成了平角或补角来证明三角形的内角和是180°。说明了数学来源于生活，并高于生活。

设计意图：通过展示和讨论，使学生明晰：无论是什么方法，关于三角形内角和的证明都需要添加辅助线；不管添加什么位置的辅助线，其目的都是将这些角“凑”到一起。

3. 逻辑推理，能力提升

师：现在，各小组都已经掌握了不少证明方法，除此之外，本节课我们还需要进一步掌握用数学语言进行严密的推理和证明。下面请各小组任选一种证明方法，用几何语言写出推理过程，并注明每一步的理论依据。

设计意图：用平行线的判定定理及性质定理来推导出三角形内角和定理，让学生体会几何证明的严密性和数学的严谨，培养学生的逻辑推理能力和书写表达能力。

学生活动：

（1）小组接到任务，完成相应的几何语言推理过程。

（2）完成后并上台展示，其他小组就展示内容、提出疑问和补充意见。

师生小结：

数学推理语言具有严密性，要追求“多一句则嫌多，少一句则嫌少”的境界。数学以简为美，也要做到要简而不漏。（教师板书以填空形式的推理来呈现）

（三）练习提升

1. 已知：如图2所示，在$\triangle ABC$中，$\angle A=60°$，$\angle C=70°$，点D，E分别在AB和AC上，且$DE//BC$。求证：$\angle ADE=50°$。

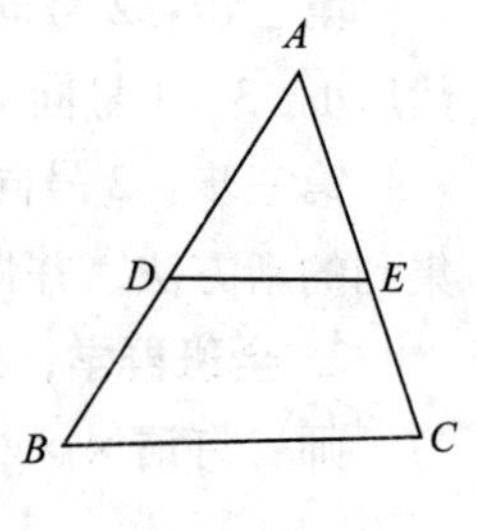

图2

2. 如图 3 所示，在 Rt$\triangle ABC$ 中，$\angle ACB=90°$，$CD\perp AB$ 于 D，求证：$\angle A=\angle DCB$。

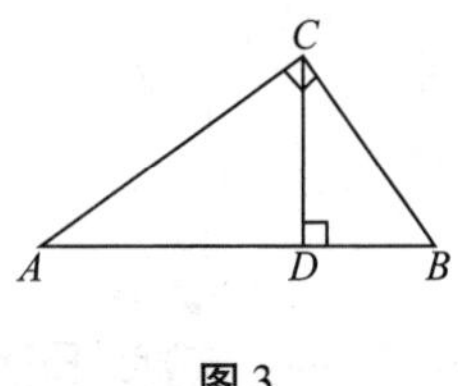

图 3

设计意图： 通过学生的反馈练习，使教师能全面了解学生对三角形内角和定理的概念是否清楚，能否灵活运用三角形内角和定理，以便及时进行查缺补漏。

学生活动：

（1）自主完成练习。

（2）小组对照、相互指正。

（3）准备回答和展示。

（4）学生问答，解决疑问。

四、课堂总结

师：请同学们来谈谈这节课的收获，并对自己的情况进行评价。

学生活动：在小组内，每位成员都说一说自己的收获和困惑，然后进行自我评价反思。

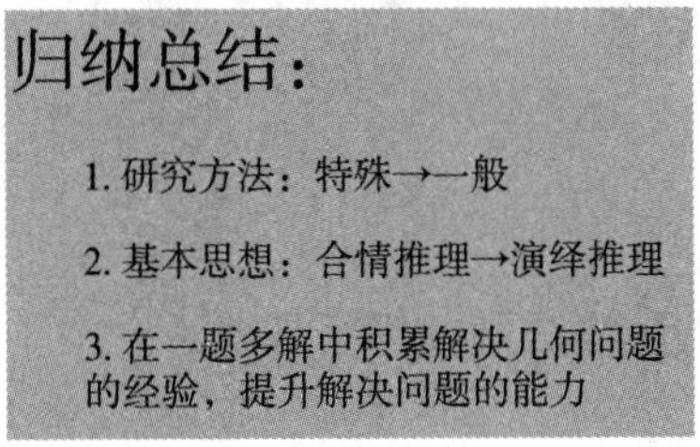

归纳总结：

1. 研究方法：特殊→一般
2. 基本思想：合情推理→演绎推理
3. 在一题多解中积累解决几何问题的经验，提升解决问题的能力

图 4

设计意图： 通过自己的话来总结和复习本课学到的内容，提高学生的自我总结和自我认知能力。

张建彩　供稿

“积的乘方”教学设计

一、教学目标

1. 使学生经历探索积的乘方的过程，掌握积的乘方的运算法则。
2. 能利用积的乘方的运算法则进行相应的计算和化简。

二、教学重点

理解并正确运用积的乘方的运算性质。

三、教学难点

积的乘方的运算性质的探究过程及应用方法。

设计意图：教材为学生探索运算法则提供了素材，要求关注学生对法则的探索过程。

四、过程设计

（一）课前独学

1. 计算：

（1）$10^2\times10^3\times10^4$

（2）$(x^5)^2$

2. 回顾：

（1）叙述同底数幂的乘法法则并用字母表示。

语言叙述：

字母表示：

（2）叙述幂的乘方法则并用字母表示。

语言叙述：

字母表示：

3. 探究新知：

若已知一个正方体的棱长为2×10^3cm，体积是多少？

$V=(2\times10^3)^3$（cm^3）

问题一：

如何做进一步的计算？这就是将要学习的内容：积的乘方。

4. 类比与猜想：

计算：$(3\times4)^2$ 与 $3^2\times4^2$，有什么发现？

问题二：

$(ab)^3$ 与 a^3b^3 是什么关系？

问题三：

猜想：$(ab)^n=?$

5. 证明猜想。

6. 得出结论。

设计意图：通过类比、猜想、验证，使学生经历探索过程。

（二）课堂组学

1. 小组长交叉检查学习单的完成情况，并对完成情况进行评价。

2. 小组成员相互核对答案。

3. 将自己在独学时存在的疑惑向其他组员请教。

4. 每人挑至少一个问题向其他组员讲解自己的思路，其他组员补充。

6. 组内统一观点，整理学习单，准备汇报。

设计意图：通过交流，使学生学会合作，从交流中学习。

（三）课堂展示与群学

1. 请一个小组代表上台展示问题一、二的解答方法，其他组的同学补充。

2. 请另一个小组代表上台展示问题三的解决方法，重点讲解解题思路及小组内合作学习时还未解决的问题，向其他小组寻求帮助。其他小组认真倾听，发表自己的观点与疑问。

3. 教师根据课堂实际情况，进行适时的思维点拨。

设计意图：通过展示与群学，培养学生善于聆听与质疑的习惯。

（四）深入探究（独学、组学、群学）

1. 判断对错：

（1）$(ab^2)^3=ab^6$　　　　（　　）

（2）$(3xy)^3=9x^3y^3$　　　　（　　）

（3）$(-2a^2)^2=-4a^4$　　　　（　　）

（4）$-(ab^2)^2=4a^2b^4$　　　　（　　）

2. 计算：$2(x^3)^2\cdot x^3-(3x^3)^3+(5x)^2\cdot x^7$

设计意图：明确法则依据而非单一法则本身，理解知识来源及本质。易错点的积累过程是通过辨析提高认知的。

（五）归纳小结

1. 积的乘方法则依据是什么？

2. 通过自己的积累和归纳，运用积的乘方运算法则有哪些易错点。

五、教学设计说明

本节课的教学遵循“观察—猜想—验证”这一探索规律的基本途径，同时这也是认识新事物的一般规律。

胡译元　明春生　供稿

“有理数的乘法（一）”教学设计

一、学习目标

1. 经历探索有理数乘法法则的过程，提高观察、归纳、猜想、验证等能力。

2. 会进行有理数的乘法运算，在活动中体验数学学习的乐趣。

二、教学重点

探索有理数的乘法法则过程。

三、教学难点

有理数乘法运算中符号确定的理解。

四、教材分析

有理数的乘法，既是有理数加法运算的延伸，也是学生后续学习有理数除法与乘方运算等有理数运算的基础；也是整个初中学段乃至更高学段最基本的运算之一，是今后学习实数运算、代数式的运算、解方程，以及函数知识等的基础。有理数的运算是初等数学的重要基础，在实际生活中的应用十分广泛。

五、过程设计

（一）课前独学

问题一：

1. 小学学过的乘法与加法有什么关系？

2. 乘法有哪些运算法则？

3. 引入负数后，乘法运算多了哪些情况？

设计意图：回顾复习以前的相关知识，以便形成知识迁移，提出将数的范围由非负数扩大到有理数以后，如何进行有理数的乘法运算？多了哪些情况？（点出课题，明确学习目标）从而唤起学生强烈的求知欲，使他们以跃跃欲试的姿态投入到新的探索活动中来。

问题二：

甲水库的水位每天升高3cm，乙水库的水位每天下降3cm，4天后甲、乙水库水位的总变化量各是多少？

我们规定水位上升为正，水位下降为负；几天后为正，几天前为负；你能用正数或负数表示上述问题吗？你算的结果与经验一致吗？

探索1：

3天后，2天后，1天后，当天水位的总变化量各是多少？

探索2：

（1）填一填：

（−3）×3 = ________________ = ________________

（−3）×2 = ________________ = ________________

（−3）×1 = ________________ = ________________

（−3）×0 = ________________ = ________________

（2）观察上述式子的计算结果，当一个因数减少1时，积怎样变化？

（3）根据（2）的结论，能写出下列结果吗？

（−3）×（−1）= ________________

（－3）×（－2）＝____________________

（－3）×（－3）＝____________________

（－3）×（－4）＝____________________

设计意图：培养学生获取信息的能力，感受用数学知识解决实际问题，体验算法的多样化。在本环节中，给予学生充分的合作交流、自主探索的时间和空间。引导学生用数学语言准确地描述以上实例的运算结果，培养学生从特殊归纳一般的意识，提高学生整合知识的能力，引导学生学会观察、猜想、分析、验证，从而归纳出有理数的乘法法则，这也是大假设思维的一般过程。

（二）课堂组学

1. 组长检查小组成员学习单的完成情况，并进行评价。

2. 组内讨论交流，解决独学时的疑惑，并倾听同学的其他解题方法和思路。

3. 整理学习单，准备汇报。

（三）课堂展示群学

1. 请一个小组的代表上台展示问题一，讲解组内统一的观点，如若有不同观点的，请表达清楚自己对不同观点的理解分析，其他组同学补充。

2. 请另一个小组的代表上台展示问题二的解决方法。重点讲解自己组的思考过程及组内未解决的问题，其他组补充。

3. 其他小组认真倾听，有不同方法与见解时及时补充。

4. 教师根据课堂实际情况，适时进行思维点拨。

设计意图：对有理数乘法法则的巩固和运用，练习和提高。让学生通过本环节进一步理解有理数乘法法则，更好地促进学生对本节课难点的理解和应用，帮助学生不断完善新的认知结构，培养学生的思维能力。

（四）深入探究

猜想：根据问题二，你认为两个有理数相乘，积的符号与这两个数的符号有什么关系？积的绝对值呢？

正数乘正数积为__________数：

负数乘正数积为__________数；

正数乘负数积为__________数；

负数乘负数积为__________数。

乘积的绝对值等于各乘数绝对值的__________。

验证：你能用水库水位变化情况对你的猜测进行验证吗？

水库水位变化的实际意义：

（－3）×3 可以看作是______天后的水库水位；

（－3）×2 可以看作是______天后的水库水位；

$(-3)\times 0$ 可以看作是______天的水库水位；

$(-3)\times(-1)$ 可以看作是______天前的乙水库水位；

$(-3)\times(-2)$ 可以看作是______天前的乙水库水位……

法则归纳：

两数相乘，同号得__________，异号得__________，并把__________相乘。

任何数同0相乘，都得__________。

（五）分析法则，掌握实质

1. 直接写出下列两数相乘所得积的符号

（1）$5\times(-3)$　　（2）$(-4)\times 6$

（3）$(-7)\times(-9)$　　（4）0.9×8

归纳：有理数相乘，先确定积的__________，再确定积的__________。

2. 计算

（1）$(-4)\times 5$　　（2）$(-5)\times(-7)$

（3）$\left(-\frac{3}{8}\right)\times\left(-\frac{8}{3}\right)$　　（4）$(-3)\times\left(-\frac{1}{3}\right)$

注意：乘积是1的两个数互为倒数。

（六）当堂检测

1. 计算 $(-2)\times 3=$（　　）。

A. 5　　B. 6　　C. -5　　D. -6

2. 若两个有理数的和是负数，积是正数，则这两个有理数（　　）。

A. 都是正数　　B. 都是负数

C. 一正一负　　D. 都为正数或都为负数

3. $-\frac{3}{5}$的倒数的绝对值是（　　）。

A. $-\frac{5}{3}$　　B. $\frac{5}{3}$　　C. $\frac{3}{5}$　　D. $-\frac{3}{5}$

4. 两个有理数的积为0，那么这两个数一定是（　　）。

A. 都为0　　B. 有一个为0

C. 至少有一个为0　　D. 互为相反数

5. 一个数的相反数是2，这个数的倒数是__________。

6. 计算

（1）$-\frac{3}{5}$　　（2）$(-4)\times(-6)$

（3）$(-8)\times\frac{21}{4}$　　（4）$\frac{2}{3}\times\left(\frac{-5}{4}\right)$

设计意图：在课堂临近尾声时，鼓励学生从数学知识、数学方法和数学情感等方面进行自我评价，让学生充分发表自己的感受，并相互补充。教师及时有效地进行回顾小结，进一步明确本节课的主要内容、思想和方法，同时培养学生的归纳能力和语言表达能力，以及善于反思的好习惯。让学生品尝收获的喜悦，坚定今后学习数学的信心。

（七）总结收获，畅谈体会

1. 今天这节课我学到的新知识是______________________________。
2. 今天这节课我学到的数学思想或解决问题的方法是______________。
3. 今天这节课给我留下印象最深的是___________________________。
4. 今天这节课留给我的疑惑还有______________________________。

六、教学反思

在教学过程中，我始终遵循以观察为起点，以问题为主线，以能力培养为核心的宗旨。遵照教师为主导，学生为主体，训练为主线的教学原则；遵循由已知到未知、由浅入深、由易到难的认知规律，尝试采用大假设法教学，通过课件和师生的双边活动，使学生的知识和能力得到提高。通过创设、引导、渗透、归纳等活动随时搜集和评价学生的学习情况，及时反馈调节、查漏补缺，从而更好地促进学生全面、持续、和谐的发展。

主要体现在：

（1）相信学生的探索能力。本节课的内容适合学生探索，只要教师适当引导，学生是有能力探索出有理数的乘法法则的，不需要教师代替，教师也不能代替。

（2）设计练习遵循由浅入深、由易到难的原则，让学生体验到成功的快乐，激发学生的学习兴趣。

不足：

（1）上课应该更加有激情，微笑，充分鼓励、肯定学生。

（2）探索有理数乘法法则的过程就是大假设法教学的思维过程，我应该在学生找到数字规律之后引导学生用实例去验证假设。在教学过程中要体现建模的过程，这对训练学生的思维会有很大的帮助。

邱芸菁　明春生　供稿

“一元二次方程的根与系数的关系”教学设计

一、学习目标

1. 了解一元二次方程的根与系数的关系。

2. 利用一元二次方程的根与系数的关系解决简单的问题。

设计意图：本节课主要是利用观察猜想、对比、验证得到根与系数的关系。

二、复习回顾

1. 一元二次方程 $x^2+2x+4=0$ 的根的情况是（　　）。

A. 有一个实数根　　B. 有两个相等的实数根

C. 有两个不相等的实数根　　D. 没有实数根

2. 不解方程，你能更快的求出方程 $2x^2-3x+1=0$ 的两根之和吗？两根之积呢？

设计意图：怎样快速得到两根之和、两根之积？吸引学生的兴趣，提出假设。

三、新知探究

探究一：从特例中寻找根与系数的关系

（1）方程 $x^2-2x+1=0$ 的根为 $x_1=$______，$x_2=$______，$x_1+x_2=$______，$x_1\cdot x_2=$______。

（2）方程 $x^2-2\sqrt{3}x-1=0$ 的根为 $x_1=$______，$x_2=$______，$x_1+x_2=$______，$x_1\cdot x_2=$______。

（3）方程 $2x^2-3x+1=0$ 的根为 $x_1=$______，$x_2=$______，$x_1+x_2=$______，$x_1\cdot x_2=$______。

由（1）（2）（3）你能得出什么猜想？你能证明你的猜想吗？

设计意图：利用观察、归纳发现几个方程中根与系数的特殊关系。验证探究一。

探究二：从一般中寻找

探索一元二次方程 $ax^2+bx+c=0$（$a\neq0$）根与系数的关系。

由于当 $b^2-4ac\geqslant 0$ 时，$x_1=\dfrac{-b+\sqrt{b^2-4ac}}{2a}$，$x_2=\dfrac{-b-\sqrt{b^2-4ac}}{2a}$。

所以得到结论：

所以，$x_1+x_2=$______________$=$________，$x_1\cdot x_2=$______________$=$________。

设计意图：观察、猜想得到的，最终需要理论证明。验证探究二。学生经历猜想、验证，从特殊到一般的过程，符合认知规律。

探究三：

利用根与系数的关系，求下列方程的两根之和、两根之积。

（1）$x^2+7x+6=0$　　　　（2）$2x^2-3x-2=0$

设计意图：利用得到的结论处理实际问题。

四、自我检测

1. 设下列方程的两根为 x_1、x_2：

（1）$x^2-3x-1=0$，那么 $x_1+x_2=$________，$x_1\cdot x_2=$________。

（2）$3x^2+2x-5=0$，那么 $x_1{}^2+x_2{}^2=$________，$(x_1-x_2)^2=$________。

（3）$x(3x-1)-1=0$，那么 $x_1+x_2=$______，$x_1\cdot x_2=$______，$\dfrac{1}{x_1}+\dfrac{1}{x_2}=$______。

（4）$(2x+5)(x+1)=x+7$，那么：

$x_1+x_2=$________，$x_1\cdot x_2=$________，$x_1{}^2x_2+x_1x_2^2=$________。

设计意图：变式训练，培养学生的解题能力。

2. 若关于 x 的一元二次方程 $x^2+kx+4k^2-3=0$ 的两个实数根分别是 x_1、x_2，且满足 $x_1+x_2=x_1\cdot x_2$，则 k 的值为（　　）。

A. -1 或 $\dfrac{3}{4}$　　B. -1　　C. $\dfrac{3}{4}$　　D. 不存在

3.（1）已知方程 $x^2-\dfrac{2}{3}x-7=0$ 的一个根是3，则方程的另一个根是________。

（2）已知方程 $5x^2+kx-6=0$ 的一个根是2，则方程的另一个根是__________，$k=$__________。

4. 解下列方程：

（1）$12x^2+7x+1=0$　　　　（2）$0.8x^2+x=0.3$

（3）$3x^2+1=2\sqrt{3}x$　　　　（4）$(x+1)(x-3)=2x+5$

5. 如果一个三角形的两边的长分别等于一元二次方程 $x^2-17x+66=0$ 的两个实数根，那么这个三角形的第三边的长可能是20吗？为什么？

五、教学设计说明

本节课教学设计的目的就是让学生经历从猜想到验证，从特殊到一般的认识过程，体会知识发现的全过程。课堂中放手让学生探索，形成数学模型。

廖平　供稿

“反比例函数的图像与性质（一）”教学设计

一、教学目标

1. 进一步熟悉作函数图像的主要步骤，会作反比例函数的图像。

2. 体会函数的三种表示方法的互相转换，对函数进行认识上的整合。

3. 逐步提高从函数图像中获取信息的能力，探索并掌握反比例函数的主要性质。

二、教学重点

画反比例函数的图像，并从函数图像中获取信息，探索并研究反比例函数的主要性质。

三、教学难点

从函数图像中获取信息，探索并研究反比例函数的主要性质。

设计意图：本节课的内容是反比例函数的图像与性质，旨在进一步熟悉作函数图像需要注意的问题。理解函数的三种表示方法及相互转换，逐步明确研究函数的一般要求，反比例函数的图像具体展现了反比例函数的整体直观形象，为学生探索反比例函数的性质提供了思维活动的直观工具。通过对反比例函数图像的全面观察和比较，发现函数自身的规律，在相互交流中锻炼学生从图像中获取信息的能力，同时可以使学生更牢固地掌握由他们自己发现的反比例函数的主要性质。

四、过程设计

（一）复习旧知，产生猜想

教师幻灯片展示下列问题：

1. 当初我们从哪些方面研究了一次函数？
2. 画一次函数图像的步骤是什么？
3. 借助图像我们研究了一次函数的哪些性质？
4. 反比例函数的图像是什么形状的呢？（直线？弧线？还是其他曲线？）

设计意图：通过对问题的回答，使学生回顾研究一次函数的过程，类比研究一次函数的思路，来研究反比例函数，激起学生对函数研究的兴趣。

（二）合作探究，验证猜想

教师引导学生类比着画一次函数图像的过程来尝试画出反比例函数 $y=\frac{4}{x}$ 的图像。

小明的做法：

列表：请根据反比例函数 $y=\frac{4}{x}$ 中给出的 x 的值，计算 y 的值填在表 1 中：

表 1

x	…	-8	-4	-3	-2	-1	$-\frac{1}{2}$	$\frac{1}{2}$	1	2	3	4	8	…
$y=\frac{4}{x}$														

设计意图：

小组内交流：教师在巡视过程中，当发现大部分学生完成时，让学生们先在小组内进行互查、互批，让小组长汇总各小组出现的问题或不足。

全班交流：小组代表发言，谈一下小组在画图过程中存在哪些问题，教师组织、指导学生对各组情况和问题进行汇总。

知识经验应用：让学生通过刚才两个过程中积累的知识和经验，对小明的做法进行点评。

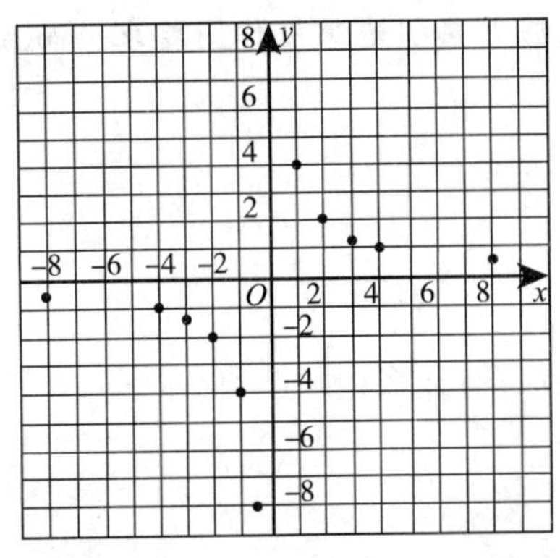

图 1　描点

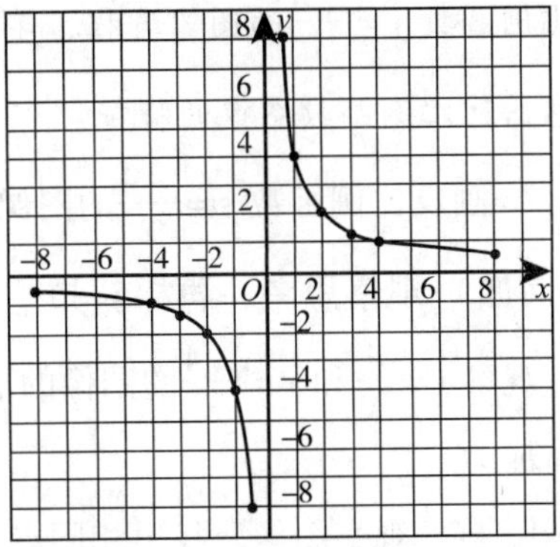

图 2　连线

学生回答：小明的画法不正确，不是用光滑的曲线顺次连接各点；图像不是无限延伸的。

设计意图：运用类比的思想，学生独立画反比例函数图像，体现了结构式教学的特点，让学生自己发现问题，自己指出问题，自己解决问题。教师在此环节仅仅是作为引导者和组织者，充分发挥学生课堂学习的主动性。

教师再结合以上几个环节，进行总结和点评，教师用幻灯片展示正确的反比例函数图像，如图 3 所示。

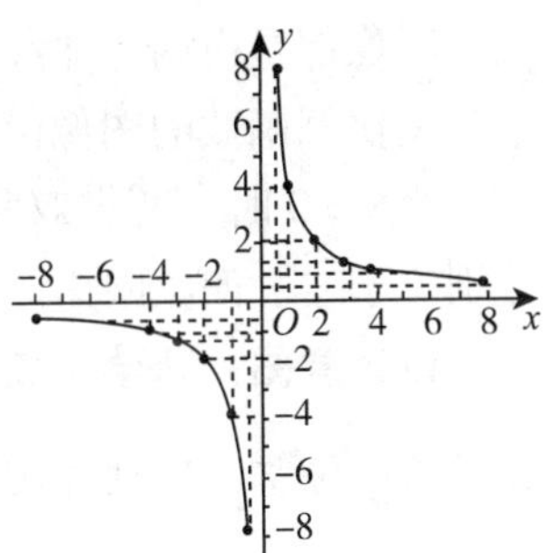

图 3

问题：

1. 反比例函数图像是什么？

2. 画反比例函数图像应该注意的问题是什么？

总结归纳：

（1）$x \neq 0$。

（2）用光滑的曲线连接各点。

（3）图像是延伸的，不要画成有明确端点。

（4）曲线的发展趋势是无限靠近坐标轴，但不和坐标轴相交。

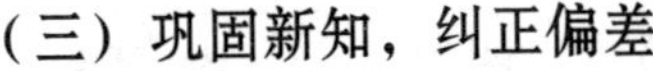

（三）巩固新知，纠正偏差

1. 小华画的反比例函数 $y=\dfrac{6}{x}$ 的图像如图 4 所示，你认为他画的对吗？

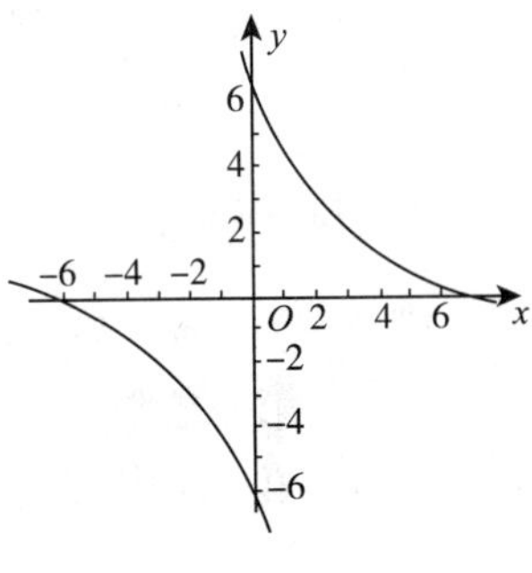

图 4

设计意图：让学生巩固作反比例函数图像的步骤，并且初步感受反比例函数图像的特征。通过作

反比例函数 $y=\frac{-4}{x}$ 的图像过程，学生除了能够更熟练地掌握作图要求，而且能够感悟反比例函数图像的特征。

2. 画反比例函数 $y=\frac{-4}{x}$ 的图像。

（四）观察思考，再探新知

观察 $y=\frac{4}{x}$ 和 $y=\frac{-4}{x}$ 的图像的形状和位置，有什么相同点和不同点。（图像见课件）

1. 自己观察图像，找出相同点和不同点。

2. 小组展开讨论反比例函数 $y=\frac{4}{x}$ 和 $y=\frac{-4}{x}$ 的图像在哪两个象限？由什么确定？

3. 引导总结。

设计意图：本环节的设置体现了数形结合的思想，通过观察函数图像来得到函数的基本性质是初中阶段学生应具备的基本能力。

结论：

图像都是由两条曲线组成的，因此称反比例函数的图像为双曲线。

反比例函数的图像由 k 决定。

当 $k>0$ 时，两支双曲线分别位于一、三象限内；当 $k<0$ 时，两支双曲线分别位于二、四象限内。

设计意图：让学生巩固作反比例函数图像的步骤，并且初步感受反比例函数图像的特征。通过作反比例函数 $y=\frac{-4}{x}$ 的图像的过程，学生除了能够更熟练地掌握作图的要求外，能够感悟反比例函数图像的特征。

（五）活学活用，巩固提高

1. 已知 $y=\frac{k}{x}$（$k\neq0$）的图像的一部分如图 5 所示，则 k 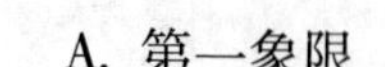 0。

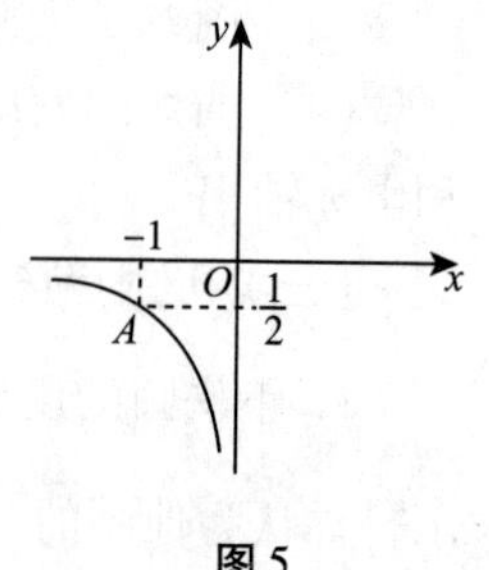

图 5

2. 反比例函数 $y=\frac{m}{x}$ 的图像两支分布在第二、四象限，则点（m，$m-2$）在（　　）。

A. 第一象限　　B. 第二象限

C. 第三象限　　D. 第四象限

（六）挑战自我，能力提升

问题：

1. 反比例函数图像是中心对称图形吗？若是的话，请找出对称中心。

2. 反比例函数图像是轴对称图形吗？若是的话，你能试着说明它的对称轴是什么吗？

设计意图： 本环节设置的目的是让学生能够从图形的角度来研究反比例函数的图像，再次体现数形结合的思想。

五、教学设计说明

学生已经学习过一次函数，对研究函数的图像和性质的思想方法已有所了解，在此基础上探索反比例函数的图像和性质。学生通过类比的方法学习，实现知识的迁移，可以学得比较轻松，同时也会对二次函数和高中阶段各种函数的学习产生积极的影响。所以，要加强引导学生的自主学习，培养学生进行自主探索，形成终身学习的意识。在本节课中，学生通过列表、描点、连线画出有别于一次函数图像的双曲线，以及由反比例函数的图像归纳总结出反比例函数的性质，会有一定的挑战性，但同时也为学生进行探究学习和合作学习提供了思维活动空间。

由于学生的认知水平、学习能力及学好函数的信心等方面存在差异，所以探讨活动的效果也会因人而异。这一点我们应该尊重学生的个体差异，尽可能让每个学生都学有所获。

周茂文　明春生　供稿

“勾股定理性质”教学设计

一、教学目标

1. 用数格子的方法探索直角三角形的三边关系，掌握勾股定理的内容。

2. 让学生经历“观察—猜想—归纳—验证”的数学思想，体会数形结合和从特殊到一般的思想方法。

3. 探索勾股定理并灵活运用。

二、教学重点

了解勾股定理的由来，并能用它来解决一些简单的问题。

三、教学难点

在方格纸上通过计算图形面积的方法探索勾股定理。

四、过程设计

（一）课前独学

1. 请画出一个直角三角形，使得它的两条直角边的长度分别为 $a=3\text{cm}$，$b=4\text{cm}$，量出斜边 c 的长度等于______，猜猜 a、b、c 之间和关系，结论：________________。请再画出一个直角三角形，使得它的两条直角边的长度分别为 $a=5\text{cm}$，$b=12\text{cm}$，量出斜边 c 的长度等于______，猜猜 a、b、c 之间的关系，结论：________________。（温馨提示：可从各种运算去猜。）

设计意图：此次探究，能使学生初步感受直角三角形三边之间的关系，这为进一步验证勾股定理做好了铺垫。

2. 一般地，在 $\triangle ABC$ 中，$\angle C=90°$，$\angle A$，$\angle B$，$\angle C$ 各角所对的边为 a，b，c，则三边满足的关系为：__________。

（二）课堂组学

如图 1：每个小正方形的边长为 1，A 的面积是______个单位面积；B 的面积是______个单位面积；C 的面积是______个单位面积。

设计意图：让学生先独立思考，教师观察学生活动，对学生进行指导与合作，让学生充分发表自己的见解，暴露他们的思维过程。若计算正方形 C 的面积有困难，教师应适时点拨，介绍割补及拼图等方法，同时借助多媒体动态演示得出一般的直角三角形中，$A+B=C$ 仍然成立。

（1）你能发现图 1 中三个正方形 A，B，C 的面积之间有什么关系吗？

（2）你能发现如图 1 中三个正方形 A，B，C 围成的直角三角形三边的关系吗？

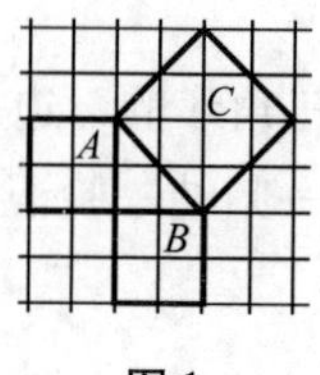

图 1

设计意图：割补及拼图等方法是本节课的教学难点，需要调动全体学生的积极性，应留给学生充足的时间去探究，同时借助多媒体进行动态演示，使学生感受方法的技巧，获得掌握知识的成就感，这对于学生良好思维品质的形成有重要作用。

（3）请你任选图 2 中的一个，证明勾股定理。

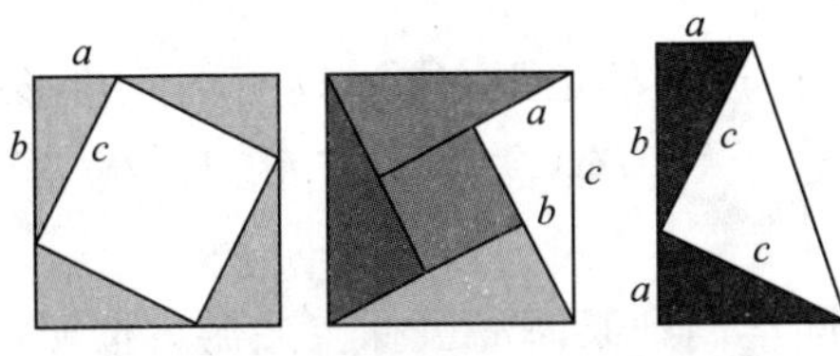

图 2

思考：同学们，你认为在这个定理中我们应该注意些什么呢？

（写 3 点以上）

（1）小组长交叉检查学习单的完成情况，并对完成情况进行评价。

（2）小组成员相互核对答案。

（3）将自己在独学时存在的疑惑向其他组员请教。

（4）每人挑至少一个问题向其他组员讲解自己的思路，其他组员补充。

（5）组内统一观点，整理学习单，准备汇报。

设计意图：小组内的交流、讨论活动既可以培养学生的语言表达能力，又利于展示不同的探索途径，实现全班智慧共享，开阔学生视野。

（三）课堂展示与群学

1. 请一个小组的代表上台展示并讲解组内的统一观点，其他小组补充。
2. 提出小组内合作学习时还未解决的问题，向其他小组寻求帮助。
3. 其他小组认真倾听，发表自己组内的统一观点，进行适当补充。
4. 教师根据课堂实际情况，进行适时的思维点拨。

（四）深入探究（独学、组学、群学）

应用：

1. 若$\triangle ABC$中，$\angle C=90°$。

（1）若 $a=5$，$b=12$，则 $c=$__________。

（2）若 $a=6$，$c=10$，则 $b=$__________。

（3）若 $a:b=3:4$，$c=10$，则 $a=$__________，$b=$__________。

2. 求图 3 中未知正方形的面积或未知边的长度。

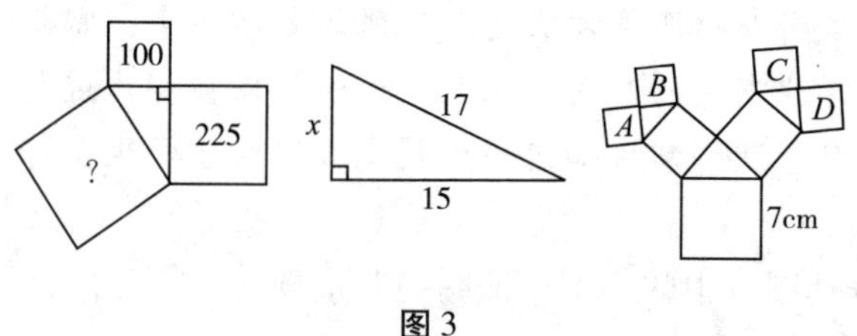

图 3

3. 如图 3，所有的四边形都是正方形，所有的三角形都是直角三角形，其中最大的正方形的边长为 7cm，则正方形 A，B，C，D 的面积的和是________ cm^2。

4. 暑假，小明和同学们到某海岛去探宝旅游，按照如图 4 所示的路线探宝。他们登陆后先往东走 8km，又往北走 2km，遇到障碍后又往西走 3km，再折向北走 6km 处往东一拐，仅走 1km 就找到了宝藏，则登陆点到埋宝藏点的直线距离为________ km。

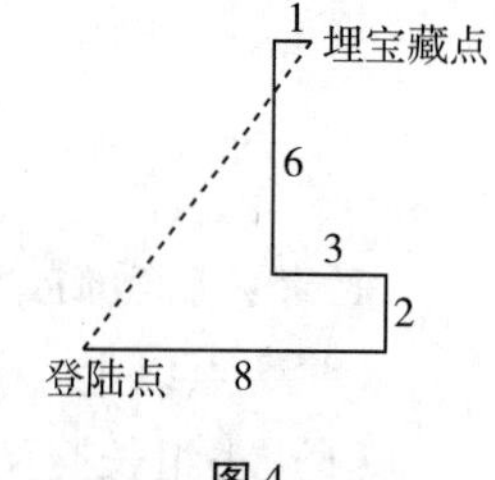

图 4

设计意图：通过练习，进一步加深了学生对勾股定理的理解和应用，也让学生知道了如何运用所学知识服务于解题。在这里通过具体的实际问题，使学生学数学、用数学的意识得到强化。使学生创造性的将数学知识应用于实践并在实践中获得创造的成功感。更重要的是，学生的创造性思维在实践中得到了锻炼。

五、教学设计说明

在探索勾股定理的过程中，分两步进行，第一步先研究正方形 A，B，C 之间的面积关系，第二步完成问题，指导学生总结出直角三角形的三边关系，层层深入。每一步都引导学生进行合作探究，培养了学生的合作精神和动手能力。在正方形 C 的面积的求法中，学生有很多办法：有的学生用拼凑法拼出完整的小正方形后，直接数出小正方形的个数，有的学生将其划分为 4 个边长都为整数的直角三角形，再利用三角形面积公式得到 C 的面积；还有的将 C 拼为边长都为整数的长方形，再求面积。讨论时，要求学生在小组内进行交流，再请学生做小老师到讲台上讲解，以培养学生的语言表达能力。教师对学生的讲解进行点评，并给以鼓励，增强学生学好数学的信心。

明春生　供稿

“一元二次方程应用——销售与利润”教学设计

一、教学目标

1. 通过分析问题中的数量关系，建立方程解决问题，认识方程模型的重要性，并总结运用方程解决实际问题的一般过程。

2. 经历分析具体问题中的数量关系、建立方程模型并解决问题的过程，进一步体会方程是刻画现实世界中数量关系的一个有效的数学模型，从中感受到数学学习的意义。

二、教学重点

找出等量关系建立方程。

三、教学难点

从题目中获取信息，找出等量关系建立方程。

设计意图：本节课的主题是发展学生的应用意识，这也是方程教学的重要任务。但学生的应用意识和能力的发展不是自发的，需要通过对实际问题的解决让学生感受到其应用的广泛，并在具体应用中增强学生的应用能力。因此，本节教学中要选用典型的实际问题，通过列方程来解决问题，并且在问题解决的过程中，促进学生分析问题、解决问题的意识和能力的提高，以及方程思想的形成。

四、过程设计

第一环节：知识准备

请同学们完成与本节内容相关的知识。

1. 单件利润 = ______ - ______；总利润 = ______ × ______。

2. 某商品售价每上涨 1 元，销售量减少 10 个；若上涨 2 元，则销售量减少____个；若上涨 5 元，销售量减少____个；上涨 x 元，销售量减少____个。

3. 某商品售价每降价 3 元，销售量增加 20 个；若降价 6 元，销售量增加____个；若降价 15 元，销售量增加____个；若降价 x 元，销售量增加____个。

设计意图：通过回顾，使学生熟悉利润背景的实际问题中蕴含的数量关系。

第二环节：新知探究

探究一：新华商场销售某种冰箱，每台进货价为2500元。市场调研表明：当销售价为2900元时，平均每天能售出8台；而当销售价每降低50元时，平均每天就能多售出4台。商场要想使这种冰箱的销售利润平均每天达到5000元，每台冰箱的降价应为多少元？

分析：设每台冰箱降价 x 元，则定价为______元，增加的销量为______台。那么，每台冰箱的利润应为______元，销售总量为__________台。

主要等量关系：每台冰箱的销售利润×______=5000元。

列出方程：________________________________。

解得：x_1 =__________　　x_2 =__________

所以，每台冰箱的售价：______________________。

答：每台冰箱售价应该定为______元。

设计意图：因本例中涉及的数量关系较多，学生在思考时可能会有一定的难度。因此，教学时我采用“搭脚手架”的形式分析其中的数量关系。学生将上面的空格填完后，就可以列出一个方程，就解决了关键问题，达到降低难度的目的。

当然，解题思路不应拘泥于这一种，在利用上述方法解完此题后，可以鼓励学生自主探索，找寻其他解题的思路和方法。如直接设每台冰箱的定价应为 x 元，应如何解决？

探究二：某商场购进一种单价为40元的篮球，如果以单价50元出售，那么每月可售出500个，根据销售经验，售价每提高1元，销售量相应减少10个。若每月销售这种篮球想获得8000元的利润，每个篮球的售价应该定为多少元？

解：设售价提高 x 元，则每个篮球定价应为__________元，减少的销量为__________个。那么每个篮球的利润应为__________元，销售总量表示为__________个。

等量关系：________________________________。

列出方程：________________________________。

解得：____________________________________。

所以每个篮球售价：__________________________。

答：______________________________________。

设计意图：让学生模拟探究一的分析形式对问题进行分解，用未知数的代数式表示出售价、单个利润、减少的数量、销售总量，然后代入单个篮球销售利润×销售总量=总利润的等式中，从而列出方程。

第三环节：知识小结（列方程解应用题的一般步骤有哪些）

1. 审：明白题意、已知什么、求什么、有哪些等量关系。

2. 设：由题意设出 x，用 x 的代数式表示相关量。

3. 列：用数学语言翻译探究一中的文字等式。

4. 解：选用适当的方法。

5. 验：是否正确与符合题意。

6. 答：规范、完整。

设计意图：通过完成上面两题，完成对知识的梳理，让学生明白题目中相对于核心等式“单个利润 x 销售总量=总利润”而言，哪些已知，哪个要求，然后通过设未知数并用未知数的代数式表示出相关量，用数学语言将等式翻译出来，列出方程。能根据具体问题的实际意义检验结果的合理性，进一步培养学生分析问题、解决问题的意识和能力。

第四环节：变式与拓展

商店以每件21元购进一批商品，若每件售 a 元，可卖出（$350-10a$）件。但规定每次加价不能超过进价的20%，该批商品计划赚400元，需卖出多少件商品？每件售价应该是多少元？

设计意图：体现以思维提升与拓展为核心的教学思想，引导学生想学、会学、善学，调动学生的主动性、自觉性，激发学生积极的思维，寻找问题的可能性答案；培养学生发现问题、分析问题、解决问题的勇气和能力。

第五环节：作业布置

1. 教材P55问题解决1。

2. 某商场销售一批名牌衬衫，平均每天可售出20件，每件盈利40元，为了扩大销售，增加盈利，尽快减少库存，商场决定采取适当的降价措施。经试销发现，如果每件衬衫每降价1元，商场平均每天可多售出2件；若商场平均每天要盈利1200元，每件衬衫应降价多少元？

设计意图：通过两道问题的解决，查漏补缺，了解学生的掌握情况和灵活运用所学知识的程度。进一步培养学生分析问题、解决问题的意识和能力。

五、教学设计说明

九年级学生的思维已经具有一定的水平，对于方程的理解在学习一元一次方程及其应用和二元一次方程组、分式方程及其应用时，学生就已经接触了“问题情境—建立方程模型—解决问题”这一数学模型，理解了学习方程的意义，对于简单的实际问题也能够通过寻找其中的数量关系来解决。

本节主要研究列一元二次方程解应用题中的销售与利润问题，通过一元二次方程建模的应用，使学生自然感受到一元二次方程建模的意义和作用；同时关注学生运用一元二次方程解决实际问题的多样化和合理化，提高学生的思维水平和应用数学知识去解决实际问题的意识。

刘治明　供稿

“什么是周长”教学设计

一、教学目标

1. 结合具体实物或图形，在观察、思考、操作等活动中，认识物体表面或图形的周长。

2. 会计算多边形的周长，并能寻求简单合理的运算途径。

3. 能与他人合作，测量物体表面或简单图形的周长，获得测量周长的活动经验。

二、教学重点

通过在多种活动的过程中认识物体表面或图形的周长。

三、教学难点

通过与他人合作，获得周长的概念及测量周长的活动经验，在观察、思考、操作活动中验证猜想。

设计意图：学生在生活中接触到的有关空间与几何的问题都与具体生活实例联系比较密切，但它们不可能以几何图形的抽象形式存在于学生的头脑中。因此，本节课特别注重从学生已有的生活经验出发，结合生活中熟悉的具体事物来帮助学生认识周长，引导学生在观察、操作、交流多种形式的活动中，逐步理解周长的实际含义，获得更多、更直观的有关周长的直观经验，建立周长概念。

四、过程设计

（一）课前独学

问题一：

在家动手找一找、摸一摸、说一说生活中物体表面的周长在哪里？（学生大脑里对物体表面周长的模糊理解就是学生对周长概念的一个假设。）

问题二：

把找到物体表面的周长画下来，并说说画的过程中你是如何画的，要注意些什么。

设计意图：找一找、摸一摸、说一说，初步体验具体事物表面的周长。把物体表面画下来，初步感知周长。

（二）课堂组学

1. 小组成员按组学的常规要求（　　）。

   A. 在小组里面说出自己的解决问题想法

   B. 学习小组成员不同的解题想法

   C. 找出小组成员的解题错误，并指出错在哪里

2. 小组学习的任务：①拿出在家独学的物体，在小组里面与小组成员说说物体表面的周长在哪里？②把各自物体表面画下来的周长在小组里分享。

3. 达成小组的想法，准备汇报。

设计意图：课堂组学再次找一找、摸一摸、说一说，初步体验具体事物表面的周长。把物体表面画下来，进一步感知周长。此环节初步验证假设。

（三）课堂展示与群学

1. 请一个小组的代表上台发言回答问题一，其他成员补充，台下的学生可以质疑对话。请另一个小组的代表上台发言回答问题二，其他成员补充，台下的学生可以质疑对话。

设计意图：对“什么是周长”的含义整行整理。整理过程培养学生的整理归纳的思维。再次验证假设。

2. 教师根据学生的汇报及对话情况，及时利用课堂生成的资源的思维方法进行点拨、点补。

3. 师生再次整理周长的含义，形成周长的抽象概念。

设计意图：从独学到组到群学的过程，是学生从形象思维到抽象思维的建立的过程。假设形成。

（四）归纳小结

1. 现在你知道什么是周长了吗？

2. 同学们原来认为周长是什么呢？通过学习是否更明白了呢？

3. 本节课你收获了什么知识？自己有哪些需要改进的地方？

（五）巩固练习

辨一辨：图1的（1）（2）（3）（4）（5）（6）中哪些图形有周长？哪些没有？为什么？

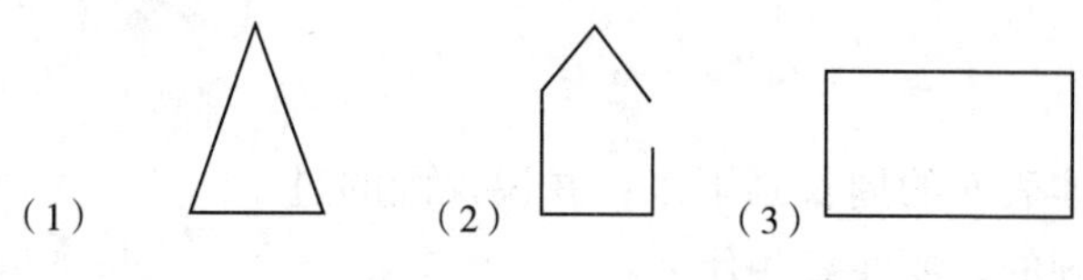

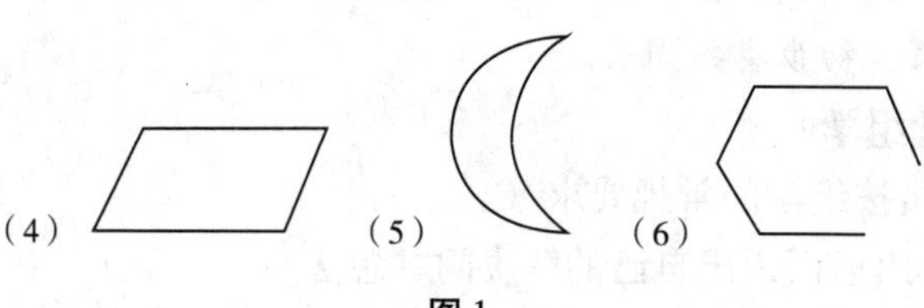

图1

设计意图： 练习可将抽象概念可视化，加深学生对周长概念的理解。

（六）拓展延伸

如图2所示，图形①和图形②的周长一样吗？

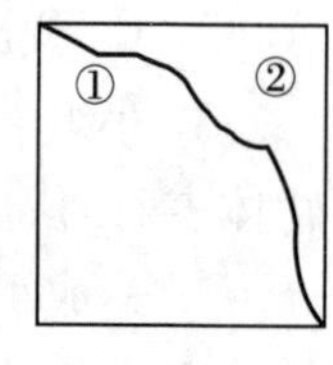

图2

设计意图： 拓展题使概念的应用从一般到特殊，再次加深概念的理解。

（七）你能得到树叶和数学书封面的周长吗？量一量，并做记录

1. 小组学习

小组学习的任务：

（1）你有哪些方法进行测量呢？

（2）测量过程中需要注意什么？

（3）测量的结果是什么？多次测量的结果都一样吗？

设计意图： 一是鼓励学生小组合作，共同探索完成任务；二是引导学生学会思考，探索测量周长的方法。

2. 小组汇报

各小组根据讨论的结果依次汇报与之前组不同的结果。

五、教学设计说明

1. **说明**

本节课的教学设计是借助学生的知识和经验，从任意（不规则）图形入手，通过看、摸、描等系列操作学习活动，让学生直观地去体验和感悟周长的实际意义，同时也避免学生产生只有规则图形才有周长的定势思维。学生从周长意义的角度探索出如何得到平面图形周长的一般方法，体现了知识的产生、形成与发展的过程，为后续学习奠定了很好的基础。

2. **过程**

依据学生的生活经验及学过的图形认知，大脑里对什么是周长已经有了一定的感观模型，只是无法正确表达出来，而学生脑子里的感观认识到周长，正好是学生对周长概念的一个假设，而这个建立周长概念的过程就是对学生原有的周长概念的一个检验的过程。

3. **总结**

本节课接引性学习单的设计，遵循简单—根本—开放性原则，从学生已有的知识经验着手来进行独学，课堂上进行组学与群学，充分利用学生已有的知识经验来学习新知识，同时利用学生在独学、组学、群学中产生的学习资源进行再学习，善于抓住课堂的生成。

蔡晓玲　供稿

“搭配中的学问”教学设计

一、教学目标

1. 结合情境，探索并掌握简单的搭配方法，能用多种表征方法表示各种搭配方法。

2. 在尝试、展示、交流的过程中，逐步学会按照一定的顺序思考和解决问题。

3. 在探索用不同方式表示搭配方法的过程中，初步培养符号意识。

二、教学重点

探索巧妙搭配、有序排列的方法，并用所学知识解决实际生活中的问题。

三、教学难点

面对实际问题，能初步构建解决问题的数学模型。

四、过程设计

（一）课前独学

小小侦探就是我，破译密码我最强。

师：小侦探们，官老师从昨晚就开始期待今天的课了，因为我的密码箱被锁住了。小侦探们，帮我破译出来了吗？

师：（追问）我发现这个同学搭配的这些数字好像很有规律。你能向大家介绍一下你的秘诀吗？

师：你们发现了吗？他都是先确定十位上的数字，再确定个位上的数字，这样有顺序地进行搭配，太了不起了。原来按照一定顺序进行搭配的好处就不会重复和遗漏。

师：谢谢304班的小侦探们，在大家的帮助下，官老师密码箱的密码终于被破译了。在大家展示的过程中，官老师发现搭配是一个大学问。这节课，我们就一起探讨搭配中的学问吧。（出示主题）

设计意图：学生在生活中和在一、二年级时接触过数字的搭配组合，这是本节课的“接”，即本节课学习的知识点的根源，有了这个知识的积累，发现大部分学生在脑海里都能有意识地按顺序去思考，进行搭配组合。通过这个环节给孩子们一个更加清晰的方向，为本节课的学习奠定了基础，帮助学生建立数学模型。

（二）课堂组学

活动一：小小服装搭配师，搭配服装我在行。

假设验证——摆一摆活动：进一步体会搭配有序性的好处。

师：马戏团的小丑叔叔要表演了，他想选一顶帽子和一条裤子，小丑叔叔说有5种搭配方法，他说得对吗？和你们搭配的结果一样吗？

生：不一样。

师：你们是怎么搭配的？请把你的搭配方法和小组成员分享一下。

（1）小组成员摆一摆卡片，小组交流搭配的方法，教师参与指导。

（2）小组成员上台汇报。（当汇报的小组汇报完毕，其他小组可以补充自己的想法。）

（3）小结。

师：哇，这几个小组的合作简直是完美，看他们把帽子放在一行，裤子放在一行，把搭配过程用语言精彩地向我们汇报。其实，聂文迪小朋友给了老师一个非常好的提示，这个帽子和裤子搭配后，我们可以用数学符号直线把它们连一连就可以把搭配过程表示出来了，我们来数一数连了几条线段就知道是几种搭配方法。大家一起数一数！

设计意图：学生课堂生成将知识从形象的卡片，抽象到数学符号来表示搭配过程，呈现多种表征方式，将数学思想的数学建模呈现得淋漓尽致。整个过程都有学生自主合作探究，体会知识的产生的过程。最后进行小结，让学生体会最优化思想，选择更简单的解决问题的策略。

活动二：小组合作，多种表征方法。

师：官老师突然有个疑问，如果没有这些图片和实物，你们有其他方法表示帽子和裤子的搭配方法吗？

（1）独立思考，独立回答

师：太厉害了，你们简直是小小发明家，发现了这么多种方法，那可以用这些方法来表示可组合帽子的搭配过程吗？

（2）小组操作交流

小组成员把自己想到的方法写在卡纸上，教师巡视并指导。

（3）展示汇报

师：你们简直是小小数学家呀！不仅自己会学习数学，还是合作学习。搭配的过程我们还可以用数学的表示方法，如汉字、画图、图形、符号、字母等呈现搭配过程。这些方法当中，你觉得哪一个表示搭配过程最简单、最方便？为什么？

设计意图：再次在小组合作交流中体会知识的产生过程，进一步体会搭配有序性的好处，同时将情境问题化，问题知识化，逐步抽象出数学知识，建立数学模型。

（三）课堂展示与群学

活动三：小小厨神就是我，营养配餐我最棒。

师：小丑叔叔说你们帮了他一个大忙，瞬间成为你们的粉丝。为了感谢你们，他准备请你们尝一尝他的工作餐，并想要请你们帮他搭配出最有营养的午餐。请观察搭配要求是什么。

师：请厨神达人用你喜欢的记录方法把你的搭配过程表示出来，并算一算有几种搭配方法。

师：请个厨神达人来当小老师，把你的搭配方法和结果给大家讲一讲。

（四）归纳小结

师：今天我们学习了搭配中的学问，你有什么收获？生活中哪些地方可以用到搭配中的学问？

生1：搭配的时候要按照顺序来搭配。

生2：可以用图形、汉字、字母、画图、符号等来表示搭配过程。

设计意图：对搭配中的学问的知识点进一步地运用和巩固。在整理的过程中培养学生的整理归纳的思维。再次验证假设和进行数学建模。

（五）巩固练习

1. 教材P77：去动物园的路线有几条？

2. 活动四：握手游戏。

师：谢谢我们的明星小老师，又帮了我们的小丑叔叔一个大忙，小丑叔叔为了奖励你们，准备跟大家玩个游戏，开心吗？

（1）师：既然是游戏，就会有规则，这个游戏规则是：①请每组的组长邀请2个或者3个来听课的老师参与到自己的小组中；②每个组员都分别和2个老师握手；③小组成员想一个你们喜欢的方法并在草稿本上记录你们的握手过程；④算出一共握了几次手。

（2）请小组代表汇报。

设计意图：通过习题进一步加深学生对于搭配过程中有序性的理解，体会搭配过程中表征形式的多样性。

五、教学设计说明

1. 说明

学生在已经接触了数字之间的排列与组合知识的基础上，继续让学生通过观察、猜测、实验、验证等活动，进行初步的排列组合，培养学生观察、操作、想象、实验、分析及推理能力，以及有顺序地、全面地思考问题的意识。通过小组合作，让学生感受数学在现实中的广泛应用，在活动中体会知识的产生过程，探索巧妙搭配、有序排列的方法，并用所学知识解决实际生活中的问题。面对实际问题，能初步构建解决问题的数学模型。

2. 过程

学生通过观察、猜测、实验、验证等活动，对搭配的有序性、表征方式的多样性，能从生活情境中抽取出来，进行数学建模。

本节课的上课环节设计，通过小丑叔叔的服装搭配为情境将知识情景化、将情景问题化，学生在这两个情境中解决了搭配的有序性和表征方式的多样性，将生活中的实际问题转化成数学模型。在这期间，对于有序性的搭配，我利用了涂校长的大假设法思维直接抛出问题：“小丑叔叔说他有5种搭配方法，你们同意小丑叔叔说的话吗？你是怎么搭配的？请证明小丑叔叔说的话。”这样可以激起学生的求知欲，学生都想证明小丑叔叔说得对不对。学生开始在家进行摆卡片，思考如何搭配服装。这个过程会出现部分学生搭配很乱、重复和遗漏的问题，部分学生进行一一对应搭配，部分学生还会为服装标上序号，以免出现重复和遗漏。

本节课学习单的第一部分，“接”的是破译密码的题目，由于学生有一定的学习经验的积累，在一、二年级学习了数字之间的组合后，大部分学生都非常有意识地先确定十位上的数，再确定个位上的数，学生在学习单上呈现出按一定顺序思考的思维意识，只是大部分学生思维意识比较模糊，表达的数学语言不是特别精准，其中，部分学生学习单呈现出来的搭配过程都能运用有序性的思维去思考。

在这个环节除了可以把搭配过程有序性这个问题解决外，还有用数学符号线段表示搭配进行一一对应的方法也呈现了出来，使本课小丑叔叔搭配的课堂奠定更加完美。

官丽婷　明春生　供稿

“里程表（一）”教学设计

一、教学目标

1. 本课内容是建立在学生已经掌握了三位数的加减法的计算，求两个数之间的数量关系的基础上进行学习的，为接下来学习起点非0的有关里程表的实际问题做了铺垫。

2. 教材呈现的是“北京—西安”沿线各大站的火车里程表，包括行车路线图和记录里程数的表格，表格中的数据记录的都是始发站北京到沿途各站的里程。

3. 将复杂的、难懂的路线图通过动手操作转换为直观图，这种层层深入的设计有利于学生自主探究，由直观认识到抽象理解，让学生的思维能力和解决问题的能力得到进一步培养和提高。

知识储备：

1. 比较两个数量的大小，用减法进行计算。
2. 已知整体，求其中一部分，用减法进行计算。
3. 比一个数少几，用减法进行计算。
4. 三位数的不退位（退位），用减法进行计算。

二、教学重点

能够掌握减法的计算方法并且正确计算。

三、教学难点

学会读常见的火车里程表，解决里程表中的数学问题。

运用已经学习的知识解决实际问题。

四、过程设计

（一）课前独学

1. 师：根据图 1 的题意，提出数学问题，再列式解答。

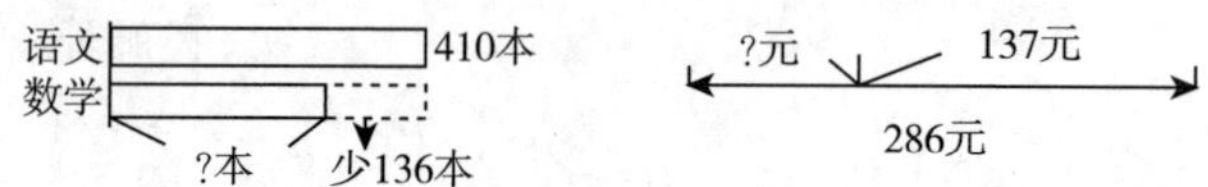

图 1

设计意图： 让学生对旧知（求比一个数少几，已知整体，求部分用减法计算）进行回顾，加深对两个数之间的数量关系的理解，从而为接下来解决起点为 0 的有关里程表的实际问题的学习做铺垫。

2. 指名回答问题，并说出理由。（学生独学，汇报计算结果）

（二）课堂组学

师：从以上线段图之间的数量关系，我们知道一个数比另一个数多几，求少的那个量用减法。求其中一部分，用整体减去已知的一部分。生活中，汽车或者火车里程表能否也借助线段图之间的数量关系进行解答呢？

学习单中的教具准备工作：仔细观察表格与路线图，并用 5 种不同颜色的卡纸剪出以下 5 个线段图，并标出起点和终点。如图 2 所示：

146km
北京　保定

路线	里程/千米
北京—保定	146
北京—石家庄	277
北京—郑州	689
北京—洛阳	813
北京—西安	1200

图2

设计意图：学生在教师的提示下，用不同颜色的卡纸剪出剩下4个数据的线段图。通过动手操作，学生在剪一剪中学会了表示两地距离可以用直观图形象的表示出来，同时在操作中体会到里程表中数据的大小表示的是路线的长短。还可以让学生明白剪出的线段图有长短之分。

1. 将所有起点（北京）重叠在一起比较，取出其中一部分用线段图画一画。

2. 将所有起点（北京）重叠在一起比较，你能模仿一部分，提出几个数学问题？请列式解答。

师：请大家讨论学习单第二大题。

（1）说一说，你是如何画线段图的？画的是哪一段？

（2）你提出了什么数学问题？求的又是哪一段线段图的距离？如何解决？

3. 学生在小组内进行讨论交流，小组汇报、展示、板书。

4. 教师引导学生总结归纳。

设计意图：将表格信息转化为直观的线段图，有利于学生理解各数量之间的关系。让复杂的、难懂的知识转化为已学的，求两个数量比大小用减法进行计算。

（三）课堂呈现与群学

思考的问题：

1. 813－277求的是哪两个城市之间的里程？画一画，说一说。

2. 学生独立完成并汇报。

3. 你能像我这样提出相关的数学问题吗？

4. 先独立思考，再与同桌交流。

设计意图：变换呈现方式，直接给出抽象算式，让学生找出所求的是哪段路程。学生需要找出两个数量分别表示的是哪一段路程，然后再思考相减后求的是哪一段，然后画一画。这样的问题形式更灵活，更有利于提高学生的观察、分析、判断能力。

（四）课堂回顾

相邻两站之间的距离如何计算？相隔两地的距离又该怎么算呢？火车里程表与线段图之间的数量关系有什么共同点？

（五）课堂练习

如图 3 所示，请根据图形或表格回答下列问题：

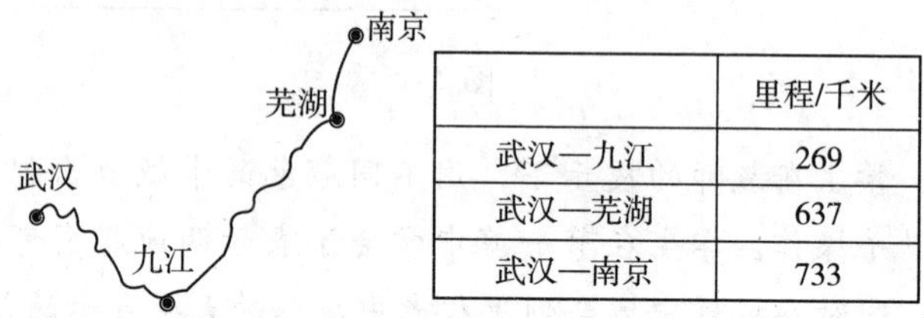

	里程/千米
武汉—九江	269
武汉—芜湖	637
武汉—南京	733

图 3

1. 九江到芜湖有多少千米？画一画，算一算。

2. 733 - 637 求的是哪两个城市之间的里程？画一画，说一说。

3. 一艘客轮从武汉出发，沿航线已经航行了约 600 千米，在图中标出客轮的大概位置。

五、教学反思

本课内容是建立在学生已经掌握了三位数的加减法的计算，以及求两个数之间的数量关系的基础上进行学习的。将复杂的、难懂的路线图通过动手操作转换为直观图，这种层层深入的设计有利于学生的自主探究，由直观认识到抽象理解，让学生的思维能力和解决问题的能力得到进一步培养和提高。

教学中，我利用动手操作的方式，让学生体会到相邻两个站的距离，可以用相邻两段路线图，也就是相邻两个线段图进行比较，使得新知识转化成旧知识，以此为基础，画出线段图，再进行计算。利用类比的方法，求出相隔两站之间的距离。整个教学过程中，寓教于乐，在学中玩，学生体验到数学来源于生活而又回归生活。

黄敏佳　明春生　供稿

“3 的倍数的特征”教学设计

一、教学目标

1. 使学生通过观察、操作、猜想、验证等活动，认识 3 的倍数的特征，能够正确地判断一个数是不是 3 的倍数。

2. 使学生在学习过程中积累数学活动经验，培养学生动手实践和观察、分析、抽象、比较、归纳等能力。

教材分析：学生前一课已经学习了 2 和 5 的倍数的特征，2 和 5 的倍数都与个位上的数有关，学生在猜想 3 的倍数的特征时可能只关注到个位上的数，比如个位上是 3，6 或 9 这都是 3 的倍数。所以我设计通过观察百数表的方法来验证学生的这个初步猜想。通过观察可以发现，百数表中我们圈出的 3 的倍数的个位上的数从 0 到 9 都有，从而证明假设不成立。然后学生继续观察百数表，引导学生寻找 3 的倍数的相同点，提出新猜想，然后去验证。在这里还要强调一下 3 的倍数的验证方法，能被 3 整除就是 3 的倍数。

找规律就是找观察对象的相同点，然后进行归纳与验证。

二、课前独学

1. 温故知新

（1）210 是 2 的倍数吗？210 是 5 的倍数吗？为什么？

（2）那么，210 是 3 的倍数吗？（先猜想，再用算式计算一下）

2. 新课探究

（1）请你在表 1 中圈出 3 的倍数。

表 1

1	2	3	4	5	6	7	8	9	10
11	12	13	14	15	16	17	18	19	20
21	22	23	24	25	26	27	28	29	30
31	32	33	34	35	36	37	38	39	40
41	42	43	44	45	46	47	48	49	50
51	52	53	54	55	56	57	58	59	60
61	62	63	64	65	66	67	68	69	70
71	72	73	74	75	76	77	78	79	80
81	82	83	84	85	86	87	88	89	90
91	92	93	94	95	96	97	98	99	100

观察表 1，说一说 3 的倍数有什么特征。

设计意图：引导学生观察百数表中 3 的倍数，允许学生提出各种猜想并验证自己提出的结论。这里学生就会出现各种猜想，引发学生的讨论。

想一想，组织好语言，课上与小组同学一起商量一下。

我发现：

验证你的想法：

（2）以下面的数为例，验证 3 的倍数的特征。

39　　416　　30 210

设计意图：通过观察与归纳得出结论这是不完全归纳法。在小学阶段，我们无法进行用完全归纳法验证结论，但是我们可以通过随机列举数字来验证结论，可以加强学生对规律的认可度。

三、课堂学习

1. 小组组学：讨论……展示……
2. 归纳出 3 的倍数的特征。
3. 验证 3 的倍数的特征。

两人一个小组，一名同学随意说出一个数字，另一名同学验证。

四、课堂练习

巩固提升

1. 在24□中填入一个数字，使它是3的倍数，□里可以填（　　　　）。
   在2□4中填入一个数字，使它是3的倍数，□里可以填（　　　　）。
   在□24中填入一个数字，使它是3的倍数，□里可以填（　　　　）。
2. 请写出一个数，使这个数既是2的倍数，又是3的倍数。

3. 请写出一个数，使这个数既是5的倍数，又是3的倍数。

设计意图： 第1题通过填空的方式，加深学生对3的倍数特征的理解。第2题和第3题是2，5和3的倍数特征的综合应用。

五、教学反思

“3的倍数的特征”进行了4次备课，设计了3个学习单。下面我就3次备课和上课反思进行说明：

第一次备课时的学习单设计：让学生圈出百数表中3的倍数，去观察3的倍数的特征，设计了引导语让学生去猜想。第二次备课时，发现设计应该更加开放，不能限制学生的思考，所以在圈出3的倍数之后，提出问题“观察表1，说一说3的倍数的个位有什么特征”然后上了一节课，在上课的过程中出现了问题，学生不能顺利得出3的倍数的个位是没有特征的这一结论。究其原因是问题的设计出现了问题，应该改成“观察表1，说一说3的倍数的个位有无特征”。在第二次上课时，学生就比较容易得出结论。在此基础上对学习单进行了第4次修改，可以直接提出问题“3的倍数有何特征”。在学生小组展示的时候，引导学生对3的倍数的个位有无特征进行思考，观察3的倍数的相同点。然后参加小组活动，让一名学生任意提出一个数字，另一名学生验证，从而加强学生对规律的认可。

教学过程突出了“提出假设—探索问题—验证假设”的能力的培养，学生能在观察、猜想、验证、归纳的数学活动中，获得较为丰富的数学经验。在平时的教学中，我们应该注意学生思维能力的培养，让学生勇于、善于提出假设。

陈宠年　明春生　供稿

“图形的平移”教学设计

一、教学目标

1. 经历有关平移的观察、操作、分析及抽象、概括等过程。
2. 通过具体实例认识平面图形的平移。

二、教学重点

掌握图形平移的规律。

三、教学难点

发现平移的规律。

四、过程设计

（一）小组组学

1. 相互对答案，并讨论学习单中不会的内容。
2. 将懂的题目题号报上来（10 分钟以内完成）。

设计意图：培养学生的合作意识，以及团队协作能力。

（二）全班互学，组间互助展评

1. 其他组踊跃上台解决上报的题目。
2. 教师提示学生板书并及时表扬上台的学生。
3. 对各组都不会的内容，教师进行详细讲解。
4. 教师对本节内容进行提升点拨。（15 分钟）

设计意图：提高学生的表达能力，从知、情、意、行方面培养完整的人，并使不同的学生在数学上得到不同的发展。

（三）变式练习

1. 教师对学习单中错得多的地方变式出题。

（1）下列现象属于平移的是（　　）。

A. 方向盘的转动　　　　B. 升降式电梯上下移动

C. 钟摆的运动　　　　　D. 开门时门的运动

(2) 在平面直角坐标系中，将点 A (-2, 3) 先向右平移 3 个单位长度，再向下平移 2 个单位长度，那么平移后对应点 A_1 的坐标是__________。

(3) 线段 A_1B_1 是由线段 AB 平移得到的，A，B 两点的坐标分别为 (-2, 3)，(-3, 1)，若点 A_1 的坐标为 (3, 4)，则点 B_1 的坐标为__________。

(4) 在下面的方格中 (图 1)：

① 作出 $\triangle ABC$ 关于 MN 对称的图形 $\triangle A_1B_1C_1$。

② 说明 $\triangle A_2B_2C_2$ 是由 $\triangle A_1B_1C_1$ 经过怎样的平移得到的？

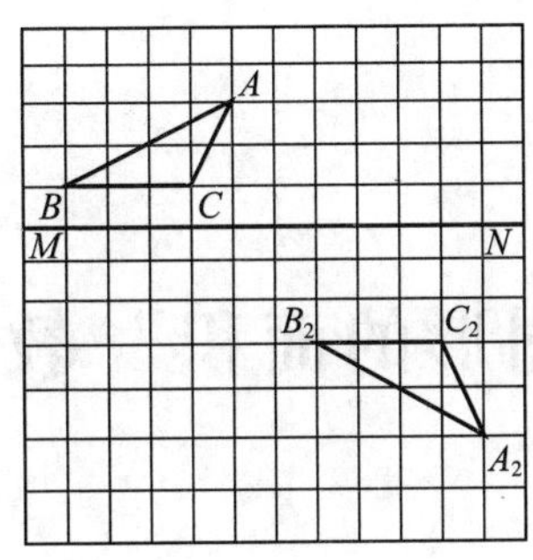

图 1

(5) 如图 2，已知 Rt$\triangle ABC$ 中，$\angle C = 90°$，$AC = BC = 4$，现将 $\triangle ABC$ 沿 CB 方向平移到 $\triangle A_1B_1C_1$ 的位置。

① 求四边形 ACC_1O 的面积与哪个四边形的面积相等。

② 若平移的距离为 1，求 $\triangle ABC$ 与 $\triangle A_1B_1C_1$ 重叠部分的面积。

③ 若设平移的距离为 x，$\triangle ABC$ 与 $\triangle A_1B_1C_1$ 重叠部分的面积为 S，试用含 x 的代数式表示。

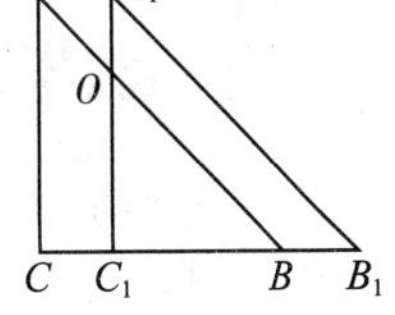

图 2

2. 每位同学独立完成。

3. 完成后，组内成员之间进行讨论，解决变式题。

设计意图：提高学生的解题能力，讲练结合符合学生注意力的特点，并从中培养学生的审题能力。

（四）课堂测评

1. 教师出 3 ~4 道小题。

2. 学生独立完成。

3. 学生互评。

4. 学生订正。

设计意图：通过测评，让学生自己检测自己的掌握情况，通过生生互评，培养学生的主人翁意识。

（五）课外作业

接引性学习单。

明春生　供稿

“组合图形的面积”教学设计

一、教学目标

1. 在探索组合图形面积计算的方法中，体会割补法的应用。
2. 能根据组合图形的条件，灵活运用割补法正确计算其面积。
3. 能解决生活中与组合图形有关的实际问题，认识数学价值。

二、教学重点

掌握计算组合图形的多种方法。

三、教学难点

通过与他人合作，将组合图形转化为已经学过的基本图形，在观察、思考、操作活动中验证猜想。

设计意图：“组合图形的面积”是学生在已经学习了长方形、正方形、平行四边形、三角形与梯形面积计算的基础上进行教学的。学生已初步具备了一定的空间思维能力，但只局限于对单一图形进行简单分析。本节课可以巩固已有知识，提高学生的综合实践能力，有利于进一步发展学生的空间观念，同时让学生在数学思想方法及解决问题的思考策略方面有所发展。

四、过程设计

（一）激趣导入，有效复习

1. 三角形、长方形、正方形、梯形、平行四边形，我们又把它们叫作“基本图形”。回顾以上基本图形的面积计算公式。

2. 出示三角形、梯形和长方形三种基本图形，让学生拼出美丽的图案（见图1）。学生拼完圣诞树后向学生说明由几个基本图形组成的图形叫组合图形。接下来提问这个组合图形圣诞树的面积该如何求：圣诞树的面积等于以上几个基本图形面积之和。

图1

设计意图：根据学生的已有经验，让学生用已学的长方形、三角形、梯形等拼成自己喜欢的图形，让学生体会由几个简单的图形组合而成的是组合图形。再观察生活中的组合图形，使学生逐步熟悉组合图形，调动学生的学习兴趣。明确本节课的学习内容，由基本图形面积到组合图形面积，初步渗透转化思想，为下面组合图形的分割做铺垫，同时揭示本节课课题。

（二）合作学习，探究新知

1. 展示情境：小灰狼换了新房子，计划在客厅铺地板（客厅平面如图2）。但是碰到了难题，大家帮忙计算一下要买多大面积的地板？

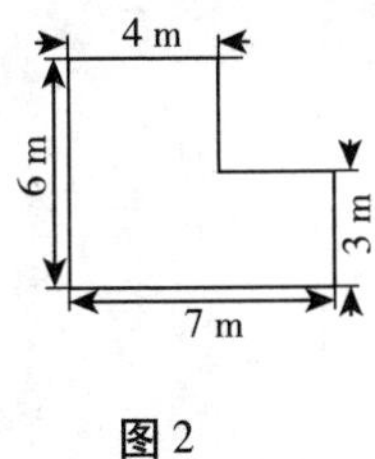

图2

设计意图：现实情境抽象出组合图形，通过拼圣诞树的活动猜想组合图形面积的计算方法：将组合图形转化为学过的基本图形，各基本图形面积之和即组合图形的面积。此环节为形成假设环节。

2. 提出猜想：估一估，客厅的面积大约是多少？这种图形的面积如何计算呢？

3. 进行验证：小灰狼家的客厅到底有多大呢？你能想到用什么方法解决呢？你会算吗？（具体方法请在小组内分享给你的组员，小组内研究、计算）

（1）小组合作的常规要求：

① 在小组里面说出自己解决问题的想法。

② 学习小组成员用不同的解题想法来验证，能合理地求出面积。

③ 找出小组成员的解题错误，并指出错在哪里。

设计意图：在学生求解组合图形的面积时，重视把学生的思维过程充分暴露出来，让学生认真观察、独立尝试、合作交流。为每名学生提供参与数学活动的空间和时间，鼓励学生用不同的方法进行计算，开拓思维，并引导学生寻找最简方法，实现方法的最优化。通过一系列活动，使学生进一步理解和掌握组合图形面积的计算方法，进一步发展学生的空间观念，是学生从形象思维到抽象思维的建立过程。假设验证完成。

（2）课堂展示与群学：

① 请一个小组的代表上台发言回答问题一，其他成员补充，台下同学可以质疑对话。请另一个小组的代表上台发言回答问题二，其他成员补充，台下同学可以质疑对话。

② 教师根据学生的汇报及对话情况，及时利用课堂生成资源的思维方法进行释疑、点拨、点补。

③ 通过黑板上展示的不同计算办法，验证了可以转化为学过的基本图形来计算的猜想，并且解决问题的方法不止一种（见图 3）。

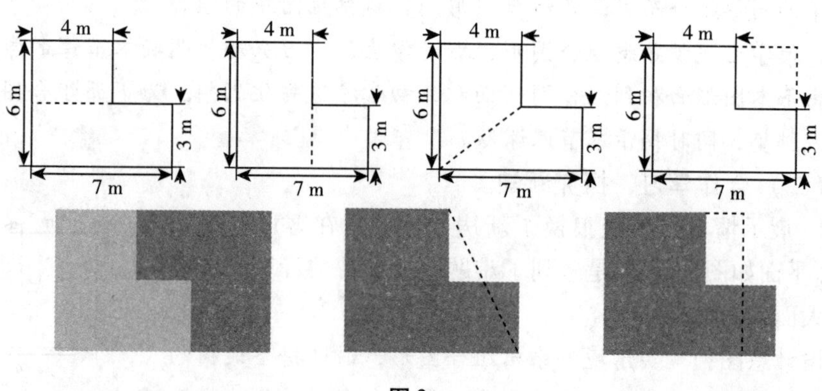

图 3

4. 分类总结：请学生在认真观察、对比的基础上将以上解题方法分类，师生共同总结出“分割法”和“添补法”。用 3 个词“可算、简单、方便”总结巧用分割法或者添补法。

设计意图：经历了分割图形或互补图形的过程，经过几种优化方法，又进行动手计算，为学生提供了选择解决方案的机会，比较几种方法的特点，提高学生思维灵活性。

（三）巩固练习

1. 请你结合本节课内容，提出与图 4 相关的问题并解决。

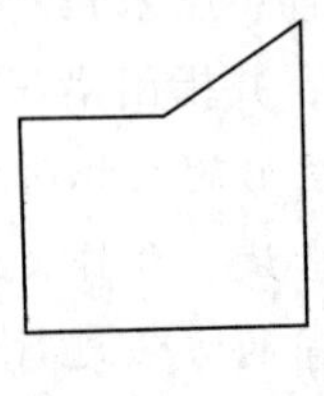

图 4

2. 请求出图 5 的图形面积。

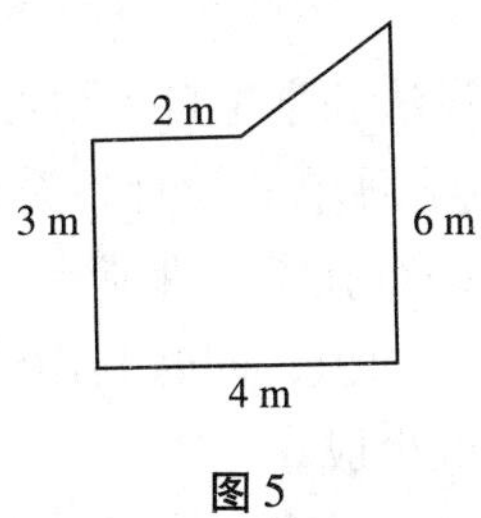

图 5

3. 笑笑家装修需要粉刷 300 块木板，木板的形状如图 6。请问一共需要粉刷多少平方米？

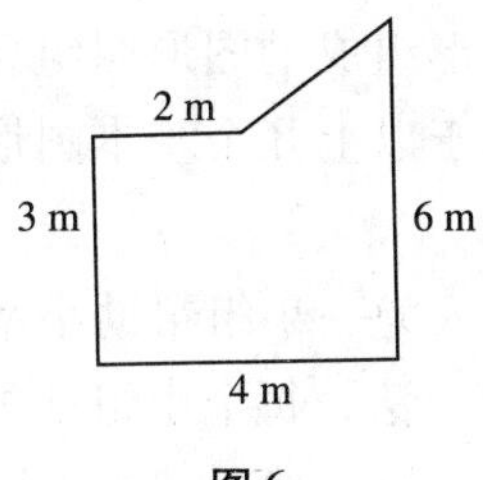

图 6

设计意图：不同形式的练习，既巩固了本课所学的知识，又培养了学生解决实际问题的能力，体现了数学来源于生活、应用于生活的教育理念。

4. 学校要给 30 扇教室门的正面刷漆，如图 7 所示。（单位：m）

（1）需要刷漆的面积一共是多少？

（2）如果刷漆每平方米需要花费 5 元，那么刷漆共要花费多少元？

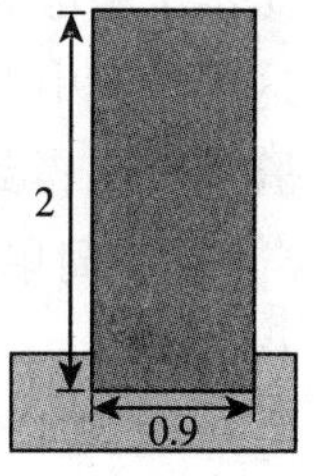

图 7

（四）归纳小结

1. 谁来说一说，这节课你都学习了哪些知识？有什么收获？

2. 计算组合图形的面积时，要根据图形本身的特点，灵活地选择计算方法（分割法或添补法）。

（五）板书设计

组合图形的面积

分割法、添补法

可算、易算、简便

五、教学反思

本节课的教学遵循了大假设法和学生自主学习的原则，通过学生合作探究，找出解决问题的办法。接引性学习单的设计，遵循简单—根本—开放的原则，从学生已有的知识经验着手来进行独学，课堂上进行小组合作学习，充分利用了学生已有的知识经验来学习新知识，同时利用学生在组学、群学中产生的学习资源进行再学习，抓住课堂的生成。

1. 学生经历探索过程，在小组合作中寻找解决问题的办法，突破本节课的重难点。

课前出示三角形、梯形和长方形，让学生拼出美丽的图案。学生拼完圣诞树后向学生说明由几个基本图形组成的图形叫组合图形，并提问组合图形面积该如何计算：圣诞树的面积等于以上几个基本图形的面积之和。为学生下面求组合图形的面积做好了铺垫。

其后设置情境。请学生 4 人为一小组帮助小灰狼计算客厅的面积。先猜想组合图形（客厅）面积的计算方法，每个小组都可以在前一天的学习清单上的平面图上画一画、写一写、算一算，然后选出不同的做法在全班展示，让小组代表解释本组的解题思路和解题方法，其他成员适当补充。黑板上一共展示了学生的 6 种计算方法，经过学生的讲解、分析和判断，对这 6 种方法的合理性做出了验证，并阐明了理由。这个过程很好地把分割法和添补法进行了展示，这些教学中的重难点都不是教师传授的，而是学生通过自己的探究、计算、体验和对比得到的，是学生自己的学习过程，效果较好。适时总结：用 3 个词“可算、简单、方便”总结巧用分割法或者添补法来灵活解决有关组合图形面积的题型。

2. 课堂练习紧扣教学重点，并注重教学难点的进一步实践。随后出现的课堂练习，鼓励学生根据题意提出问题，增强学生提出问题并解决问题的能力，体验数学的实用性。

3. 本节课需提升的方面有：练习方面可增多些，时间把握方面可以再进行优化，引导学生说明分割后或者填补后的图形可以再有条理些，引导学生尽量多用综合式来列式等。

吴恢桂　供稿

"优化——烙饼"教学设计

一、教学目标

1. 让学生通过简单的烙饼问题，初步体会运筹思想在解决问题中的应用。

2. 让学生认识到解决问题策略的多样性，形成寻找解决问题的最优方案的意识。

3. 让学生感受到数学在日常生活中的广泛应用，尝试用数学的方法来解决实际生活中的简单问题，初步培养学生的应用意识和解决实际问题的能力。

4. 使学生逐渐养成合理安排时间的良好习惯。

二、教学重点

寻找合理、快捷的烙饼方案。

三、教学难点

初步培养学生形成从多种方案中寻找最优方案的意识，提高解决问题的能力。

设计意图："烙饼问题"是北师大版四年级下册《数学》教材中的内容。学生在学习本课之前，能初步运用所学知识简单计算生活中的信息，但还做不到整合优化。本节课通过简单事例——烙饼，向学生渗透优化思想，同时从中体会统筹思想在解决问题中的作用，提升学生的思维能力。

四、过程设计

（一）课前独学

问题一：

要烧水为妈妈沏茶，怎样安排可以节省时间？说一说为什么能节省时间。（让学生从生活经验出发，通过明确要求"节省时间"，引发学生思考，渗透优化的概念）如图 1 所示。

图 1

设计意图：学生在此处可能会提出很多种方案，经过比较，会发现只有一种方案时间最少，达到“优化”目的。

问题二：

怎样才能尽快吃上饼？画一画，写一写。自己制作学具摆一摆。如图 2 所示。

图 2

设计意图：此处设置生活中的情境，让学生获取其中的数学信息，把生活问题转化为数学问题，渗透数学模型思想。

问题三：

如果要烙 4 张饼、5 张饼呢？（在学生独立思考的过程中，提出假设：计算烙多张饼的规律）

（二）课堂组学

1. 小组成员按组学的常规要求：

① 在小组里面说出自己解决问题的想法。

② 学习小组成员不同的解题想法。

③ 找出小组成员的解题错误，并指出错在哪里。

2. 小组学习的任务：

① 拿出自己的学具（饼和锅），在小组里面与小组成员一起摆一摆，并记录时间。

② 记录小组里各种方案的时间，比较各种方案花的时间，选出用时最短的

方案。

设计意图：课堂组学通过摆学具、记录时间、对比各种方案的时间，初步验证假设。

3. 达成小组的想法，准备汇报。

设计意图：从抛出问题，到小组讨论、展示，这是学生思维抽象的过程，也是现实生活向数学符号的转化过程，更是解决问题思维方法的形成过程。

（三）课堂展示与群学

1. 请一个小组的代表上台发言回答问题一，其他成员补充，台下同学可以质疑对话。请另一个小组的代表上台发言回答问题二，并利用教具展示，其他成员补充，台下同学可以质疑对话。

2. 根据学生的汇报及对话情况，及时抛出问题三，引导学生提出假设。

3. 再请小组展示问题三的学具摆放过程，进行假设的检验。

（四）课堂升华

问题：如表1所示，如果要烙17张饼，最少需要多少时间？

表1

烙饼数	时　间	烙饼数	时　间
1	6分钟	10	
2		11	
3		12	
4		13	
5		14	
6		15	
7		16	
8		17	
9			

（学生按照组学、群学的要求，再次进行讨论学习，但是此时，可以不再通过摆放学具的方式进行）

设计意图：从1张饼到多张饼，从特殊到一般，让学生进一步验证假设，初步形成有序思维、简单推理等能力。

（五）归纳小结

1. 通过本节课的学习，你对解决烙饼问题有什么心得？

2. 本节课你还有什么收获？

（六）巩固练习

1. 生活中的烙饼问题：

信息1：罗老师去文印室复印3张资料，正反两面都要印。

信息2：文印室的阿姨告诉罗老师，每次最多印2张，单面需要3秒钟。

问题：你认为怎么复印最合理？至少需要多少秒？

设计意图：利用所学烙饼问题的方法，去解决生活中的其他问题，让学生体会运筹思想在生活中的运用。

2. 你觉得生活中还有哪些事也可以用到优化的思想？

五、教学设计说明

1. 说 明

本节课的教学设计是借助实际生活事例，从沏茶这件小事开始，学生经过对比时间，引发学生思考，渗透优化的概念；再通过摆放教具，模拟烙2张饼、3张饼、4张饼，记录每种方法、不同饼数所花的时间，对比时间寻找最优的方案。从生活中提出数学问题，再回到生活中去解决问题，让学生明白数学来源于生活，也服务于生活，培养学生学习数学的兴趣。

2. 过 程

学生根据第一个事例，提出猜想，烙饼问题也能有更优的方案，再通过实验来对猜想进行验证，同时验证的过程也是从特殊到一般的过程，符合科学探索的一般规律。

3. 总 结

本节课接引性学习单的设计，遵循低入的原则，根据生活经验进行独学，课堂上进行组学、群学，充分对比各种方案所花费的时间，最终设置拔高问题，让学生产生认知冲突，寻找解决问题的一般规律。

徐远东　明春生　供稿

“看一看（一）”教学设计

一、教学目标

1. 通过观察实物的前、后、左、右几个面，体会从不同方向观察同一个物体所看到的形状可能是不同的。

2. 通过实际操作，判断从不同方向看到的单一物体的形状，初步发展观察能力、空间能力和推理能力。

3. 积极参与观察活动，在观察活动中体会观察物体的乐趣，激发学生学习数学的兴趣。

二、教学重点

学生能够正确辨认从前、后、左、右不同方向看到的图形的形状，并体会从不同方向观察同一物体所看到的形状可能不同。

三、教学难点

会正确辨认复杂图形的左、右方向的形状。

四、过程设计

1. 创设悬念，导入课题

视频播放《盲人摸象》的故事。

提问：同学们，你们知道为什么他们说的都不一样吗？

生：因为观察的位置不同。（或有学生说因为他们只看了大象的一部分）

追问：为什么他们只看了大象的一部分呢？（引导学生说出因为他们分别站在大象的不同方向）（板书：方向不同）

师：今天我们通过“看一看（一）”来初步研究观察物体。［板书课题：“看一看（一）”，并贴出从不同方向观察的彩印图片］

设计意图：通过《盲人摸象》的动画故事，生动、形象地让学生感知到从不同方向看到的物体的形状不同，而且利用微视频来创设故事情境，高效地激发了学生的学习兴趣，从而让学生的注意力很快转移到学习上来，而且激发学生的有效思考。

2. 探究新知

活动一：请同学们从不同的方向观察小黄人存钱罐，说说你看到了什么。

（1）学生观察小黄人存钱罐，与同桌交流自己在不同位置看到的形状。

师：如果坐在小和的位置（课件出示），你看到了什么，小月的位置呢？……（师适时引导学生要平视）

（2）点名说。

（3）判断从各个方向看到的图形。

提问：同学们，我们刚刚从不同的方向观察这个存钱罐，看到的形状一样

吗？（生：不一样）

师板书：形状不同。（注意中间留一格）

反问：是不是所有的物体都是这样呢？

设计意图： 先利用小黄人带领学生从4个不同的方向来观察，为下面的小组合作打下基础。

活动二：体验观察多种物体，进一步验证自己的想法。

师：老师给每个小组都准备了一样物体，课件显示小组合作的PPT，然后说出小组合作的要点。

（1）小组合作观察物体。

（2）全班交流，小组汇报。

设计意图： 小组汇报时要按照教师学习单上的语言来汇报，比如“我们从前面、左面、右面和后面看到的都不一样”。注意让看到有些面一样的学生最后说，这样会产生认真冲突，引发学生思考，从而得出结论是：可能不同。

提问：同学们，你们知道为什么我们看到的图形的形状会不同吗？现在你知道刚开始我们看到的那种现象是什么原因吗？

生：方向不同。

师：对，原来同样一个物体，我们从不同方向去观察，看到的只是这个物体的一部分，就像盲人摸象的故事一样，因为他们站在不同的方向，都只看到大象的一部分，所以看到的形状是有可能不相同的。

设计意图： 这一环节我设计了有两个方向看到的形状一样的，还有从4个方向看到的形状都一样的，来冲击学生的认知冲突。通过选取不同的物体，让学生全面认识到“可能不同”的含义，让学生在活动中体会知识，升华思维。

3. 在练习中得到升华

师：数学来源于生活，应用于生活。现在，你们能用我们刚学的知识来解决生活中的问题吗？

课件出示警察指挥交通的图片，如果学生大部分有困难，就现场进行角色扮演。

设计意图： 练习的设计我遵循了梯度练习、分层练习的原则，让学生在练习中加深理解本课的内容。特别是黑猫警长指挥交通这一题目，我为了帮助学生理解，现场进行了角色扮演。

4. 课外拓展

师：同学们，生活中的物体还有很多很多，周末的时候，大家都把自己常用的物体拍成了视频，我们一起去欣赏一下吧！

设计意图： 数学来源于生活，应用于生活。数学知识更重要的是要应用到生活中去，让学生体会数学与生活的密切联系。

5. **全课总结，回顾提升**

师：同学们，通过这节课的学习我们发现数学与生活有着密切的联系。因此，我们要带着数学的眼光去看待生活，我们的生活会更加精彩哦！下课！

五、教学设计说明

本节课的教学设计是以情境创设为主线，利用微课来创设故事情境，激发学生的学习兴趣。以大假设法思维为主线，从《盲人摸象》的故事情境入手，让学生提出猜想，再通过观察不同情境中的物体，让学生产生认知冲突，从而得出结论，再到检验结论。整个过程，我没有过多地去帮助学生总结，而是让学生在一个个活动中循序渐进地去体会、去感悟。

申远香　供稿

“比一比”教学设计

一、教学目标

1. 通过千以内数的大小比较，引出万以内数的大小比较，掌握万以内数的大小比较的方法。

2. 通过一系列的数学学习活动，培养学生合作交流、自主探究、知识迁移、抽象概括等多种数学能力。

3. 强化学生的数学意识，激发学生热爱数学的积极情感。

二、教学重点

掌握万以内数的大小比较的方法。

三、教学难点

位数相同，最高位上的数也相同的两个数的大小比较的方法。

设计意图：“比一比”是在学生已经掌握了千以内数的大小比较的方法，能认读万以内的数，理解数的组成的基础上展开教学的。同时，本节课的教学还将为今后学习更大的数的比较打下基础。

四、过程设计

理解并掌握万以内数的大小比较的方法。

（一）名山欣赏，引出课题

上课伊始，伴着高山流水的音乐，我和同学们一起欣赏了这些美丽的山川，然后我问：“孩子们，你们知道这四座山吗？”学生介绍完之后，我进行补充。紧接着我问：“你们知道哪座山最高，哪座山最矮吗？”学生讨论气氛热烈，兴趣盎然地说着自己的想法，我顺势板书课题“比一比”。

设计意图：揭示本课的主题，同时可以根据教材内容渗透数学文化，介绍“五岳”。

（二）知识迁移，探究新知

活动一：位数不同比大小，引导学生发现，在比较位数不同的数的大小时，位数越多数越大。

活动二：位数相同比大小，对于接下来三个数的比较，我会这样问：“你只能翻开一张卡片，你会翻开哪一张？”学生可能很快会回答第一张。这时我故意犯错，翻开个位的卡片。

设计意图：教师故意犯错激活了学生的主体意识，这让学生更加深刻地体会到在位数相同的数比较大小时最高位的决定性作用。

（三）小组合作

1. 活动任务：

（1）谁最高？

（2）黄山和泰山比，哪个高？

2. 合作要求：

（1）组内分享你的结论及怎么比的（按1—2—3—4号的顺序）。

（2）全组总结位数相同时的比较方法。

（3）小组汇报。（结论＋比较方法）

（4）其他小组补充。

设计意图：鼓励学生小组合作，共同探索完成任务。引导学生学会思考，探索比较法。

（四）游戏激趣，巩固新知

在游戏竞赛环节，一共设计了三轮游戏，把学生分为红、黄两队，准备游戏道具：两袋数字卡片，每袋装有数字 0 ~ 9 各两套，数位顺序表两张。

游戏一：

（1）每次两组各派一个代表抽签。

（2）第一次抽到的数字放在个位上，第二次抽到的数字放在十位上，第三次……

（3）哪一组抽到的数字组成的四位数大，哪一组就赢。

（4）能确定胜负时，本轮比赛结束。

（5）做好此次比赛结果的记录。

设计意图：让学生体会位数不同，位数相同但千位不同，位数相同、千位相同但百位不同等多种情况如何比大小。

游戏二：

其他规则不变，第一次抽到的数字放在千位上，第二次抽到的数字放在百位上，第三次……

设计意图：让学生体会位数不同，位数相同但千位不同，位数相同、千位相同但百位不同等多种情况如何比大小。

游戏三：

（1）每次两组各派一个代表抽签。

（2）每一次抽到的数字小组讨论决定放在哪个位置上。

（3）哪一组抽到的数字组成的四位数大，哪一组就赢。

（4）能确定胜负时，本轮比赛结束。

（5）做好此次比赛结果的记录。

设计意图：游戏三难度提高，考查学生的分析判断能力，是对万以内数的大小的比较方法的综合应用。

（五）归纳总结，内化升华

三轮游戏过后，让学生仔细观察比赛结果中记录下来的数，并把决定两数大小的关键数字用圆圈圈起来，最后让学生自己归纳万以内数的大小的比较方法。

五、教学设计说明

1. 说 明

本节课的教学设计是学生在会读、写万以内数的基础上教学的，旨在让学生掌握万以内数的大小比较的方法，进一步培养学生数感。对于数的大小比较，由于小学生早已学习了百以内数的大小比较、千以内的数大小比较等相关的数学知识，学生已经积累了相关的数的大小比较的数学经验。课前准备了接引性学习单，先回顾旧知，完成针对性练习，自己归纳总结方法，为学习新知奠定基础。

2. 过 程

活动一：位数不同比大小。

在给出四座山的高度时，我告诉学生："这里每一张卡片的背面都写着一个数字，这就是它们的高度。仔细观察它们的高度，你有什么发现？"学生可能会说："我发现香山最矮，它只有三位数。"我继续追问："三位数一定小于四位数吗？"学生在激烈讨论之后，有学生可能会说："我们以前学过一位数小于两位数，两位数小于三位数，所以三位数一定小于四位数。"也有学生会说："最大的三位数是999，而最小的四位数是1 000，999 < 1 000，所以三位数一定小于四位数。"这时，老师顺势引导学生发现，在比较位数不同的数的大小时，位数越多数越大。

活动二：位数相同比大小。

对于接下来三个数的比较，我会这样问："你只能翻开一张卡片，你会翻开哪一张？"学生可能很快会回答"第一张"。这时我故意犯错，翻开个位的卡片。学生兴奋地补充说："错了，是最高位千位的卡片。"教师故意犯错，激活了学生的主体意识，这让学生更加深刻地体会到在位数相同的数比较大小时，最高位的决定性作用。这一环节的教学其实是在深入钻研教材，把握教材实质的基础上进行再创作的。这比直接出示数字让学生比较，更直观形象，更符合低年段学生的认知规律。接下来我将以"游戏竞赛活动"为载体，让学生在游戏竞赛中进一步对数的大小的比较方法，深化、巩固、内化。在巩固新知中一共设计了三轮层次递进的游戏，把学生分为红、黄两队，准备游戏道具：两袋数字卡片，每袋装有数字0～9各两套，数位顺序表两张。

三轮游戏过后，让学生仔细观察比赛结果中记录下来的数，并把决定两个数大小的关键数字用圆圈圈起来，最后让学生自己归纳万以内数的大小的比较方法。这里动静搭配的教学使教学效果更明显。

3. 总 结

总之，本课以新课程理念为指导，以学生已有的数学经验为背景，跳出传统教学经验的束缚，积极创新数学教学，做到教学目标落实，教学过程扎实，教学效果厚实，从全新视角构建一节展示了师生生命意义与价值的数学课堂教学。教学是一门有遗憾的艺术，合理地把握课堂"生成"和"预设"的关系，让课堂变得更精彩！

范月红　供稿

“做家务”教学设计

一、教学目标

1. 结合“摆筷子”的具体情境，经历编制2的乘法口诀的过程，进一步体会编制乘法口诀的方法。

2. 掌握2的乘法口诀，发现口诀之间的联系，会用乘法口诀进行乘法计算，并解决简单的实际问题。

二、教学重点

探索编制2的乘法口诀，掌握2的乘法口诀，会用2的乘法口诀解决一些简单的实际问题。

三、教学难点

培养学生合作学习的意识，体验数学与日常生活的密切关系。

设计意图：“做家务”是在学生学习了5的乘法口诀的基础上进行教学的。教材呈现“摆碗筷”的情境图，与学生的生活实际联系紧密。因此，本节课特别注重从学生已有的生活经验出发，结合生活实际，探索筷子的双数与根数之间的对应，填表表示这一对应关系，再根据表格，写出乘法算式，编制2的乘法口诀。学生经历这个过程，不仅学习了2的乘法口诀，而且体验了乘法口诀的学习过程和方法，将对学习后继的乘法口诀产生积极的迁移和影响。

四、过程设计

（一）创设情境，问题导入

1. 播放学生们生活中做家务的照片，表扬学生们热爱劳动的好习惯。

2. 师：楚榆小朋友也很热爱劳动，但是她昨天在做家务的时候遇到了一个难题，让我们一起去帮帮她好吗？

（二）合作探究

播放楚榆小朋友摆碗筷的视频，提出问题：9位客人、9双筷子，16根筷

子够吗？（生大胆猜想）

设计意图：课堂通过微视频的形式，由生活中的实际问题引入，提出问题，学生大胆猜想，后通过同桌操作进行验证。此环节初步验证假设。

亲爱的同学们，你摆过筷子吗？请你在家与爸爸妈妈一起进行摆筷子活动，并把摆筷子的过程记录下来。你会编口诀吗？试试吧！

表1

	加法算式	乘法算式		乘法口诀
//				
// //				
// // //				
// // // //				
// // // // //				
// // // // // //				
// // // // // // //				
// // // // // // // //				
// // // // // // // // //				

活动一：同桌合作验证

用小棒代替筷子，一人边摆边说，一人填写合作任务单。

验证结果：9 双筷子共有 18 根。

活动二：小组合作，分享你是如何编制 2 的乘法口诀的

1. 师：刚刚我们具体操作进行了验证，那同学们有没有更简便的方法，可以很快就知道9 双筷子是 18 根呢？

生：乘法 $2\times9=18$，用乘法口诀算。

师顺势提出今天要研究的即是2的乘法口诀。

设计意图： 引导学生思考是否有更简便的方法进行验证，引出乘法口诀，从而小组合作进行小组内分享并纠错，让学生通过合作探究乘法算式的意义。

2. 小组合作分享你是如何编制2的乘法口诀的，同时找出组员学习单上的错误，并指出错在哪里。

小组汇报，其他组提出意见或补充。

师生齐小结，板书乘法算式和乘法口诀。

3. 观察乘法算式和乘法口诀，引导学生发现 $2\times3=6$ 和 $3\times2=6$ 都是用“二三得六”这一句乘法口诀进行计算的，每一句口诀都对应2个乘法算式。

师提出问题：2×5 表示的是几个几，强化学生对乘法意义的理解。

设计意图： 学生通过观察、猜想，去发现规律，并能通过自己的方法对乘法口诀进行快速记忆，有利于学生发现学习数学的乐趣，激发学生学习数学的积极性。

4. 师：观察咱们编的乘法口诀，你发现了什么规律？你有什么好办法可以帮助我们很快记住这些口诀呢？

进行集体交流，用刚刚分享的方法进行乘法口诀的记忆，集体背诵。

活动三：数学好玩（游戏环节）

通过3个游戏，调动学生积极性，进一步巩固2的乘法口诀。

设计意图： 设计数学游戏环节，通过口诀拍拍操、“口令”大挑战、“对口诀”游戏，不仅可以活跃课堂气氛，更能实现全员参与，使学生在游戏中加深对乘法口诀的理解。

（三）巩固练习

摘苹果大赛、火眼金睛、解决问题小能手。

（四）课堂总结

分享生活中有哪些可以用到2的乘法口诀。

五、教学反思

在本节课的教学中，比较满意的是以下几点。

（一）生活情境导入

1. 播放学生们生活中做家务的照片，表扬学生们热爱劳动的好习惯。

2. 师：楚榆小朋友也很热爱劳动，但是她昨天在做家务的时候遇到了一个难题，让我们一起去帮帮她好吗？

（二）大假设思维的设计，注重学生思维的培养

本节课运用了大假设思维，通过播放楚榆小朋友摆碗筷的视频，提出问题：9 位客人，9 双筷子，16 根筷子够吗？（生大胆猜想）由学生观察并大胆猜想，然后先自己独立思考，再与同桌一起进行验证。验证过程中学生想到了很多种方法，通过交流体会到了解法的多样性，发展了学生的创新意识。

（三）小组合作探究，重视学生基本活动经验的积累

本节课采用了小组合作的方式对接引性学习单进行讨论交流，每位学生都需要在组内交流其是如何编制乘法口诀的，以提高学生的表达能力。小组汇报过程中，通过学生不断质疑，从学生互评、师生互评的方式发展了学生的思维能力，也培养了学生协作、互助的合作精神。

（四）精心设计游戏环节，大大提高了学生的积极性

设计了 3 个游戏环节，口诀拍拍操、“口令”大挑战、“对口诀”游戏，让学生在游戏中巩固了 2 的乘法口诀。

但是，我也存在如下不足之处，需要做出改进：

在编制乘法口诀时，对于乘法意义的强化不够。初学乘法口诀，对于每一个乘法算式都需要理解其意义，应该在学习单中体现“每一个算式表示的几个几相加”，为学生以后学习乘法奠定基础。

总之，教学中我还需要不断地学习，多研读教材，备好每一次课，多向有经验的教师进行学习，让每一位学生在我的数学课堂上都能学有所获。

秦桂林　供稿

“商不变规律”教学设计

一、教学目标

1. 知识与技能

（1）经历探索与发现商不变的规律的过程，理解商不变的规律。

（2）结合具体的问题，能运用商不变的规律进行简便运算。

2. 过程与方法

培养初步的抽象、概括能力及演绎归纳数学的思想方法，并养成观察的好习惯。

3. **情感、态度与价值观**

感受算法的多样性，培养学生学习数学的兴趣与乐趣。

设计意图：三年级下学期，学生已经掌握三位数与一位数的除法竖式计算算理与格式，在本章前6个课时也掌握了三位数与两位数的竖式计算，对试商和调商有充分理解。基于这些学情基础，本课时研究“商不变规律”。在学习“商不变规律”之前，第一课时，不少学生面临80÷20和520÷40的计算时，已经认为当中的0可以抵消，但是说不出道理。所以，之前很多学生是利用乘法来推断商的大小的。学习本课时后，学生可以把除法算式进行变形，把复杂变简单，把未知变已知，体会数学的优化思想。

二、教学重点

理解商不变规律。

三、教学难点

运用商不变规律进行简便运算。

四、过程设计

1. **温故知新**

（1）师：计算下面各题并说一说算理。

35÷5　　　350÷50

设计意图：回顾三位数除两位数的试商与调商方法并进行竖式计算，为后面“商不变规律”的应用起到铺垫和承上启下的作用。

（2）师：35÷5=7

350÷50=7

3 500÷500=?

35 000÷5 000=?

设计意图：抛出问题350 000÷50 000，简单开放。当学生回答等于7时，抓住假设猜想。

2. **新课探究**

（1）发现规律。

① 学生说计算结果，教师板书。

② 小组分享。

师：我们下面具体从表格中哪些地方不变，哪些在变，变化的规律又是怎样的来讨论这些算式的特点。见表1。

表1

被除数　除数　商	被除数　除数　商	被除数　除数　商
8 ÷ 2 = 4	48 ÷ 24 = 2	100 ÷ 20 = 5
80 ÷ 20 = (　)	24 ÷ 12 = (　)	50 ÷ 10 = (　)
800 ÷ 200 = (　)	6 ÷ 3 = (　)	10 ÷ 2 = (　)

设计意图：提供三组式子给学生进行规律探索。先让学生观察特点，再利用接引性成长单设计的变化表格，给学生落脚点，引导学生讨论方向，进而总结本节课的规律重点。

（根据学生回答情况填写，见表2）

表2

不变的地方	变化的地方	变化的规律
商	被除数和除数	乘以或除以相同的数

设计意图：以一组仿写深化规律的形式，加强印象。

（2）仿写算式，验证规律。

师：同学们能不能根据你们总结的规律，仿写一组相似的算式？

生：……（多几个例子）

3. 商不变规律

师：这就是我们今天学习的商不变规律。被除数和除数同时乘以或除以相同的数（零除外），商不变，这是商不变规律。

4. 活学活用

（1）师：笑笑如此计算 350 ÷ 50 = 35 ÷ 5 = 7，你知道她用的方法吗？（见图1）

$$\begin{array}{r} 7 \\ 5\not{0}\overline{)\,35\not{0}} \\ 35 \\ \hline 0 \end{array}$$

设计意图：回归“温故知新”的题目，以笑笑的规律应用简便运算入手，引导学生思考本节课学习的意义。

生：利用商不变规律同时把同样多的0消掉（缩小同样的倍数）。

（2）利用商不变规律，把问题 35 000 ÷ 5 000 同时除以 1 000 得出方法。

（3）做投影题目，巩固商不变规律的应用方法，见表3所示：

表 3

式子	310 210)6510 63 21 21 0	12 70)840 7 14 14 0	12 800)9600 8 16 16 0
判断			
原因			

设计意图：验证今天课堂开始抛出的问题，利用商不变规律进行简便运算。

5. **课堂总结**

总结商不变规律的应用条件与简便运算的应用。

6. **变式练习**

（1）口算

240 ÷ 30 =　　　360 ÷ 90 =　　　4800 ÷ 400 =

（2）开放题

8 ÷ 2 = （　　）÷（　　）= 4　（16 与 4，168 与 42）

五、教学反思

1. 接引成长单设计过程

本次成长单的设计经过了 4 次变化。第一次的设计本想从生活实际引入，让学生从除法的平均分的意义来理解商不变规律；同时，发现规律的两组算式中被除数和除数包含明显的变化规律，想让学生通过四则混合运算先计算再去研究变化规律的。后来通过与备课组及敏佳老师的讨论，改为了第二张。备课组认为这样的引入没有体现“简单”原则，改为直接从三位数除以两位数，除数是整十数的设计，为后面的应用做铺垫。“发现规律”原本的算式设计我们估计学生比较难发现“被除数、除数和商的根本研究对象”，所以改成了现在的形式更加突出的三组算式。我们还估计填写规律中的“怎么变”一栏，学生比较难理解我们的填写要求与目的，所以改为更加规范的“规律”一词。

经过第一次模课后，我们发现在规律的一栏上，很多学生写的是“商不变”，意识到学生们还是没有很清晰我们清单的研究目的，所以改为了第三张的形式。同时，由于第一次模课过程十分顺利，我们就把仿写中的规律删除，让学生自己发现并验证。对于回顾题，备课组一直在争议是否有必要提高难度，把 640 ÷ 40 改为 192 ÷ 24，这样的变动就会导致简便运算的一个深入，其实是对以后学习分数约分的一个铺垫。后来，怕影响本节课的难点突破，所以还是维持原本的设计。模课后还发现了一个问题，课后的提高题。对于有余数的商不变规律应用，课本要求是当学生提出有余数的情况我们必须解决，但是在解决的过程中，我们发现很难解释清楚商不变规律，不变的对象是商，余数又要回归原本的算式去观察。所以，和敏佳老师商量好决定增加表格，对比原本试商进行竖式计算和商不变规律竖式计算，方便学生对比验算发现问题。

前面的几次修改都是根据学生的反馈进行的细节上的调整。第二次模课，在廖老师、韦老师和敏佳老师的指导下，清单的整体结构发生了一些改变。从引入问题的抛出，到课后习题的精简与开放，再加入课堂的及时总结都做出了调整。350 000 ÷ 50 000 问题的抛出可以承上启下，串联一节课。对于上面提高题的引出，我们也决定根据课本要求，待学生掌握本节课，并对本课内容熟练后再提出。

2. 课堂不足

（1）小组汇报语言不完整。一直以来，比较注重学生的发言内容，很少强调小组语言，以后需要及时强调给学生们培养合作的系统语言。

（2）学生发现规律和验证规律之后，忘记及时规范“商不变规律”的概念，导致学生们在后面还依旧停留在第一组汇报的“增加与减少倍数”当中。

（3）横式 8 ÷ 2 =（8 × 10）÷（2 × 10）= 4 的总结应该及时，在学生说完 A 组的规律后进行板书归纳。分步让学生理解商不变规律里面的“乘以和除以相同的数”。同时把这个横式改为递等式，可能更有利于学生的理解。

（4）板书没有关键词，重点不突出。

（5）学生在讲 8 ÷ 2 的开放题时，没有分步先让学生讲答案再讲变化过程，误解了学生的意思。

（6）没有练习最后两题竖式和及时修正过程中的错误。

（7）过重看重知识点，没有拔高。当学生回答 350 000 ÷ 50 000 = 7 时，应该及时抓住进行猜想，后面再回来进行验证。三组算式可以先让学生观察特点，再细分不变与变化的点。

3. 学生亮点

（1）学生仿写写出一式多变的过程，掌握得十分深入。

（2）学生对 9 600 ÷ 800 是 12 还是 1 200 及时提出疑问并解决。

钟泳诗　供稿

“方程”教学设计

一、教学目标

1. 结合具体情境了解方程的意义，会用方程表示简单情境中的等量关系。

2. 经历将现实问题抽象成等式与方程的过程，积累将等量关系符号化的活动经验。

3. 在丰富的问题情境中感受生活中存在大量的等量关系，体验数学与生活的密切联系。

设计意图：学生第一次认识方程，也是学生由算术思维迈向代数思维的新起点。无论是用字母表示还是寻找数量间的等量关系，对于小学生而言，都是很抽象的。方程这一课则是通过引入字母表示现实生活中的未知数，并用等式表示未知数与已知数之间客观存在的等量关系，建立对方程的初步认识。为了使学生体会方程是刻画现实世界的一个有效的数学模型，激发学生学习方程的兴趣，本节课结合具体情境了解方程的意义，引导学生运用观察、操作、交流等活动形式，逐步理解方程的实际含义，获得初步的体验。

二、教学重点

了解方程的意义，会用方程表示简单情境中的等量关系。

三、教学难点

经历从文字描述的等量关系转换成含有字母的等量关系的抽象过程。

四、过程设计

（一）课前独学

问题：草地上有 7 个人在踢球，再来几个人就有 10 个人？

1. 已知量：__________ __________

   未知量：__________

2. 等量关系：____________________

设计意图：从生活中的简单例子来初步了解方

程的必需条件。寻找等量关系是建立方程的关键。

（二）课堂组学

1. 小组成员按组学的常规要求：

① 展示学习单，每个同学在小组里面说出自己解决问题的想法。

② 归纳小组成员的不同解题想法。

③ 找出小组成员的解题错误，并解释。

④ 分工展示任务。

2. 小组学习的任务：

（1）分别找出问题中的已知量和未知量。

（2）找出等量关系，并尝试用字母表示式子。

3. 达成小组的想法，准备汇报。

设计意图：课堂组学是学生通过集体学习，更进一步了解方程的含义。此环节为初步验证假设环节。

（三）课堂展示与群学

1. 请一个小组的代表上台回答问题 1，其他成员补充，台下同学可以质疑对话。请另一个小组的代表上台回答问题 2，其他成员补充，台下同学可以质疑对话。

设计意图：对什么是方程的含义整行整理。整理过程可培养学生的整理归纳的思维。再次验证假设。

2. 教师根据学生的汇报及对话情况，及时利用课堂生成的资源的思维方法进行点拨、点补。

3. 师生再次整理方程的含义，形成方程的抽象概念。

（四）归纳小结

1. 现在你知道什么是方程了吗？

2. 同学们原来对什么是方程有哪些想法？通过学习是否更明白了呢？

3. 本节课你收获了什么知识？有哪些需要改进的地方？

（五）巩固练习

先找出等量关系，再列方程。

1. 一个乒乓球拍 x 元，5 个乒乓球拍一共 100 元。

2. 正方形的边长为 x 米，周长为 400 米。

3. 一辆汽车以每小时 x 千米的速度行了 4 小时，共行驶了 400 千米。

设计意图：练习可将抽象概念可视化，加深对方程概念的理解。

（六）拓展延伸

日历表的规律。

认真观察图1阴影方框中正中间的数与其他4个数的关系。

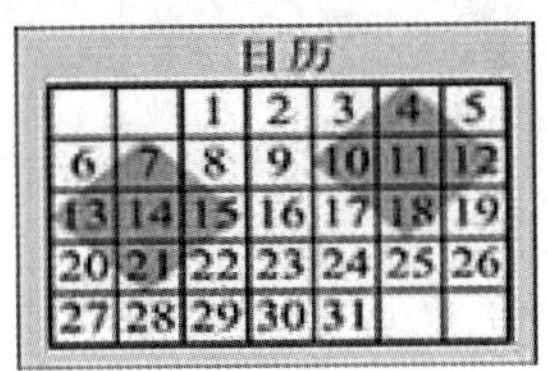

图1

1. 中间数是______，左边的数是______，右边的数是______，上面的数是______，下面的数是______。

2. 方框中5个数之和与中间的数有什么关系?

3. 5个数的和是115时，中间的数是多少?

设计意图：拓展题使概念的应用从一般到特殊。再次加深对方程概念的理解。

五、教学设计说明

本节课的教学设计是借助学生生活中常见的情景引入字母表示现实生活中的未知数，并用等式表示未知数与已知数之间客观存在的等量关系，建立对方程的初步认识。让学生直观地去体验和感悟方程的实际意义，学生从方程意义的角度探索出如何表示方程的一般式子，体现了知识的产生、形成与发展的过程，为后续学习奠定了很好的基础。

古清平　供稿

“分数乘法”教学设计

一、教学目标

1. 探索并理解分数乘法的意义。
2. 探索并掌握分数乘整数的计算方法，能正确计算。
3. 能解决简单的分数乘整数的实际问题。

二、教学重点

掌握分数乘整数的计算方法。

三、教学难点

理解分数乘整数的意义。

设计意图：分数乘法是在学生学习了整数乘法意义及分数加减法基础上进行教学的。本节只要求几个相同分数的和，将分数乘法与整数乘法相联系，并探索出分数乘整数的计算方法，同时为以后分数乘分数的学习打基础。

四、过程设计

（一）课堂组学

一张 占整张纸的$\frac{1}{5}$，3 张 占整张纸的几分之几？

师：今天我们一起来学习分数乘法。（板书标题：分数乘法）

请你们参考整数乘法的意义，讨论学习单的第一题，完成小组合作的任务：

1. 组内交流分享你的方法。

2. 边汇报边板书你们小组的方法。

小组汇报：

A：画图法：

B：加法计算：$\frac{1}{5}+\frac{1}{5}+\frac{1}{5}$

C：乘法计算：$\frac{1}{5}\times3$

提问：

（1）这个加法算式每个加数有什么特点？（加数相同）

（2）×3 表示什么意思？（表示 3 个）

（3）这是一个什么数和整数相乘？（分数）

（4）联系我们方法二中的加法算式，$\frac{1}{5}\times3$ 表示什么意思？（表示 3 个$\frac{1}{5}$相加）

（5）和刚才复习的整数乘法的意义比较一下，分数和整数相乘可以表示与整数乘法相同的意义吗？（可以，都表示几个相同加数的和，意义是相

同的）

设计意图：过程由浅入深，培养了学生的探索精神，在学生交流和回答问题的过程中，培养了学生的语言表达能力和发散思维，并认识到同一个问题可以多种方法解决。

（二）课堂分享

2个$\frac{3}{7}$的和是多少？

师：能利用我们刚刚所学知识的来解决算出2个$\frac{3}{7}$的和是多少吗？请你们在小组内交流分享。

小组汇报：

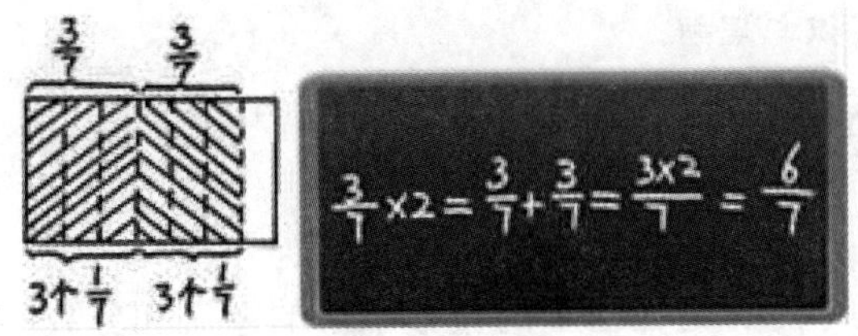

图1

师：谁看明白了他是怎么算的？

设计意图：培养学生小组合作学习的精神和探索知识的能力。

（三）归纳总结计算方法

填空：

1. $\frac{1}{5}\times 3=$（　　　　）＝（　　　）

2. $\frac{1}{4}\times 3=$（　　　　）＝（　　　）

3. $\frac{1}{3}\times 3=$（　　　　）＝（　　　）

4. $\frac{1}{2}\times 3=$（　　　　）＝（　　　）

5. $\frac{3}{7}\times 2=$（　　　　）＝（　　　）

你的发现：（　　　　　　　　　　　　　　）

师：现在，请同学仔细观察每个算式及最后的答案，你们发现了什么？

（分数乘整数，分母不变，分子与整数相乘）

设计意图：培养学生的语言组织能力，进一步巩固知识。

（四）巩固练习

1. 独立思考，试着计算这两道算式。（写出计算过程）

$\frac{5}{16}\times 3$　　　　　　$2\times\frac{5}{9}$

2. 课本 P23 中的练一练。

设计意图：练习巩固分数乘整数的计算方法，理解分数乘法的意义。

（五）课堂总结

你今天学到了什么？

分数乘整数，为什么要把分子和整数相乘，而分母不变？

（分数乘整数的意义和整数乘法的意义相同，都是几个相同加数的和）

设计意图：让学生尝试自己去梳理知识点来建构自己的知识架构，加深对本节课知识点的认识与理解。

五、教学设计说明

1. 说明

这部分内容的学习，是在已学的整数乘法的意义和分数的加法的计算基础上进行的。在这个内容中，分数乘整数的意义和整数乘法的意义相同，都是求几个相同加数的和的简便运算，只是这里的相同加数变成了分数。

2. 过程

学生已经学习过整数乘整数的意义，通过对整数乘法意义的知识的回顾，继续让学生讨论、交流、试做，发挥学生的主体性作用，理解一个数乘分数的意义，探究一个数乘分数的计算方法。

3. 总结

本课如果仅仅关注学生是否会算了，那是不够的，在设计中，还应有另类关注，如学生们对算理理解了吗？因此，在本课的教学目标的制订中，不仅使学生会算，更是通过对意义的理解，让学生们深刻认识这样算的道理，突出"过程性目标"。在探索分数乘整数的计算方法时，学生运用自己的语言来说明计算结果。接着，学生结合问题、图形进一步体会分数乘整数的计算方法。这一节课不仅仅要求学生会算，而且要求学生能理解过程，写出过程。分数乘整数的计算方法就是分母不变，分子和整数相乘。也是为本节课的第二课时打好基础，在计算的过程中能约分的先约分的方法比较简便。

陈泽璇　供稿

“分物游戏”教学设计

一、教学目标

1. 结合具体情境，经历把小数目实物进行平均分的操作过程。

2. 初步体会平均分的意义，会用图示（连一连、图一图、画一画）或语言表述平均分的过程与结果，并能解决一些与平均分有关的简单问题。

3. 经历与同学讨论、交流平均分物的过程，体会平均分与生活的密切联系。

教材分析：“除法的初步认识”在小学低年级计算教学中是非常重要的章节。对于二年级的学生来说，除法是比较难理解的概念，是建立在平均分的基础上的，而平均分这个概念来源于生活中分一分的“同样多”或“一样多”。本课在此基础上进行学习，并通过对小数目实物“分一分”的活动，初步体会平均分的意义，积累平均分物的经验，为后面正式学习除法奠定良好的基础。

二、教学重点

初步理解平均分的意义。

三、教学难点

经历从实物操作到图示操作再到语言表达平均分的过程。

四、课前独学

学生独立完成接引性学习单。

五、过程设计

（一）情境导入

今天是小熊的生日，它邀请了小伙伴们到家做客，小熊准备了好吃的东西要分给大家，可是遇到了一个难题，到底要怎样分这些食物才能让小伙伴们吃得开心？同学们，你们愿意帮帮它吗？

设计意图：根据数学学科特点及小学生好奇、好动的思维特点，创设故事情境，使学生对新知识产生求知欲望，让生动的故事情境去吸引学生，唤起学生的学习兴趣。

（二）合作探究

活动一：分桃子

出示学习单任务一：4 个桃子要分给 2 只小猴，假设猴哥哥分到了 3 个桃子，猴弟弟分到了 1 个桃子，你觉得公平吗？（在小组内交流、汇报）

1. 和你的组员说说你的想法。

2. 小组派代表上台汇报。

3. 小结：令 2 只猴子都满意，就得 2 只猴子分得的桃子数量一样多。

设计意图：运用大假设法进行猜想，让学生充分发表自己的见解，感知公平就是分得一样多，即“每份一样多”，初步感知“平均分”的含义。

活动二：分萝卜

出示学习单任务二：小熊要帮助兔子分萝卜，你都知道了哪些数学信息？（学生回答）现在我们一起帮助小熊分一分萝卜。

1. 小组合作分萝卜，说说你是怎么分的？

2. 组织学生汇报交流怎么分的？每次分几根？几次分完的？最后分得的结果是什么？

3. 那么多种分法你最喜欢哪一种？为什么？

4. 小结：虽然我们分的过程不同，但最后让他们都很满意，因为分完后它们都分得一样多，这种分法叫作“平均分”。

问：怎样分才是平均分？

设计意图：学生在经历实物分的过程中进一步体会“平均分”的含义。这项活动是让学生通过小组合作、动手操作，进一步体会平均分的方法是多样化的，结果都是一样的，同时培养学生的语言表达能力，能正确表述平均分的过程。

活动三：分骨头

出示学习单任务三：小熊要帮助小狗分骨头，15 根骨头平均分给 3 只小狗，每只小狗都分到几根？讨论：平均分给 3 只小狗是什么意思？

1. 学生尝试用画图的方法把分的过程画出来。

2. 展示记录分骨头的不同方法。

3. 出示课本的记录图，让学生观察后，分析、描述记录图的意思。

设计意图：通过小组合作，生生互动，让学生最大限度地参与学习内容，经历由实物分法的过程过渡到用画图表示分法，由形象到抽象思维，逐步培养学生的抽象思维能力。

（三）巩固练习

刚才我们帮小熊把这些食物都公平地分给了每只动物，它也非常开心，它说："如果你们接下来能够顺利闯关的话，就请你们去智慧岛玩，想不想去？"

1. 第一关：我会判。判断一下，哪一种分法是平均分？（出示题目）

2. 第二关：我会练。你能说说是怎么想的吗？

（1）插花：每个花瓶插的花一样多，每个花瓶插（　　）只花。

（2）分铅笔：平均每个铅笔盒放（　　）支铅笔。

设计意图：设计生活化的练习，同桌互动，让学生进一步体会"平均分"的意义，加深学生对"平均分"的理解。

（四）本课小结

生活中有哪些关于平均分的问题？这节课中你有哪些收获？觉得自己在哪些方面表现最出色？

设计意图：第一个问题让学生体验平均分与日常生活密切联系，感受生活中处处有数学。后两个问题的设计是想让学生进行自我评价，有利于学生进行反思性学习。

六、教学反思

《分物游戏》是除法的初步认识的起始课，要突破学习除法的难点，关键是理解"平均分"的具体意义。因此，我安排了3次从简单到复杂、从具体到抽象的分物活动，通过对小数目实物"分一分"的操作活动，初步体会平均分的意义，积累平均分物的活动经验。学生通过组内交流、班级分享，展示自己的分物过程，基本能够说出几个几个地分。在分物的过程中，学生很自然地从生活经验中体会到"公平""分一样多"的平均分意义。

本节课做得比较好的地方有以下几点：首先，本节课对于重难点的处理恰到好处，通过故事的情节和教学内容的完整结合，假设分桃子的不公平结果，让学生自主探讨，问题低入原则激发了学生学习的兴趣，学生积极性高，课堂气氛活跃。在3个活动中，学生通过观察、操作，提出有关平均分的数学问题，培养学生的问题意识。其次，接引单的设计有层次，由易到难，动手操作作业学生能够独立完成，最后一道题目结合学生特点，具有开放性。这样的设计从生活经验引出新知，在操作中体会，简单开放。学生在动手操作、合作交流中学习数学，体验学习的乐趣。最后，以小组合作为课堂的主要活动形式，从课堂小组讨论、共同操作到展示汇报，学生都能主动参与其中，分工明确有序，每个人都发挥了自己的作用，利用组学实现课堂高效。

当然本节课还有很多不足之处：首先，最后一个活动中抽象图形的过程，注意抓住课堂的生成，及时反馈，避免重复，如果时间充足，对于最后一个环节的展示应该适当进行拓展；其次，对学生的评价不够及时，这方面仍需改进，注意关注每个学生的状态，特别是在学生的汇报环节。

经过本节课的实践和反思，发现自己仍有较大的改进空间，在接下来的教学中，我会不断学习，不断实践，不断反思，努力钻研，不断提高自身专业素养。

赖雁青　供稿

“圆柱的表面积”教学设计

一、教学目标

1. 经历圆柱展开与卷成圆柱等活动，理解圆柱的表面积的意义，知道圆柱的侧面展开后可以是一个长方形。

2. 探索圆柱侧面积的计算方法，并掌握圆柱表面积的计算方法，能正确计算圆柱的表面积。

3. 能与他人合作，经历具体操作的过程，获得推演圆柱表面积计算方法的活动经验。

教材分析：《圆柱的表面积》是在学生已经学习了长方体和正方体的表面积，理解了表面积的概念，并掌握了圆面积计算方法的基础上进行学习的。圆柱的表面是由两个相同的底面和一个侧面构成的，而本节的教学重难点在于如何让学生理解并掌握圆柱侧面积的计算方法。在课前引导学生观察、操作、交流多种形式的活动中，逐步理解侧面积的实际含义，以及侧面展开图的长、宽与圆柱有关量之间的关系。

二、教学重点

通过圆柱的卷成与展开等活动，认识圆柱表面的构成，理解表面积计算的转换。

三、教学难点

通过小组内合作，获得推演圆柱表面积计算方法的活动经验，在观察、思考、操作活动中验证前面的假设。

四、过程设计

（一）课前独学

操作一：在家动手制作一个圆柱体模型。（在制作的过程中，学生可以发现圆柱体的组成，为表面积计算方法的推导奠定基础）

可以查阅相关资料，或者跟父母一起完成制作。

图1

操作二：把圆柱分解成几个以前认识的几何图形，画出相应的形状，并把相关面积计算方法列出来。

设计意图： 通过动手操作，先了解圆柱体是由哪几部分几何模型构成的。

（二）课堂组学

1. 小组成员按组学的常规要求：

（1）在小组里面说出自己制作圆柱的方法。

（2）学习小组成员不同的制图技巧。

（3）相互指出存在的问题，并给出解决措施。

2. 小组学习的任务：

（1）探讨圆柱组成部分。

（2）假设表面积计算方法。

3. 达成小组的想法，准备汇报。

设计意图： 课堂组学再次研讨圆柱体表面可以看成是由哪些图形组成的，并提出初期假设。

（三）课堂展示与分享

1. 请小组代表上台展示课前制作的圆柱体，并与其他同学进行比较。

2. 学生讲解圆柱表面积计算公式的推导过程，台下的学生进行补充。

3. 师生再次整理圆柱体表面积的计算方法，并归纳成公式。

设计意图：对圆柱体的表面是由什么组成的进行分析整理。在此过程中，培养学生的空间思维与数学整理思维。

（四）归纳小结

1. 现在你知道圆柱体的表面积该怎么计算了吗？

2. 同学们，你们圆柱侧面积的计算还有什么疑惑？通过学习是否已经解决了呢？

3. 本节课你收获了什么知识？有哪些需要改进的地方？

（五）巩固练习

一顶圆柱形厨师帽，高 28cm，帽顶直径 20cm，做这样一顶帽子需要用多少面料？（得数保留整十平方厘米）

图 2

设计意图：巩固练习中帽子只有一个圆面的设计，可以让学生对刚刚圆柱体的表面积的计算产生冲击，让学生体会数学与实际生活的紧密联系。

（六）拓展延伸

一个圆柱形的无盖铁皮水桶，底面直径是 4 分米，高是 4.5 分米，为了防止生锈，要在水桶里外两面都涂上防锈漆，涂漆的面积是多少平方分米？

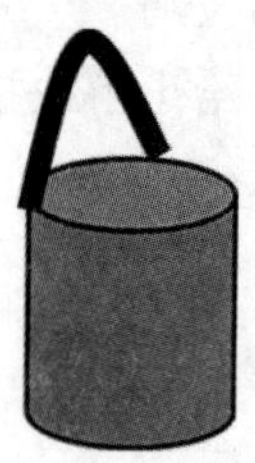

图 3

五、教学设计说明

1. 说明

本节课的教学设计是借助学生的生活常识，从查找资料、动手操作等活动入手，让学生先在头脑中建立圆柱体这个模型，并且通过直观的观察，发现圆柱表面的组成部分，去探索圆柱体表面积的计算方法，同时，通过对图形进行分割，也为后续圆柱体体积的计算方法的推演奠定了良好的基础。

2. 过程

依据学生的生活经验及学过的图形认识，脑海中已经储存了圆、长方形等图形面积的计算方法，再结合动手制作的圆柱体模型，通过转化思想，建立圆柱的表面积等于两个底面圆的面积与侧面长方形的面积之和，再进行整理归纳，得出圆柱体的表面积计算公式。这个表面积的推导过程，就是学生对前面假设的一个验证过程。

3. 总结

本节课教学环节的设计，遵循数学与生活紧密联系的理念，再结合“简单—根本—开放”的原则，从学生的原有知识经验着手教学，经过小组合作的学习模式，让课堂教学更为轻松，学生知识的获取也更为直接主动。

宋志航　明春生　供稿

“轴对称（一）”教学设计

一、教学目标

1. 认识并会判断轴对称图形。
2. 通过操作活动体会轴对称图形的特征。
3. 发展学生的空间观念，培养学生的动手操作能力。

二、教学重点

认识并判断轴对称图形。

三、教学难点

能用对折的方法找出轴对称图形的对称轴，会判断轴对称图形，找出对称轴。

设计意图：《轴对称（一）》是北师大版三年级下册第二单元“图形运动”

中的第一节内容。教材通过飞机、蝴蝶和天安门的实物图让学生观察、分析它们共同的特征，再做剪纸实验，然后揭示轴对称图形并画出其对称轴，加深对轴对称图形的认识。教材中安排了一些实际操作内容，使学生在实践活动中认识图形的特征，理解有关概念的含义。

四、过程设计

（一）课前独学

图 1

问题一：

仔细观察图 1 中的这些图形，说说它们有什么共同特点？把它们的特点写下来。

问题二：

动手折一折，看看两边是否完全重合？是什么把图形分成一样的两部分？把图形分成一样的两部分的这条折痕叫什么？

设计意图：通过回忆、图片展示，感知对称，欣赏对称美，激发学生的求知欲，引入新课程。

（二）课堂组学

1. 小组成员按组学的常规要求：

（1）在小组里面说出自己解决问题的想法。

（2）学习小组成员不同的解题想法。

（3）找出小组成员的解题错误，并指出错在哪里。

2. 小组学习的任务：

（1）观察图形并找出它们的共同特点。

（2）通过折一折，思考把图形分成一样的两部分的这条折痕叫什么。

3. 达成小组的想法，准备汇报。

设计意图：通过折叠剪纸，学生观察、分析、交流，教师引导得出轴对称图形及对称轴的概念，并加以应用。

（三）课堂展示与群学

1. 请小组代表上台发言回答问题一，其他成员补充，台下同学可以质疑对话。请另一个小组的代表上台发言回答问题二，其他成员补充，台下同学可以质疑对话。

2. 教师根据学生的汇报及对话情况，及时利用课堂生成的资源的思维方法进行点拨、点补。

3. 师生再次整理轴对称图形的特征，认识轴对称图形。

设计意图：通过对两种图形的比较、观察、讨论、交流及教师引导，进一步认识这轴对称图形。

（四）归纳小结

1. 现在你知道什么是轴对称图形和对称轴了吗？

2. 本节课你收获了什么知识？有哪些需要改进的地方？

（五）巩固练习

1. 利用图 2 折一折，看一看下面哪些图形是轴对称图形？

图 2

2. 图 3 中哪些图形是轴对称图形？请在“□”中画“√”。

图 3

设计意图：通过练习、思考、归纳总结、作业，进一步巩固提高。

五、教学设计说明

1. 说明

“轴对称（一）”是北师大版三年级下册第二单元图形运动中的第一节内容。在这之前，学生对空间图形已经有了初步了解，再加上学生已有的生活经验，学习这部分内容不算困难。但学生年龄小，好动、好奇、思维活跃，所以我在教学时采用了直观形象的教学，让学生在动手操作中掌握新知，这样的教学容易被他们接受。本节课的教学重点是通过观察和操作活动，使学生初步认识轴对称图形。教学难点是会直观判断轴对称图形，并能用对折的方法找出轴对称图形的对称轴。

2. 过程

通过观察、动手操作、感念辨析、判断等方式，从具体的学生感兴趣的事物中，让学生自己发现问题、提出问题，体验探索成功的快乐。通过动手操作、小组讨论来解决自己提出的问题；通过有层次的练习，提高学生解决问题的能力，巩固所学知识。

钟庆欣　供稿

“长方形与正方形”教学设计

一、教学目标

1. 结合观察、操作活动，能够用自然的语言描述长方形和正方形的特征。

2. 了解折、比、画、量等多种认识图形的方法，体会研究图形方法的多样性。

3. 能与他人合作，并在探索长方形和正方形的特征中，激发学生对图形研究的好奇心。

二、教学重点

通过多种操作活动认识长方形和正方形的特征。

三、教学难点

通过探究长方形和正方形的特征的过程，理解正方形是特殊的长方形。

设计意图：本节课是在学生初步认识长方形、正方形、圆形和三角形，以及直角的基础上进行教学的，不仅是后面学习长方形和正方形的周长和面积的基础，也是小学阶段几何学习的重要起始内容。学生已具备最初步的直观辨认长方形和正方形的能力和借助三角尺上的直角来判断直角的能力。因此，本节课以小组合作学习为主要形式，以“动手实践、自主探索、合作交流”为主要学习方式，让学生在探索交流中认识长方形和正方形的特征。

四、过程设计

（一）课前独学

问题一：

请你剪一个长方形，通过折一折、量一量，试着从图形的角、边说说你的发现。（学生对长方形特征进行猜想并动手验证）

剪一剪，折一折，
用三角尺量一量，
你会有不一样的发
现哦！

问题二：

请你剪一个正方形，通过折一折、量一量，试着从图形的角、边说说你的发现。（学生对正方形的特征进行猜想并动手验证）

设计意图：折一折、量一量、说一说，从图形的边和角初步体验长方形和正方形的特征。

（二）课堂组学

1. 小组成员按组学的常规要求：

（1）在小组里面说出自己对长方形、正方形特征的想法。

（2）学习小组成员不同的想法。

（3）找出小组成员的错误想法，并动手操作，指出错误的地方。

2. 小组学习的任务：

组员分别从图形的角、边通过折、比、量的方法验证自己的猜想。

3. 达成小组的想法，准备汇报。

设计意图：组内合作交流，用多种方法验证长方形、正方形的特征。

（三）课堂展示与群学

1. 请小组代表上台发言回答问题一，其他成员补充，台下同学可以质疑对话。请另一个小组的代表上台发言回答问题二，其他成员补充，台下同学可以质疑对话。

2. 教师根据学生的汇报及对话情况，对学生的发言进行概括板书，整理出长方形和正方形各自的边、角特征，并认识对边、邻边。

3. 师生通过对比总结长方形和正方形的相同点和不同点，对长方形和正方形的特征有更深入地理解，得出结论：正方形是特殊的长方形。

设计意图：对比归纳长方形和正方形的异同。这个过程可以培养学生的对比归纳的思维。

再次验证假设并得到正方形是特殊的长方形的结论。

（四）归纳小结

1. 现在你能对长方形、正方形的特征进行归纳总结吗？

2. 本节课你收获了什么知识？有哪些需要改进的地方？

（五）巩固练习

画一画，在方格纸上画一个长方形和一个正方形。

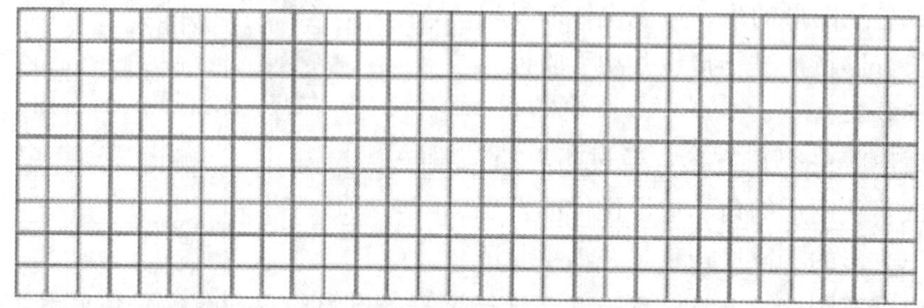

选一选：根据给出的长度，你能拼成我们今天学习的图形吗？

6cm　6cm　6cm

3cm　3cm　9cm

设计意图：通过画一画，让学生进一步掌握长方形和正方形的特征。

（六）拓展延伸

在下面这个长方形中，折一个最大的正方形。正方形的边长是几厘米？

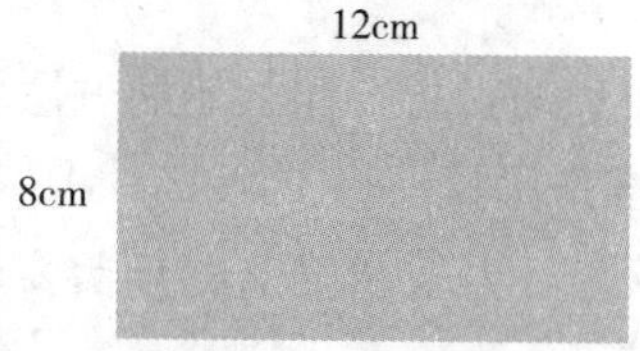

鼓励学生互相交流：你是怎么折的？猜想剩下的部分至少还能折几个正方形，再折一折，验证猜想是否正确。

设计意图：拓展题可以帮助学生巩固对长方形、正方形特征的理解，进一步意识到正方形是特殊的长方形。

五、教学设计说明

1. 说明

本节课的教学设计是借助学生的知识和经验，从生活中的图片入手，让学生观察其中的长方形与正方形，从而使学生感受到数学源于生活，生活中处处有数学，使学生初步感知长方形和正方形的概念，激发了学生的学习兴趣。通过折、比、画、量等操作学习活动，让每个学生经历了从具体形象的操作中了解、体会图形边角特征的过程。

2. 过程

课堂上以小组合作学习为主的学习方式，组织学生组内讨论、交流、验证。汇报时，学生各抒己见，学生经历了独学自主探索找特征—合作交流说特征—动手操作验特征的过程。学生在这一过程中获取了广泛的数学活动经验，并主动建构了这两种图形的特征。

3. 总结

本节课接引性学习单的设计，遵循简单—根本—开放的原则，从学生已有的知识经验着手来进行独学；课堂上，学生通过整理归纳，了解折、量、比等多种认识图形的方法，体会研究图形方法的多样化，激发学生对研究图形的好奇心；小组合作学习让学生的自主学习意识得到了充分发挥，体验到学习成功的快乐。学生不是从抽象的层面去认识、记忆长方形与正方形的特点，得出的结论更易于接受。

邱琼惠　供稿

“三角形内角和定理”课堂实录

一、温故导入

师：同学们，小学的时候我们已经知道三角形的内角和为180°，七年级时我们也通过一些操作验证了这个结论。这节课我们将通过探究，对三角形的内角和进行更深入的论证。首先，请大家对学单上的问题进行小组合作讨论。

（生进行组内交流讨论，师巡视）

师：我们首先来看教材中的问题一（见图1）。哪位同学来说一说自己的见解？

生1：把∠A放在∠ACE，把∠B放在∠ECD，然后可以形成一个180°的角，所以，可以知道这个三角形的内角和为180°。

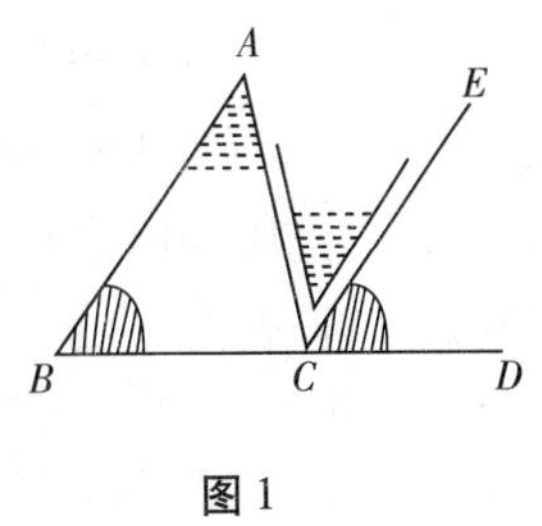

图1

生2：我对第1位同学的发言进行一下补充，应该是把三角形的三个内角拼在一起组成一个平角，即三角形三个内角的和应该是180°。

师：嗯，第2位同学补充说是组成一个平角，第1位同学说组成一个180°的角，那么，我们这个180°是通过什么来判断的呢？

全班：通过平角。

师：对的，是通过平角来判断是180°，因此第2位同学补充的更完整了一些。

二、探究新知

师：请大家对教材中的问题二进行组间交流。

（生进行组间交流，采取每组的2号同学去到下一组，1、3、4号同学留在本组的方式进行组间的合作，学生收集在其他组获得的不同方法后回到自己小组，然后再把收集到的新方法教给本组成员。师巡视并指导）

师：现在大家都已经交流完毕，每个小组现在都是集3个小组的智慧于一身，我们来有请一些小组对这个问题进行分享。

A小组：

组员A：大家好，我们是A小组。现在由我代表小组向大家分享这道题的思路。

（投影出图示）首先我们已知$\triangle ABC$，求证：$\angle A+\angle B+\angle C=180°$。通过对这道题的分析，我们可以发现：通过点$A$作$PQ$平行于$BC$，因为$PQ//BC$，所以$\angle 1=\angle B$，$\angle 2=\angle C$，又因为$\angle 1+\angle 2+\angle C=180°$，所以$\angle BAC+\angle B+\angle C=180°$。这是我们小组的思路，请问还有哪个小组能分享一下你们的思路？

生3：（投影出思路）首先我们先作两条平行线：$DE//AB$，$DF//AC$，这可以作为已知条件，然后我们再求证内角和等于180°。因为$DF//AC$，所以$\angle C=\angle 4$；因为$DE//AB$，所以$\angle B=\angle 3$；因为$DF//AC$，所以$\angle A=\angle 4$；因为$DE//AB$，所以$\angle 4=\angle 2$；我们知道$\angle 1+\angle 3+\angle 2=180°$，通过等量代换，我们可以知道$\angle A+\angle B+\angle C=180°$。

组员A：谢谢这位同学的精彩分享，还有哪些同学有不同的思路？

生4：（投影出思路）我的解题思路是先作出辅助线$OR//BC$，再做$ST//AC$，$MN//AB$，3条辅助线相交于P。因为$OR//BC$，所以$\angle 1=\angle C$，$\angle B=\angle 2$，这是因为两直线平行，同位角相等；又因为$ST//AC$，所以$\angle 1=\angle 3$，$\angle 2=\angle 4$，同样是因为两直线平行，同位角相等；因为$\angle SPN=180°-\angle 3-\angle 4$，$\angle A=180°-\angle 1-\angle 2$；又因为$\angle 1=\angle 3$，$\angle 2=\angle 4$，所以$\angle SPN=\angle A$，然后$\angle SPN+\angle 3+\angle 4=\angle 1+\angle 2+\angle A=\angle B+\angle C+\angle A=180°$，所以三角形内角和为180°。

组员 A：这也是一个非常精彩的解题思路，请问还有不同方法吗？

生 5：（投影出思路）我们先作 $DC//AB$，所以 $\angle A=\angle ACD$，这里是根据两直线平行，内错角相等的原理；又因为 $AB//DC$，所以 $\angle B+\angle BCD=180°$，这是因为两直线平行，同旁内角互补；因为 $\angle BCD=\angle ACD+\angle ACB$，所以 $\angle B+\angle A+\angle ACB=180°$。

组员 A：谢谢，请问其他同学还有不同方法吗？

生 6：（投影出图示）我这个虽然还没有完全写出来，但是可以先分享一下：因为它是个三角形，所以我们可以在三角形中作一条高，我们知道垂直就是 90°，所以分出来的这两个三角形的另外两个内角和都是 90°，把这四个角加起来刚好是 180°，所以三角形的内角和是 180°。

组员 A：请问大家对这种方法有什么疑问吗？

生 7：要求证明三角形内角和为 180°的话，你都还没求证出来，怎么知道这个直角三角形的三个内角加起来是 180°？

生 6：谢谢给我的提醒，我回去再改正一下，谢谢大家！

师：生 6 的这个方法，实际上是在利用这个结论来证明这个结论，这种做法在逻辑上是不是有问题？

全体：是！

师：所以大家在思考问题时，用没有证明出来的结论来证明这个问题，这个是存在逻辑上的问题的。

组员 A：那请问还有同学有不同思路吗？没有的话，那么我们小组发言完毕，谢谢大家！

（学生们一起鼓掌致谢）

师：刚刚大家分享的时候，老师把大家的方法都板书在黑板上了，现在我们一起再来分析一下每一种方法。第一种方法是通过添加一条平行线，将角“移动”到了同一个位置，这里是利用了一个什么角？

全体：平角。

师：对。再看第二种方法，也是利用了平角，第三种方法、第四种方法呢？

全体：也是利用了平角。

师：第五种方法呢？

全体：同旁内角。

师：由此可以看出来，无论是哪种方法，都需要添加平行线，来对角进行数学上的移动，最终将它们拼成平角或者补角，从而证明了三角形的内角和为 180°。

三、能力提升

现在，我们拥有了这么多的方法来解决这个问题，这是本节课大家已经达到的一个重要目标。除此之外，我们还要学会用几何的方法对这个问题进行严格的几何证明。接下来，请各个小组任选一种方法，用几何语言进行严密的推理论证。

（学生进行小组合作，然后共同书写出几何推理过程）

师：哪位小组来给大家展示第一种方法？

B组：

组员E：（投影小组的过程书写）请问大家有什么意见吗？（停顿一会儿，无人有异议）我们小组发言完毕，谢谢大家。

师：第二种方法的展示，有请！

C组：

组员F：（投影小组的过程书写）请问大家有什么补充吗？（停顿一会儿，无人有异议）我们小组发言完毕，谢谢大家。

师：好的，接下来展示第三种方法。

D组：

组员J：（投影小组的过程书写）请问大家有什么疑问吗？

生8：你刚才在最后两步没有说明它的根据，我在这里补充一下：$\angle 1+\angle 2+\angle 3=180°$是根据“平角的定义”，最后一步的结论应该是根据“等量代换”。

组员J：谢谢！还有吗？

生9：这里已知条件是一个三角形，你添加的辅助线应该要作一个具体说明。

师：我很赞同这位同学的意见。对于自行添加的辅助线要先有一个添加作图的说明。后面的论证的每一步都要有相应理论依据的说明。哪个小组还有其他方法的展示？

H组：

组员G：（投影小组的过程书写）请问大家有什么补充的吗？（停顿一会儿，无人有异议）我们小组发言完毕，谢谢大家。

师：刚才我们进行了4种方法的过程展示，还有一种方法没有小组展示，这个方法就作为今天的课后作业吧，请大家认真完成。数学推理语言具有严密性。要追求“多一句则嫌多，少一句则嫌少”的境界。数学以简为美，要做到要简而不漏。

四、总结

师：请每位同学在小组内谈谈自己本节课的收获。

（全体学生交流收获）

师：哪位同学愿意跟大家分享一下自己的收获？

生 8：本节课我学习到了三角形的内角和是怎么证明的。关于数学严谨性的体会，其实在小学是已经知道三角形内角和为 180°，但是只是很懵懂的知道这个结论，本节课才发现其实它的证明是有依据的，是不断进行推理验证才得出了这种一般性的定理，所以我觉得数学的学习是一个很奇妙的体验过程，让人在不知不觉中可以发现一些生活中想不到的事情。三角形内角和的证明其实有很多种方法，我还想寻找更多证明的方法。

师：谢谢你的分享。首先，这节课我们从特殊到一般，证明了所有三角形的内角和都是 180°；其次，我们从合情推理上升到了演绎推理，用严密的几何语言进行了论证；再次，我们用多种方法证明了三角形的内角和为 180°，在这种一题多解中，提升了大家解决问题的能力。这节课就到这里，下课！

全体：老师再见！

五、教学反思

本节课是八年级上学期第七章第五节的教学内容。在小学阶段，学生已经学习过“三角形内角和等于 180°”，七年级时又通过活动再次验证了这个结论，但是都没有经过严格的推理证明。本节课则要严格的证明这一结论，因此，本节课的重点是学会将以往的操作经验转化为添加辅助线进行推理证明，以及用几何语言表达出推理的过程，体会几何证明的严密性和数学的严谨性。

关于接引性学习单的设计，问题一是回顾性的问题，通过引导学生回顾原来的探究与验证的过程，力图使学生从中获取证明的思路。这个问题的设计遵循了接引性学习单设计的简单、低入原则。问题二是比较开放的问题，“开放”能让学生们交流起来更有内容可讲；同时该问题鼓励学生寻求多样的证明方法，使学生在多样的证明中感受共性——无论添加什么位置的辅助线，其目的都是将这些角“凑”到一起。问题二的设计遵循了根本和开放的原则。

在合作方式上，我设计了 3 种合作方式：首先是组内合作，小组合作的任务是为了研讨组内的方法，以及论证其可行性，然后把小组的方法进行汇总；第二次讨论是在问题二的讨论活动中，我特意设计第二种合作方式——组间交流。采用的是 1 人走，3 人留的模式，轮换交替小组进行交流，这样每个小组最终都集 3 个小组的智慧于一身。其实在组间交流实施之前，我也想过这个环节是否需要，经过多次尝试，我个人觉得还是需要的。因为我认为组间除了竞争关系，还需要一个更重要的关系——那就是互补互助关系，这个关系能将班级的学习讨论真正融为一个整体，而不是让学生在课堂中只在小组这个圈子里面交流。同时，一个小组的力量可能不足以将所有方法都兼顾到，借助组间的交流，学生之间更能相互学习他人的方法，更能直观感受到自己小组与别的小组之间的差距，这样既成就了合作，也促进了竞争，他们会想着下一次自己小组要努力思考，得到更多的方法。

在课堂总结这个环节，我让学生以小组为单位谈谈自己的收获。除了谈收获，还需要对自己进行评价，评价的内容包括学习态度、学习效果、合作情况以及尚需改进这几个方面，使学生能较全面的对自己进行评价，提高学生的自我总结和认知能力，以便学生对自己的课堂发言和倾听及时进行修正。

图 2　张建彩老师在观察小组合作

图 3　小组成员汇报中

张建彩　明春生　供稿

“轴对称与中心对称”一轮复习课堂实录

一、考情播报

师：同学们，我们今天来复习第 15 讲“轴对称与中心对称”，轴对称与中心对称是中考必考知识点。（PPT 展示表 1）

表 1

年份	2017	2016	2015	2014
考点	既是轴对称，也是中心对称	轴对称	既是轴对称，也是中心对称	是轴对称但不是中心对称
题型分值	选择题 3 分	选择题 3 分	选择题 3 分	选择题 3 分

特别说明：2012 年考查的是轴对称的应用——矩形的折叠问题（第 20 题 8 分）。

师：通过本节课的复习，我们要掌握轴对称、中心对称的概念、性质；探索线段、平行四边形等基本图形的对称性；了解图形折叠的性质。有没有信心能达成以上目标？

生：有。（全班齐回答）

二、课堂学习

1. 课前热身

师：翻开复习资料《金卷》59 页，核对课前小测答案，有疑惑的组内互助解决。小组合作完成学习单课前热身部分。

（学生看 PPT 对答案，然后展开讨论；教师全班巡视，观察学生的完成情况，深入辅导较弱的学习小组）

师：现在请一个小组来汇报他们组的学习情况。第 5 组请派代表发言。

第 5 组学生（杨）：我们组列举的对称图形有圆、等腰三角形、矩形、正方形；中心对称图形有圆、正方形。

师：理由呢？（杨愣住了，其他组同学补充说明）

第 7 组（张）：圆是轴对称图形的理由是圆有很多条直径（停顿了一会儿，老师投于期待疑惑的目光），是因为圆沿直径折叠后完全重合；等腰三角形、矩形、正方形也一样。圆绕圆心旋转 180°后完全重合，所以圆也是中心对称图形。这正是轴对称图形与中心对称图形的概念，我把概念地图的连接词填好了。

师：张在发言的时候懂得自我修正，表述得很完整，真棒！请坐！

师：我们一起来填上连接词：轴对称图形是沿某条直线对折后能完全重合；中心对称图形是绕某个点旋转 180°后能完全重合。（板书：对折，旋转 180°）还有补充吗？

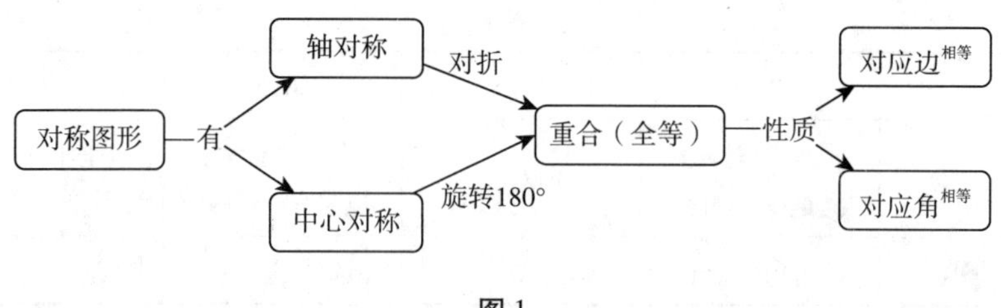

图 1

生（陈）：重合就是数学里说的全等，所以性质有：对应边相等、对应角相等。

生：我有补充，轴对称的性质还有：对应点的连线被对称轴垂直平分；比如我把学习单对折，就发现了。

师：对的，同学们验证一下（稍做停顿）。我们用轴对称与中心对称的概念来检验一下基本图形的对称性。（见表 2）

表 2

图形	线段	角	等腰三角形	平行四边形	矩形	菱形	正方形	圆
轴对称	√	√	√		√	√	√	√
中心对称	√			√	√	√	√	√

（学生说，教师板书）

2. 典例回放

师：通过刚刚的讨论，我们基本达成了本节课的学习目标，接下来考验你们的时刻到了。请独立完成典例回放，完成后，小组组内互助，限时 8 分钟。

（学生写 3 个例题，教师全班巡视，看学生完成的情况，解决个别疑惑）

师：时间到，请第 9 组 2 号组员投影展示学习单。

生（9 组 2 号）：我们组的解答是：1. A，变式 BD。2. C，用轴对称中心对称的概念即可判断。3. （1）这个三角形和这个三角形全等（手指投影的图并简单说明了理由）；（2）这个三角形是等腰三角形，外角等于不相邻的内角和，就是这个角的 2 倍；（3）我发现有边相等，三角形全等。就这些，有不同意见吗？

生（李）：第 3 题（1）不用三角形全等也可以，我是通过证明角相等，证明$\triangle BED$是等腰三角形（投影，直接在图形中讲解思路）。第三问我发现有两对相似三角形，$\triangle BED$是等腰三角形，等腰三角形腰相等，底角相等。

生（9 组 2 号）：谢谢你的补充。还有补充吗？

生（陈）：我发现点 E 在 AC'、BD 的垂直平分线上；我把 CC' 连起来，BD

会垂直平分 CC'，这样还能有3对三角形全等，还有双垂直模型，还有射影定理等（依次指给全班同学看，同学们齐点头认可陈的观点）。

生（叶）：我发现还有$\triangle C'ED$相似于$\triangle ABD$。

师：能证明给大家看吗？

生（叶）：$\angle ABD = \angle BDC = 60°$，$\angle ADB = \angle EDC' = 30°$，$\angle A = \angle C' = 90°$，两角相等两三角形相似。

师：哦，用第二问的条件可以证明，只用第一问的条件可以证明吗？

生：不能。（学生齐摇头）

师：还有疑惑或不同意见吗？

3. 当堂测试

师：同学们通过探讨交流，出色地完成了典例，再一次熟悉了轴对称与中心对称的概念性质；从典例3矩形的翻折中发现了等腰三角形、三角形全等、相似等。接下来请交换座位，奇数组1、3号留守；偶数组2、4号留守；同编号组员坐在一起进行组间对抗。

（学生5秒内换好座位，开始对抗，限时5分钟）

师：时间到，请交换学习单，对照PPT答案进行批改。（1、2号组员错1题扣1分，3、4号组员对1题加1分，把分数写在学习单右上角，组间互助后组长统计本组总分并写到黑板上）

师：改完了吗？

生：改好了。

师：请交换学习单，现在组间互助（对抗组内1、2组员号辅导3、4号组员）。

4. 课堂小结

师：同学们这一节课学习的非常认真，最后大家一起来回顾在本节课的复习中你有什么收获？

生1：我们复习了轴对称与中心对称的概念性质。

生2：我终于知道判断一个图是不是中心对称图形就只需把它反过来看，跟原来一样就是中心对称。

生3：通过这节课，我发现做图形的翻折类题目，主要是抓住哪些变了，哪些没变，标出来，问题很快就解决了。

师：同学们通过复习，又攻克了一个考点，太棒了，下课。

5. 教学反思

本节课的内容是“轴对称与中心对称”的一轮复习，课前布置学生阅读教材（七下第5章，八下第3章），轴对称与中心对称是中考高频考点，难度不大。学习单的设计是先让学生自己设计一个轴对称或中心对称图形，可以举例，可以画，还可以折，使学生通过设计图形对轴对称和中心对称有个直观感受，小组讨论归纳复习轴对称与中心对称的概念性质，建构知识体系。为了提高学生的课堂学习效率，知识点梳理框架已给出，学生只需补充概念性质，这也是本节课要掌握的目标。接下来是两组例题对本节课的目标进行巩固强化。为了激发学生学习的热情，合理利用小组合作，第一组 3 道例题紧扣中考考情，先采用独立完成，再组内互助的方式，对学习较弱的 4 号组员提供提高的机会，精准帮扶；通过这组例题达到查缺补漏，突破考点。第二组测试题模拟考试情况，再次检测对知识得掌握运用，组间 PK 能营造竞争的氛围，在为每一位学生营造公平竞争的基础上鼓励他们不断提高自身水平，为自己争分，为小组加分。整节课师生对话过程老师都是肯定鼓励的态度，不断给学生打气，激发了学生源源不断的学习热情。

教学是遗憾的艺术，反思这节课，我觉得不足体现在：

1. 部分学生课前自主复习不到位，对于课前自主复习监控的不够。

2. 学生大多遗忘了轴对称的这条性质：对应点的连线被对称轴垂直平分，应给足够的时间让学生去探索回忆。

3. 上课的语言可以更加精炼，提问更加精准到位，交给学生学习方法，鼓励学生学习，让学生课堂的成就感更强。

课改的路上，我一直在努力！相信只要坚持努力，曙光就在前方！

图 2　邱芸菁老师生活近照

图 3　各小组在积极讨论中

邱芸菁　明春生　供稿

"用因式分解法解一元二次方程（2）"课堂实录

一、直接导入

师：今天我们来继续学习用因式分解法解一元二次方程。

［板书：用因式分解法解一元二次方程（2）］

二、判别因式分解法解方程的种类

师：上一节课我们已经对因式分解法解方程有了初步的了解。那么，我们先来回顾一下，如何来解方程 $(x-3)(x-4)=0$ 呢？

生（齐答）：$x-3=0$ 或 $x-4=0$，解得 $x_1=3$，$x_2=4$。

师：很好，大家对于这种类型的因式分解法已经相当熟练了。我们一起来看看，如果我们把这个方程稍加改变，会给我们带来什么意外的惊喜呢！请看第一种，如果把第一个多项式 $x-3$ 变成 x，方程变为 $x(x-4)=0$，这个时候该如何来解呢？

生（齐答）：$x=0$ 或 $x-4=0$，得 $x_1=0$，$x_2=4$。

师：只有这一种方法吗？

生（小筑）：去括号变成 $x^2-4x=0$，再用配方法或公式。

师：非常好，这么快就联想到了之前学过的知识。如果在这个展开的方程的基础上，我们继续去掉一部分，把一次项 $-4x$ 变成 -4，即方程 $x^2-4=0$，我们又该用什么办法呢？

生（得森）：用平方差公式，变成 $(x-2)(x+2)=0$，再解。

师：平方差公式学得不错哦。如果我们不改一次项 $-4x$，而是增加一个常数项 4，即方程 $x^2-4x+4=0$，又该如何呢？

生（勇贤）：可以用完全平方公式，变成 $(x-2)^2=0$，再解出 $x_1=x_2=2$。

师：不错不错，反应速度很快！这么多的变化都没把大家难住，看样子得来个复杂一点儿的，把上面方程中的常数项变成 -5，即方程 $x^2-4x-5=0$。乍一看，上面几种方法都无能为力了。同学们，你们还有方法吗？

生（齐答）：十字相乘法。

师：谁能来给大家演示一下？小臻（举手），好，请小臻来给我们演示一下。

（学生一起鼓掌……）

生（小臻）：方程的常数项为负数，说明两个解符号相反，因此常数项可以分为（-1）×5或者1×（-5），又因为一次项系数为-4，所以方程只能变为$(x-5)(x+1)=0$，然后……（一边讲解一边板书），最后方程的解为$x_1=5$，$x_2=-1$。请问大家有不同的意见吗？

生（德森）：我认为书写有问题。第一，没有写解；第二，他在十字相乘的过程中把二次项当作二次项系数分解了，写成了x、x，应该写成1、1。

生（齐答）：可以写成x、x。

师：很好，完成得不错！再来看看我们刚刚用的这些解方程的方法，从中你可以发现什么规律？

（提示：观察每一个式子分别有几项）

生（晨轩）：当式子左边有三项的时候，我们可以用完全平方公式法和十字相乘法分解因式；当式子左边只有两项时，可以用平方差公式法和提公因式法分解因式。

师：很好，总结到了关键点。那么你再看看这样的一个式子$x^2-x-7=0$，它能用因式分解法来解吗？

生（晨轩）：能。我们可以把它变成$(x+3)(x-4)=0$。

生（铸科）：不能分解。$3\times(-4)=-12$，不能构成常数项-7。

师：那它有解吗？能用什么方法来解？它的解是有理数还是无理数？

生（雨晗）：它有解，可以用公式法或配方法。

生（子轩）：解是无理数，因为$\Delta=(-1)^2-4\times1\times(-7)=29$，29开平方开不尽，所以解是无理数。

师生一起：所以在判断能用因式分解法解方程时，式子中含有两项的优先考虑提公因式法和平方差；当式子中有三项时，优先考虑十字相乘法和完全平方公式。

三、合作探究“十字相乘法”

师：请大家看游戏一。我们请一个小组上来展示，最先解出来、上来演板都有奖励哦！

（第三小组上台演板，小组很快得出有四个方程，开始分工解出方程，教师巡视）

师：我们一起来看一下第三小组的展示，如果发现问题，请上来修改。

生（铎臻）上台修改了“或”字，少了一撇。

师：观察得很仔细啊。还有没有其他的问题呢？

生（齐答）：没有了。

师：很好，刚刚最先完成的是第一小组，掌声鼓励一下。同学们的关于二次项系数为 1 的十字相乘法已经掌握得很好了。我们再来看看二次项系数不为 1 的十字相乘，请看游戏二。

（第四小组演板，其他小组合作完成，教师巡视，算完的同学上去帮助有困难的同学）

（学生讨论热烈，8 分钟之后，合作完成）

师：现在只剩下第六小组没有得出答案，德森这个主力选手今天没发挥出水平，下次要加油哦！我们来一起看看演板的内容。十字相乘的关键是看什么？

生（海峰）：要看二次项系数和常数项。

师：怎样看？

生（海峰）：把它拆了，然后十字相乘得到一次项的系数，横看得到分解后的因式。

四、全课总结

师：经过这两个游戏的训练，用十字相乘法解方程大家掌握了吗？举手表示。

（大部分学生都起举起了手）

师：那我们再一起来回顾一下，什么时候用因式分解法解方程？

生（齐答）：在可以用因式分解法的时候，方程中只有两项，我们就用提公因式法和平方差公式法；当方程中有三项的时候，我们用完全平方公式法或十字相乘法。

师：大家因式分解法掌握得很好啊！这节课就上到这里，下课！

五、课后反思

本节课是北师大版数学九年级上册第二单元《因式分解法解方程》第二课时的内容。在学习本课之前，学生已经学习过用因式分解法解方程的内容，知道因式分解法包括提公因式法、平方差公式法、完全平方公式法和十字相乘法，本节课要进一步学习因式分解几种方法的选择和二次项系数不为 1 的十字相乘法。因此在本节课的设计上，我首先利用一个方程的几种变化让学生回顾因式分解的几种方法，再直观地进行比较，判断因式分解法的选择依据；其次，通过开展两个游戏，分别让学生回顾二次项系数为 1 的十字相乘法和探究二次项系数不为 1 的十字相乘法，进而达到能用因式分解法快速解方程的目的。

本节课是在第一次备课后，经由科组集体讨论并修改后完成的，从课堂的组织和内容上，相对于第一次备课，我认为有以下突出的地方：

1. 第一次备课，计划通过习题的方式让学生回顾因式分解解方程的各种方法，集体备课后是由方程 $(x+3)(x-4)=0$ 引入，改变方程中的一部分，变化方程，把因式分解的各种方法一一展示出来。经过两种设计对比，第二次备课后，能让学生从枯燥的解题中解脱出来，学生只要掌握“一个”方程和它的变式就能解决所有问题。

2. 在游戏探究环节，第一次备课同样也设计了两个环节，但是并没有分开，导致游戏环节时间过长，并且难以把握学生的掌握情况。集体备课后，游戏分为两部分，并且按照梯度设计：游戏一只需要填正负号，得出四个只是运算符号不同的方程，学生通过合作计算，可以很熟练地掌握不同符号解的关系。游戏二稍做改变，还是可以得到四个方程。通过小组合作，学生完全有能力自己解决这一类型的题，最后只有一个小组没有得出最后的答案，事实很好地证明了这一情况。

3. 在游戏环节，第一次备课时，注重最后小组是否完成，因为游戏内容多，大部分小组完成的时间都比较长，没有时间进行组内交流或组间交流。集体备课后，更注重组内、组与组之间的交流，有些小组完成的比较早，教会了组员后，他们又去教正在演板的同学，这样一对一、生生互学的效果是很明显的，比起教师一对一单独讲，效率要高上很多。这样轻松的学习氛围能给优等生带来学习上的优越感，激发他们更强的学习欲望。

尽管这节课的两个知识目标都达到了，但是在课堂的组织形式上，还有很多需要改进的地方，具体情况如下：

第一，在课堂的第一个环节，情境设计不到位，有些牵强。虽然学生能直观地得到结论，但是学生的兴趣没有被完全调动；课堂的问题设计不够精准，在第一个环节即将得出结论的时候，学生对于我的问题比较迷茫，思维不能精准到位。

第二，在课堂上，我的无效语言较多。一些可以由学生来讲的语言却从我的嘴里讲出来了；对于学生的鼓励表扬还不够。在游戏环节，没有用类似于鼓掌等形式对优秀小组进行表扬等。

第三，课堂评价体系建立的不完善。班级虽然有评价准则，但是对于学生的吸引力不够，自己本身对于评价体系重视度不够，导致用评价体系中的加分、扣分比较难吸引大部分学生，要加以改进。

图1　徐远东生活近照

徐远东　明春生　供稿

“长方体的认识”课堂实录

一、直接导入

师：同学们，今天这节课我们一起来认识长方体。

（板书：认识长方体）

二、认识正方体和长方体的各要素

师：课前同学们已经从家里带来了生活中常见长方体和正方体。那么现在请同学们在小组内介绍一下你手中的长方体、正方体。说一说、认一认它们的面、棱、顶点。

（生小组交流，师巡视）

师：一、二、三！（生坐端正）接下来请一个小组上来跟大家介绍一下长方体和正方体的面、棱、顶点。有请“快乐无限”小组。

（生鼓掌欢迎，组员A、B、C、D 4人上台）

组员A：大家好，我们是“快乐无限”组。接下来由我们来介绍长方体和正方体。我们小组觉得长方体能看见的这几个地方都是面；棱就是这几条可以看见的线段，比如说这一条、这一条……长方体的棱有些相等，有些不相等；它的顶点就是这几个突出来的尖尖的地方（边说边指）。请问，谁有不同的意见？

生（媛）：我认为两个面相交的那一条线段才叫棱。

生（蒋）：我觉得棱最顶端的那个（点）就叫顶点。

生（媛）：我反驳。我觉得3个（条）棱相交的那个点才叫顶点。

组员A：谢谢你们的意见。

生（嫣）：我觉得2个（条）棱组成一个面。

生（庄）：我反驳。是4个（条）棱才能组成一个面，2个（条）棱不能组成一个面。

生（乐）：我要补充一下生（庄）的说法，棱是一条一条的，而不是一个一个的。

师：看来生（乐）的语文学得不错啊，量词用得很准确。

组员B：……

组员A：……

师：好，你们的面、棱、顶点介绍完了吗？（组员A：介绍完了。）那同学们还想发表别的想法吗？都认同他们说的吗？

生：认同。

组员A：谢谢大家，我们的汇报完毕。（生掌声鼓励，小组4人回座位）

师：刚才"快乐无限"小组上台给大家汇报得很不错，介绍了长方体和正方体的面、棱、顶点。真的没有人想补充吗？谁能把面、棱、顶点更清楚地指给大家看呢？

[生（庹）走上讲台]

生（乐）：大家好，我是"追风少年"组的组员，接下来让我给大家讲解面、棱和顶点。根据刚才那一轮的补充之后，我们大概可以了解：3条棱交接的地方为顶点，可以看到的这些平面叫面，两个面相交的这一条叫棱（边说边指手中的长方体）。我的发言完毕。请问谁要对我的发言进行补充？

生（蒋）：我觉得面还可以说是4条棱中间的那部分。

生（乐）：4条棱中间的那一部分吗？但是我有一个疑问，要是4条长短不一的棱呢？

生（蒋）：（摇头）这就不是一个面了。

生（嫣）：我想补充生（蒋）的（想法）。一个面有4条棱，有2条是一样长的，有2条是和另外2条不一样长的，这样可以组成一个面；4条棱都一样长的，也可以组成一个面。

生（隗）：我想补充关于顶点的说法，顶点应该就是2条棱相交的点。

生（乐）：2条棱？可是有时候2条棱不一定能组成（相交于）一个顶点，

所以 3 条棱，1 条、2 条、3 条，这里交接的地方才是顶点，你觉得呢？

生（隗）：可是有些面我们看不见。

生（乐）：我们不去拆开它（长方体），第一眼看到的 1、2、3、4、5、6，这是面；第一眼看到的这些线段才叫棱，不能包括里面的。（边说边指）

生（隗）：那就可以说，2 条棱相交的那一个点就是顶点啊。

师：你可以上台指一指。

［生（隗）走上讲台］

生（隗）：2 条棱，这条和这条，相交的那一个点，这就是顶点了。因为别人从这边看的话，那条棱不一定能看得到。（边说边指）

生（乐）：你说得有道理，但是我还是坚持我的观点，因为 1、2、3，这 3 条棱交接的地方才是顶点。假如你把两条直线这么延伸，交接到一起的点是顶点吗？

生（隗）：被你打败了。（走回座位）

（全班笑）

生（乐）：我的发言完毕，谢谢大家。

师：掌声送给他们。

三、认识正方体和长方体各要素的特点

师：刚刚同学们进行了一次非常精彩的探讨。接下来我们来看看这个长方体和正方体一样吗？（生：不一样。）既然不一样，我们来验证一下它们到底有哪些不同好吗？（生：好。）小组讨论一下，它们分别有什么特点？

（生小组讨论，师巡视）

师：请一个小组上来给大家验证一下长方体和正方体到底有哪些不同。有请“书香四溢”小组。

（生鼓掌欢迎，组员 E、F、G、H 4 人上台）

组员 E：大家好，我们是“书香四溢”小组。我们来给大家验证一下长方体和正方体有什么区别。我们先来验证正方体。首先看看它的面，上下有 2 个面，左右有 2 个面，前面也有 2 个面，加起来一共是 8 个面；再看看它的棱（逐一数出所有棱），所以说正方体有 12 条棱，它们的长度都是一样的；再看看它的顶点，上面有 4 个顶点，下面也有 4 个顶点，所以顶点是 8 个。我们再来验证长方体，长方体也有 8 个面，大小是不一样的，因为有 2 个面是一样的，有 2 个面是不一样的；再看看它的棱，它的棱和正方体一样也有 12 条棱，但是长度是不一样的；再看看它的顶点，它的顶点也是 8 个，上面 4 个，下面 4 个，所以是 8 个。（组员 F、G 板书）

表 1

		正方体	长方体
面	个数	6 个	6 个
	形状	正方形	长方形
	大小关系	相等	不相等
棱	条数	12 条	12 条
	长度关系	相等	不相等
顶点	个数	8 个	8 个

生（隗）：你刚刚说了面的个数是 8 个，他们写板书怎么写成 6 个了？

生（庹）：面的个数不是他们写错了，而是你说错了。正方体和长方体，它们的面只有 6 个，没有 8 个。

师：你可以上来数一下吗？

［生（庹）走上讲台］

生（庹）：大家看，这个正方体分前面、后面、上面、下面、左面和右面。这样相对的面各有 2 个，所以我觉得是 6 个面，而不是 8 个。

组员 E：谢谢你的补充，我说错了。

生（阳）：我有更好的办法让大家理解有多少个面。我用画图来表示。［生（阳）走上讲台］我们可以把正方体拆开（在黑板上画了一个正方体的展开图），这样我们一数就知道有 6 个面了。

生（俊）：你为什么要画成这个样子？

（全班笑）

师：那你说说吧，你觉得画成这样子怎么样？

生（俊）：我看不懂，跟那个（正方体）不一样。

生（阳）：我说的是，把正方体给拆了，（展开）变成这样子。

生（俊）：那你为什么要拆成这样子？

生（阳）：让大家更容易明白有多少个面。

生（俊）：我还是不懂。

生（乐）：生（阳）同学你的思维很好，把正方体拆开来，变成你画的那种平面。但是有些同学理解不了。我认为你可以拿一个实物掀开来，这样子理解起来会更好一些。

生（祺）：正方体不管怎么拆，它都会有一边是多出来一个（面）的。

生（乐）：生（祺）你刚刚说的，能不能具体的演示一遍，或者说得更明白一点儿？

师：我插一句嘴好不好？你们说的这个展开图其实是我们下节课的内容，如果需要演示的话，我们可以在上下节课之前在家里做好正方体，再带过来剪给大家看好不好？那我们这节课继续讨论长方体和正方体的特点好吗？

师：对于黑板上展示的特点，你觉得还有没有可以完善的呢？或者你有别的想法？

生（庄）：我对它们的大小关系有点自己的想法。我认为正方体的6个面形状相同、大小一样，长方体相对的面形状相同、大小一样。

师：同学们要是同意的话，允许她上去改一下吗？

全班：允许。

［生（庄）在黑板上更改］

师：还有其他补充的吗？继续说。

生（琦）：我对长方体的面的形状有质疑。（拿着长方体框架上台展示）这个长方体如果两边是正方形，它还是一个长方体。而你上面写着面的形状是长方形，我对这个有质疑。

组员E：可是我们学具（长方体框架）上两边的面是长方体。

师：［对生（琦）］要不你做一个（长方体框架）给大家看一看。

［生（琦）回座位做长方体框架］

师：大家还有什么想法可以先说说，等生（琦）做完再给大家看。

生（蒋）：我对长方体的棱的长度关系是不赞同的。如果它的（棱）长度不相等，那还能拼成一个长方体吗？我的想法是，棱应该是对边平行，而不像正方体那样，每条棱的长度都相等。

生（媛）：我对生（蒋）的说法有些补充。我这个长方体的棱已经分成了3种颜色，我们就可以把它们分成3组，每一组的长度是相等的。你们看，这蓝色的4条棱是相等的，绿色的4条棱是相等的，黄色的4条棱也是相等的。

组员E：我赞同生（媛）的观点，但有些同学可能还有疑问。

生（祺）：（长方体的）长度关系可以改成：长、宽、高各不相同。

师：那你可以上来指给大家看看，哪些是长，哪些是宽，哪些是高吗？

［生（祺）在黑板上画了一个图形，如图1］

生（祺）：长方体的高就是中间这条线段，它的长、宽、高都是不一样的。

图1

生（璇）：我有一个疑问，你画的高和宽是一样的。（全班笑）

生（祺）：我画错了。

生（蒋）：老师我能帮帮他吗？

师：可以啊。

[生（蒋）在黑板上画了一个类似长方体的立体图]

师：哪些棱分别是长、宽、高呢？

生（祺）：（拿着长方体框架）长是这条……宽是这条……高我刚刚画错了，应该是斜着的（将之前画的图中的"高"改成斜着画的）。

生（庄）：（走上讲台拿起长方体框架）他所说的长、宽、高，黄色的棱是宽，绿色的棱是高，蓝色的棱是长。

师：同意吗？没有别的意见？

全班：没有。

师：那我这样摆呢？（将长方体框架顺时针旋转 90°摆放）现在长、宽、高还跟原来一样吗？

全班：不一样。

生（乐）：（走上讲台）要是像老师那样摆，把长方体转过来的话，黄色的棱就变成长，绿色的棱就变成宽，蓝色的棱就变成高了。

生（祺）：那不就是长、宽、高各不相等了吗？

生（乐）：所以长方体摆放方式不同，长、宽、高就会有所变化。

师：那么黑板上还有什么要更改的吗？刚刚讲了那么多了，要不要改一下呢？

生（琦）：（走上讲台）我刚刚说，"长方体的面的形状只有长方形"是不对的。大家看我拼的这个（长方体），这个绿色的（面）是不是正方形？

全班：是。

生（琦）：那它（框架）还是长方体对不对？

全班：对。

生（琦）：那这里是不是写错了？（手指着黑板）

全班：是。

生（琦）：那我可以改了吧？

全班：可以。（笑）

[生（琦）将长方体的面的形状改成"长方形或正方形"]

师：很有条理啊。还有没有要更改的？

生（祺）：就是我刚才讲的那个，（走上讲台）长方体的长、宽、高各不相等。

师：（举手）那我能不能发言？[生（祺）：可以。]它有几条长，几条宽，几条高？

生（祺）：4 条长，4 条宽，4 条高。

师：能不能数给大家看？

生（祺）：这 4 条蓝色的是宽，4 条黄色的是长，4 条绿色的是高。

师：同意吗？

全班：同意。

[生（祺）在黑板上对长方体的棱的长度关系进行更改]

生（庄）：生（琦）更改的长方体的面的形状，我觉得我写得比他更完善。每个面都是长方形，特殊情况下有两个相对的面是正方形。

师：你用完整的语言表述了这个意思，而他的就比较简单。（对全班）掌声送给她。

生（祺）：等等，老师，我突然发现我错了。（全班笑）就像生（琦）拼的这个长方体，这个长跟宽又变成相等的了。

师：能根据同学的表述及时纠正自己的观点，非常棒。那你要怎么说清楚呢？

生（祺）：长、宽、高各不相同，如果会有误差的话，第二种情况，长、宽相等。

生 13：你可以直接写"对边平行的两条棱长度相同"。

生（祺）：对边平行的……长度相同？那如果这两条……咦？是耶。

（全班笑）

生（乐）：你确定你不是在开玩笑？

生 14：把这个长方体的棱分成 3 组，绿色的有 4 条，黄色的有 4 条，蓝色的也有 4 条，每组棱的长度是一样的。请问还有补充吗？

师：（举手）我补充一个好不好？你刚刚说，3 组棱都相等，你能说说每组棱的位置关系吗？

生（乐）：2 条棱互相平行的就一定相等，互相垂直的就不一定相等。

师：怎么说？

生：相对的棱长度相等。

师：相对是什么意思？

生 15：相对的意思是每 4 条棱是相等的。

生（乐）：相对的意思就是 2 条棱是平行的。

四、全课总结

师：还有什么要更改的吗？（生：没有了。）那我们就把这节课所学的东西梳理总结一下好吗？开始。

（生小组交流）

师：请一位同学跟大家说说这节课我们学会了什么。

生（庹）：这节课我们认识了长方体的面、棱、顶点，还有它们的特点。

生（媛）：这节课我们了解了长方体和正方体的特点。

生（乐）：这节课我们学习了长方体和正方体的各个部位，面、棱、顶点，以及棱的条数、长度关系，面的个数、形状、大小关系，以及顶点的个数。

师：讲得非常详细，请坐。我再补充一个问题，以前我们学习过正方形是特殊的长方形，那么正方体是不是特殊的长方体呢？（生：是。）为什么呢？

生（璇）：因为正方体可以看成长、宽、高都相等的长方体。

生（庹）：我觉得它们都有相同点。所以我认为正方体是特殊的长方体。

师：讲得非常棒。这节课就上到这里，下课。

五、课后反思

本节课是北师大版数学五年级下册第二单元的内容。在学习本节课之前，学生已在一、二年级直观认识了长方体和正方体的形状特征，本节课要进一步认识长方体的结构特征。因此，在本节课的设计上，我首先让学生认识长方体与正方体的面、棱、顶点等结构要素，再让学生通过观察、比较探索这些结构要素的特点，进而认识长方体的长、宽、高，理解正方体是特殊的长方体。

本节课比较突出的有以下几点：

1. 接引性学习单的设计精简，探究空间大。接引性学习单的起点低，同时具有较大的探究空间，这样就可以满足不同层次的学生。学生在完成这张接引性学习单后，可以在自身原有的认知基础上，构建自己对新课内容的认知。这样，不同的学生在课堂上的小组交流和展示中，才能做到有话说，敢于说。

2. 借助小组合作学习，促进生生对话，让学生成为课堂的主人。以往的传统课堂中，我都是采取对逐个知识点进行细致讲解的方式，让学生获得知识，再通过相应的练习，让学生熟练掌握、运用知识。整节课下来，学生都是被动接受的状态，课堂沉闷，学习效果自然也是大打折扣的。在涂校长的完整教育理念的引领下，本学期我一直在努力践行课改。因此本节课我都交给了学生来讲，让学生自己进行小组讨论、小组汇报，学生之间互相交流、补充、评价，发表自己的看法。整节课学生表现非常突出，小组讨论热烈，上台展示的小组分工明确，合作十分默契，学生之间的对话也非常深入、精彩，一次次地碰撞出思维的火花。在平时的课堂中坚持培养学生进行小组合作学习，让学生成为课堂的主人。学生都非常喜欢这样的课堂模式，大大提高了学生自主学习的积极性。

3. 教师对自身的角色定位恰当。本节课我始终以一个旁观者的姿态，放手让学生自己去表达、交流，尽量不去干预、打断学生，尊重学生，不去抢走学生说话的机会，让学生充分展现自我。因此整节课才能呈现“学生生猛活泼，彻底当家作主”的精彩局面。但放手让学生成为课堂的主人，并不意味着完全不管。在这节课中，我虽然讲得不多，但我时时留意学生的发言和状态，时刻把握课堂的动态和走向，当发现学生的对话、讨论偏离了本节课的重点时，我及时巧妙地将学生的对话引回本节课的重点上来；当出现冷场的时候，我又及时鼓励、引导学生继续思考，进一步发表自己的想法，再次碰撞出思维的火花，真正做到“该放手时大胆地放手，该‘出手’时巧妙地‘出手’”。

尽管本节课上得比较成功，学生表现非常精彩，但从课堂的细节中可以看出，我仍然有需要改进的地方。首先是我对课堂的预设还是不够充分，在备课时没有考虑到长方体可能存在 2 组棱长度相等的情况。因此在学生讨论到长、方、体“可能存在一组相对的面是正方形”的特殊情况，进而否定“长方体的长宽高各不相等”时，我没有抓住这个契机让学生进一步深化，一方面是课堂预设不够充分，另一方面也体现出我的课堂灵活应变能力不足，专业素养尚欠缺。这需要我在今后的教育教学工作中不断地学习、思考，不断地实践、锻炼，提高自身的专业素养。

大假设法思维课堂改革之路尽管艰辛、困难重重，但它的未来必定是美好的。只要我们坚持以完整教育理念为指导，以接引性学习为抓手，以小组合作学习为载体，努力让学习在学生身上真正发生，一定能创造出知、情、意、行合一的完整课堂！

图 2　黄妙玲在工作中的近照

图 3　小组成员在课堂上汇报小组成果

黄妙玲　明春生　供稿

“总复习——式与方程”课堂实录

一、创设情境，引出方程

师：同学们，今天淘气邀请我们一起来复习，你们做好准备了吗？

生：准备好了。

师：那好，接下来就进入我们的学习。淘气利用小棒摆出以下图形（课件出示淘气摆出的图形）想要考考我们班的同学，你们能不能算出来表格里面的数据？

生：太简单了。

师：有请生1起来回答一下。

生1：我算出摆第一个图形用了4根小棒，摆第二个图形用了7根小棒，摆第三个图形用了10根小棒。我的回答完毕，请问大家有什么意见吗？

生：没有。

师：我们的同学都非常聪明，知道摆2个正方形、3个正方形等有重复的小棒，不能够重复计算，那好，现在老师考考同学们，如果按照淘气摆小棒的方法，你们能发现其中存在什么规律吗？（生2举手）有请生2回答一下。

生2：我发现每增加一个正方形就增加3个小棒。

师：同意吗？

生：同意。

师：那好，既然同学们都找出了它的规律，那你们知道摆出的第n个图形要用多少根小棒？用字母怎么表示？有请生3。

生3：$1+3n$。

师：这只是同学们的一种假设，那这个假设是否成立呢？下面请各位同学拿出学习单，小组合作交流“摆出的第n个图形要用多少根小棒？”用字母怎么表示$1+3n$是否正确，那么接下来（口令）小组合作……

生：现在开始。

（生小组交流，师巡视）

师：小组合作……（生：现在结束。）接下来请“放飞梦想”组跟我们验证一下刚才的结论是否正确。

（生鼓掌欢迎，组员 A、B、C、D 4 人上台。）

组员 A：大家好，我们是“放飞梦想”组，接下来由我跟大家介绍一下我们小组交流的结果。同学们请看（组员 A 在黑板上画，边画边讲），先画前面一个小棒，摆第一个正方形需要增加 3 根小棒，我们前面发现，后面每增加一个正方形就增加 3 根小棒，第一个图形是 $1+3$，第二个图形就是 $1+3+3$，第三个图形就是 $1+3+3+3$，那么我们认为第 n 个图形就是 $1+3n$，我们小组的发言完毕。请问还有什么补充或者是建议吗？（有学生举手发言），那有请生 4 回答一下。

生 4：我对你们小组的想法没有意见，但是我的想法跟你们的不一样。我们知道摆第一个正方形用 4 根小棒，摆后面的图形每增加一个正方形就增加 3 根小棒，那么我们摆第二个图形就是 $4+3$，第三个图形就是 $4+3+3$，第 n 个就是 $4+3(n-1)$，最后转化过来也是 $1+3n$。

组员 A：谢谢你的补充，我们小组没有意见，请问其他同学有意见吗？（生：没有。）我们小组汇报完毕，谢谢大家。（生响起掌声以示鼓励，小组 4 人回座位）

师：刚才“放飞梦想”组和生 4 都讲得很不错，相信大家都知道这个结论是怎么得来的了，淘气觉得我们班的同学太棒了，想再考考同学们，你们还愿意接受他的挑战吗？（生：放马过来吧。）好的，淘气说：“我摆出的图形用了 100 根小棒，你知道我摆出的正方形个数是多少吗？”接下来请各小组交流你们的想法吧。

（生小组交流，师巡视）

师：好，都算出来了吗？（生：算出来了。）接下来就有请“学海无涯”组的生 5 来说说你的想法吧。

生 5：我们知道，我们一个个画肯定能知道摆了几个正方形，但是这个方法很麻烦，我们小组刚刚交流，前面我们得出结论摆出第 n 个图形用了 $1+3n$ 根小棒，现在我们知道用了 100 根小棒，所以 $1+3n=100$（板书），解得 $n=33$，也就是摆出的正方形个数是 33，你们有不同的意见或者补充吗？（生：没有。）

生 6：我有补充。我的结果也是 33 个，因为我们去掉摆的第 1 根小棒，每增加一个正方形就增加 3 根小棒，所以我的想法是 $(100-1)/3$。我的补充完毕，请问大家有什么意见吗？（生：没有。）

师：这两位同学都讲得特别好，但是同学们对比一下，哪种方法更容易理解？

生：生 5 同学的更容易理解。

师：确实，这两位同学都有认真去思考问题，他们用了两种不同的思维方法，生 5 运用了正向思维的方式解决问题，而生 6 同学运用了逆向思维的方式解决问题，一般正向思维我们比较容易理解，而在解决问题时，我们经常会运用正向思维找出题目中的等量关系来解决问题，也就是我们今天重点要复习的——方程。请同学们回顾一下什么是方程？（生举手，点生 7 回答）

生 7：含有未知数的等式就是方程。

师：那好，接下来同学们判断一下下面的式子哪些是方程，哪些不是方程，为什么？（PPT 展示题目，学生抢答）

二、算法比较，体现用方程解决问题的价值

师：刚刚同学们都进行了出色的探讨，我们也复习了用字母表示数和方程的相关知识，知道在解决问题时，我们经常会运用正向思维找出题目中的等量关系来解决问题。下面请所有同学拿出你们的学习单，看第二题该如何解，小组交流一下你们的解题思路。

（生小组讨论，师巡视）

师：请一个小组上来汇报一下你们刚刚交流的结果。有请“乘风破浪”组。

（生鼓掌欢迎，组员 E、F、G、H 4 人上台）

组员 E：我们组刚刚交流的结果是：在题目中，我们知道“橘子箱数”是单位“1”，在题目中单位“1”是未知数，所以用分数除法解决这个问题，列式是 $20 \div \frac{4}{5}$，解出来的结果是 25。

组员 F：我有补充，我们还可以找到此题的等量关系：橘子箱数 $\times \frac{4}{5}=$ 苹果箱数。“苹果箱数”“橘子箱数”未知，所以我们可以用方程解决这个问题。解：设橘子的箱数为 x，那么列方程为 $\frac{4}{5}x=20$，解得 $x=25$。我们小组的汇报完毕，请问大家有补充或者是建议吗？（生：没有。）

组员 E：我们小组的汇报完毕，谢谢大家。

师：刚刚同学们都回答得非常好，确实组员 F 的回答我们更容易理解。我们通过对比发现用方程来解决分数除法问题更好理解。而我们用方程解决问题的一般步骤是：

（1）分析题意。

（2）列出等量关系（重点）。

（3）设未知数并列方程。

（4）解方程。

（5）检验并作答。（老师边复习边把相应步骤的关键磁条贴到黑板上）

三、列方程解决问题

师：通过前面的复习和练习，我们知道可以用方程帮助我们解决问题，而用方程解决问题的关键就是找到题目中的“等量关系”。接下来我们用练习来巩固一下本节课的知识点。请所有同学拿出学习单，看第二面，根据学习单的问题和提示解决一下第二面的两道问题，解决完之后在小组内进行交流，限时8分钟。

（生先独立完成，之后小组讨论，师巡视）

师：8分钟时间到，相信同学们都进行了深入的交流。你们能把自己小组交流的结果跟大家分享一下吗？（生：没问题。）好的，掌声有请“梦之翼”组分享第一个问题的交流结果。

（生鼓掌欢迎，组员I、J、K、L 4人上台。）

组员I：大家好，我们是“梦之翼”组。接下来由我跟大家介绍一下我们小组交流的结果。我根据问题的信息画出的分析示意图如学习单上所示（即画图分析），请问大家有什么建议或补充吗？（生：没有。）那好，接下来我说说我们小组找到的等量关系。妙想收集的邮票数是乐乐的3倍，这里存在着一个等量关系：妙想的邮票数 = 乐乐的邮票数 × 3，还有一个条件就是妙想和乐乐一共收集了128枚邮票，这里的等量关系是：妙想邮票数 + 乐乐邮票数 = 128。这个问题一共包含着两个等量关系。我们小组认为把它转化成一个等量关系能够帮助我们更好地解决问题，这个总的等量关系就是：乐乐的邮票数 × 3 + 乐乐邮票数 = 128，在这个问题中，妙想和乐乐的邮票数都不知道，所以我们可以设乐乐的邮票数为 x，我们列出的方程为：$x+3x=128$，解得 $x=32$，算出乐乐的邮票数是32枚，那么妙想的邮票数就是 $32\times3=96$（枚），我的回答完毕。请问大家有什么意见或补充吗？（生举手）请生8回答。

生8：我觉得你讲得很完整，但是在设的时候加上妙想的邮票数为 $3x$ 枚会更好，这样大家就能更好地理解你的方程是怎么列出来的。

组员I：我接受你的建议，谢谢。请问还有什么补充吗？（生：没有。）我们小组的汇报完毕，谢谢大家。

师：确实，我们的“梦之翼”小组的回答非常完整，在这个“和倍问题”中能够借助图来分析题中的等量关系，画图在这儿能帮助我们更直观地看出题中的等量关系，还有生 8 的补充让我们更加清楚我们的方程是怎么列出来的，同学们都做得很棒。相信给后面回答问题的小组不小压力啊。（生很轻松说道：没有。）。那接下来老师再请一个小组来回答一下我们学习单上的第二个问题（生踊跃举手），那么有请“在明明德”组分享一下他们交流的结果吧！

（生鼓掌欢迎，组员 M、N、R、S 4 人上台。）

组员 M：大家好，我们是“在明明德”组，接下来由我代表我们小组分享交流的结果。我们的画图分析如学习单所示，请问大家有什么意见或建议吗？（生举手）有请生 9 说说你的建议。

生 9：我觉得你们要是能用语言表达自己的想法就更好了。另外，你画的图没错，但是里面的表述错了，应该是淘气走的路程和奇思走的路程是 1240m，而 75m 每分钟、80m 每分钟是速度，画的时候不能写成淘气走的速度和奇思走的速度是 1240m。

组员 M：我接受你的建议，你说得非常好，这里是我写错了，我等一下下去马上改正。那么接下来就说说我的解题思路。根据画出的图，我们小组找出的等量关系有：淘气走的路程 + 奇思走的路程 = 1240，淘气和奇思的路程都不知道，但是我们知道：淘气走的路程 = 淘气走的速度 × 淘气所走时间，奇思走的路程 = 奇思走的速度 × 奇思所走时间，这是一个相遇问题，所以他们用的时间一样，所以等量关系我们可以写成：淘气走的速度 × 淘气所走时间 + 奇思走的速度 × 奇思所走时间 = 1240。在这个等量关系中，只有他们走过的时间不知道，但是他们走过的时间一样，我们可以设他们在 x 分钟后相遇，那么淘气走的路程就是 $75x$，奇思走的路程就是 $80x$，列出方程：$75x + 80x = 1240$，解得 $x = 8$。因此，8 分钟后他们能够相遇。

以上是我们小组交流的结果，请问大家还有补充或者建议吗？（生：没有。）我们小组的汇报结束，谢谢大家。

师：他们刚才的回答实在是太好了，老师都不忍打断他们。确实，“在明明德”组在画图和写等量关系时写错了，但不是写错了改正过来就可以了，这里速度和路程的意义是完全不同的，但是这个细节问题还是给眼尖的你们发现了，相信下一次在遇到这类“相遇问题”时你们一定会记住“速度”和“路程”是不能相提并论的。

四、练习巩固——星级挑战

师：相信今天的复习同学们都有很大的收获，接下来老师为同学们准备了星级套餐，规则是：以小组竞赛的形式抢答 PPT 所给题目，抢

答正确的小组可加上对应星星个数的分值。你们准备好了吗？（生都跃跃欲试）

在这个环节，学生都很积极地举手回答问题，请了好几位学生回答，但是由于时间的关系不得不终止竞赛。

五、课堂总结

师：看来同学们都还没答过瘾，还想继续为自己的小组争取加分的机会，但是老师不得不遗憾地告诉各位，我们即将下课了。请同学们说说在本节课的复习中你有什么收获？

生 10：我们复习了什么是方程及用方程解决问题。

生 11：我们还复习了解决方程的一般步骤：

（1）分析题意。

（2）列出等量关系。

（3）设未知数并列方程。

（4）解方程。

（5）检验并作答。

生 12：我们通过复习知道用方程解决问题使人更容易理解，而且画图分析会更加直观。

师：同学们总结的都非常到位，这节课我们就上到这里，下课。

六、教学反思

教学改革已在我校推行一年多，小组合作的学习模式和大假设思维课堂模式已经深入我们的课堂。在这两种教学模式下，学生的主动性、积极性得到发展，思维更加开阔，基于这样的背景，我上了一节——北师大版六年级下册总复习“式与方程”第一课时的公开课。相对新授课，复习课的设计难度会更大，为此我也做了很多前期准备工作，向有经验的教师请教如何把数学方法、数学思想渗透在课堂中（即在课堂中如何体现学生思维过程）；在教学设计中怎样发挥小组合作的作用……这节课上完后，学生总体表现良好，小组合作学习能有效得到落实，学生的思维过程能充分体现，主要体现在以下几点：

第一，小组合作到位，整体课堂气氛较为活跃。我们完整的课堂旨在将课堂还给学生，让学生成为学习的主人，在平时的教学过程中我们采取了明确分工的“小组合作”模式，老师只是问题的设计者和引导者，学生是合作、交流、探究的主体。本节课，我把课堂还给了学生，我只是问题的设计者和课堂的引导者，让学生自己进行小组讨论、交流、补充、质疑、评价，发表自己的看法。就本节课来说，学生表现积极，小组讨论热烈，上台展示的小组分工明确，学生之间的对话也较深入。学生都很喜欢这样的课堂模式，这种模式也提高了学生自主学习的积极性。

第二，大假设法在教学中的运用。在上本节课之前，我对本节课的知识进行了认真的解读，这是“式与方程”的复习课，学生对知识点已有一定的了解，本节课的教学目标是：回顾和整理有关代数的初步知识，再次经历用字母或含有字母的式子表示数或者数量关系的过程，进一步体会方程的意义和思想，能用等式的性质解简单的方程；能用方程表示简单情境中的等量关系，能用方程解决简单的实际问题。针对“如何能够更好地达成教学目标”“如何在教学过程中培养学生思维并体现‘假设—验证’的过程”这两个问题，我进行了认真的思考和设计，在课堂多个环节中也有体现，例如：在开始上课时，我创设情境、提出假设，具体思路如下：（1）创设淘气摆小棒的情境，并提出问题：“你发现了什么规律?”（2）学生把自己发现的规律说出来，提出用“$3n+1$”表示所用小棒数的设想。根据学生设想我顺势抛出一个大假设的问题“你发现‘$3n+1$’的规律真的是这样吗?”（提出假设）学生通过小组合作摆一摆、说一说、论一论验证发现，摆出的图形个数与所需小棒数之间的规律就是“$3n+1$”（验证假设）……

第三，教学中存在的问题及改进措施。教学是一门有遗憾的“艺术”，当然每节课都不可能是尽善尽美的，本节课中也存在一些问题。

（1）设计的时候虽然也思考怎样在课堂贯彻实施“大假设法”，但是在设计中没考虑到学生的实际，有些拔高难度。虽然大部分学生都能理解，但是对个别学生来说比较难以理解。

（2）小组汇报没有亲临现场进行每个小组的指导。

（3）在小组汇报中没有很好地关注学生的状态并及时进行激励性评价。

改进措施：

（1）假如这节课再上一次，我会根据学生的实际，设计接引性学习单，考虑到学生的实际学情，精心设计每一个问题，真正做到简单、低入，并且能抓住知识的根本。

（2）在上课时我会关注每一个学生的状态，尤其在小组汇报或者学生评讲时及时进行评价。

本节课后，我对自己的课堂又有了新的认识，通过反思，我知道除了要把握教学知识和学习单中问题的设计之外，在课堂上我们还应该要关注细节上的问题，在以后的教学中我也会注重考虑学生的实际。相信我们坚持以完整教育理念为指导，以接引性学习单和小组合作学习为载体，积极贯彻落实大假设思维教学，学习就会在学生身上真正发生。

图1　小组成员在课堂上做汇报

图2　各小组在积极讨论中

钟巧玲　明春生　供稿

“3的倍数的特征”课堂实录

一、温故导入

师：上一节课我们学习了2的倍数特征，大家一起来回顾一下吧！请看学习单上第一部分“温故知新”。210是2的倍数吗？210是5的倍数吗？为什么？哪个同学来回答下？

生（黄）：210是2的倍数，因为个位是0，2，4，6，8的数是2的倍数。210是5的倍数，因为个位是0，5的数是5的倍数。

师：大家同意吗？

生：同意。

师：那么我们看下第2题，210是3的倍数吗？

生（王）：210是3的倍数。

师：你的依据是什么？

生（王）：因为210能被3整除。

生（及）：数的各个数位上的数加起来的和是3的倍数，这个数就是3

的倍数。

二、探究新知

师：这是我们这节课要探究的内容。大家可以讨论下你的学习单中“新课探究”部分，3 的倍数有哪些特征呢？

（生小组交流，师巡视）

师：现在我们请一个小组上来展示一下他们所发现的规律，有请“小黄人”组上来展示。

（生鼓掌欢迎）

小黄人组（及）：我们发现 3 的倍数都是奇数、偶数、奇数、偶数。

生（高）：如果都是奇数、偶数的话，那么 1 是奇数，2 是偶数，为什么不可以呢？

小黄人组（及）：谢谢你提的问题。

小黄人组（黄）：我们还有其他的发现，3 的倍数的各个数位之和是 3 的倍数。

生（马）：我还发现百数表中 3 的倍数都在斜线上。

师：都在斜线上，这是你的发现，还有同学有另外的发现吗？大家回答下学习单上的第一题。

生（郑）：我发现 3 的倍数都是每个数字加 3。

师：大家看下百数表，是否有这个规律呢。

生：是的。

师：那么 3 的倍数个位上有什么特征呢？

生（刘）：我可以举个例子，比如，大家看到百数表 30 那里个位是 0，还有其他 3 的倍数有 1，2，3，4，5，6，7，8，9 都有。

师：个位上都是这些数，那么 3 的倍数与它的个位有关系吗？

生（刘）：我发现可以把 12 拆开看作 1 和 2，这两个数加起来是 3 的倍数。各个数位之和是 3 的倍数的数是 3 的倍数。

师：好，这是你发现的规律。

生（胡）：我还有发现，十位上是 2，5 和 8，个位上是 1，4，7 的话，都是 3 的倍数。还有十位上是 1，4，7，个位上是 2，5，8 的数都是 3 的倍数。

师：好，你来看下百数表，我们圈出来的 3 的倍数中十位上有哪些数呢？

生（胡）：有 1，2，3，4，5，6，7，8，9。

师：那十位上有没有特定要是哪些数？

生（胡）：没有。

师：好，学习单的第一题大家还没有回答呢。

生（及）：3 的倍数个位有什么特征？个位上如果是 3，6，9 的数都是 3 的倍数。

生（刘）：那 43 呢，个位上是 3，但是不是 3 的倍数呢？

生（及）：还要满足各数位上的数加起来之和是 3 的倍数。

生（刘）：只要满足上面一个条件就可以了。

生（辛）：百数表中 3 的倍数中，第一列个位都是 1，第二列个位都是 2，第 3 列个位都是 3，第 4 列个位都是 4……所以 3 的倍数的个位从 0 到 9 都有，所以 3 的倍数与它的个位没有关系。

师：对的。那么前面已经有同学发现了 3 的倍数的特征是各个数位上的数字之和是 3 的倍数，那么这个数就是 3 的倍数。下面我们来验证一下这个规律，看到学习单上的“验证你的想法”中的 3 个数是否满足这个规律呢？

生（及）：39 这个数中 3 和 9 加起来是 12，是 3 的倍数；416 这个数中 4 和 1 和 6 加起来是 11，不是 3 的倍数；30210 中各个数位的数加起来等于 6，是 3 的倍数。所以 39 和 30210 是 3 的倍数，416 不是 3 的倍数。验证了我们的想法是正确的。

师：好的。感谢小黄人组给我们的展示。

（生鼓掌）

师：大家继续讨论下我们学习单上的巩固练习。

（生讨论 3 分钟，师巡视）

师：好，我现在展示一个同学的学习单，大家看有没有什么问题。

生（刘）：老师在 24 后面的括号里除了填 0，还可以填 2，3，6，9。

师：大家同意吗？

生：同意。

三、总结

师：哪位同学来总结下我们今天学习的内容？

生（黄）：今天学习了 3 的倍数的特征：各个数位上的数字之和是 3 的倍数。

生（余）：我们还学会了验证这个结论。

四、教学反思

“3 的倍数的特征”一共进行了 4 次备课，设计了多个学习单，第一次虽然设计了导语引领学生去猜想，但由于过于开放，以致学生思维过于发散。在此基础上进行了多次备课，从百数表中圈出 3 的倍数，然后引导学生观察，在观察时不仅从个位上的数字来看，再从……这时学生就更容易得出结论。

教学过程突出了“提出假设—探索问题—验证假设”的思维模式的训练，让学生从图中勇于探索，从而提出假设，然后再从圈出的 3 的倍数中一次次去验证，直到找到正确的结论。

图 1　小组成员在展示中

图 2　陈宠年老师在指导小组活动

陈宠年　明春生　供稿

“图形的分类”课堂实录

师：同学们请看，我们黑板上有这么多以前学过的图形，我想请一个同学上来辨别一下这些图形的名称。哪位同学愿意上来？

生（黄 1）：第一个是三角形，第二个是圆形，第三个是圆柱体，第四个是正方形，第五个是平行四边形，第六个是正方体，第七个是长方形，第八个是球形。（学生跟着讲台上的同学一起读了一遍）

师：还有不同的意见吗？

生（周）：第八个图形不是球形，是一个球体。

师：你们同意哪位同学的观点？

生（齐）：同意周同学的观点。

师：同学们非常棒。那么请大家拿出学习单，上面还有个小问题：请你帮忙分一分类别，这些图形属于哪一类别的，并且说一说你的分类依据是什么？先小组讨论，待会请小组上来摆一摆、说一说。

（小组讨论 5 分钟）

师：现在我要请小组上来说一说、摆一摆，并且说一说分类依据是什么。

师：我要请坐得最端正的小组，有请“智慧小组”上来展示。

（生一起鼓掌）

“智慧小组”介绍组名及分工。（马负责解说，张 1 负责书写，欧阳负责摆一摆，廖负责计分）

智慧小组（马）：第一题我们是按照平面图形和立体图形来进行分类的，1 号、2 号、4 号、5 号、7 号属于平面图形，立体图形是 3 号、6 号、8 号。请问还有什么不同意见吗？

生（卢）：我在立体图形下面还分了直边和不是直边两类。直边的有 6 号，不是直边的有 8 号和 3 号。我在平面图形也分了直边和不是直边两类，不是直边的有 2 号，是直的边有 4 号、1 号、5 号、7 号。

师：我觉得卢同学说得有点多了，老师没有怎么听清楚，我想请卢同学上来摆一摆。

师：请问智慧小组还有分类吗？

智慧小组：没有了。

师：好，给他们小组加 3 分。

“繁星小组”上来展示一下。（卢负责解说、板书，彭负责加分，另外两位同学协助）

生（卢）：首先，我们也是按照前面那个小组分了平面图形和立体图形，但是我们还在平面图形中进行了直边和不是直边的分类，把 1 号、4 号、5 号、7 号分在一块（边是直的），2 号不是直边。然后我们在立体图形中也进行了同样的分类，直边的有 8 号和 3 号，不是直边的就是 6 号。我们小组发言完毕，谢谢大家。

师：刚才卢同学分了一下类，我来帮她补充一下直的和弯的，弯的我们用曲线来表示更清楚一些。也就是直的和曲的。

师：还有哪个小组有不同的分类？有请“智商小组”上来展示。

“智商小组”上台展示。（杨负责解说，胡负责板书，李负责加分，吕负责协助）

生（杨）：我们小组在直边的图形里面还有分类，有 4 条边的是 4 号、7 号、5 号，1 号只有 3 条边。我们的分类完毕，谢谢大家。

师：我觉得他们小组非常厉害，我本以为刚才那个小组已经够厉害了，没想到智商小组还能分类，分了 3 条边和 4 条边的。

师：请问大家还有没有不同的分类？

生：没有了。

师：那好，我们进入下面一个环节。请看第二题，拿出数学学具，拼出一个四边形，还有一个三角形，拉一拉看会有什么效果。小组讨论一下，分享你摆的方法。

（小组讨论5分钟，师巡视）

师：看来同学们都讨论完了，我想请小组上来摆一摆、拉一拉。看看他们是如何摆的？如何拉的？

“甜心小组”上台展示。（黄2负责解说，程负责板书，徐和邵负责协助）

生（黄2）：四边形很容易变形，很容易拉得动，而三角形具有稳定性，不容易拉得动，不容易变形。

师：请问还有什么不同的意见吗？

甜心小组：请卢同学说一说。

生（卢）：我发现四边形如果拉直的话就能变成长方形和正方形。

甜心小组：姚同学发言。

生（姚）：我很同意你们的观点，但是你们黑板上板书的四边形少写了一个“形”字。

生（黄2）：谢谢你的意见。

甜心小组：我们小组发言完毕。

师：他们小组的观点是：四边形是能拉的，三角形是不能拉的，是不是？

生：是。

师：但是我刚才好像还听到黄2同学说了一句话，我没怎么听清，想请她再说一遍。三角形能怎么样？

生（黄2）：三角形具有稳定性。

师：三角形具有什么性？你们听到了吗？

生：听到了。

师：三角形原来具有稳定性，老师现在才知道，今天跟你们一起学习到了。

师：下面我们进入第三个环节。今天我们学习到了什么知识，小组讨论互相分享一下，等会我请同学来说一说。

（学生讨论5分钟）

师：我想请同学上来说一说，黄3同学坐得很端正，你来说一说你学习到了什么？

生（黄3）：我们学习到了有些图形是平面图形，有些图形是立体图形，有些图形能千变万化，有些图形具有稳定性。

师：给你们小组加2分。还有哪位同学有补充的吗？请张1同学上来补充下。

生（张1）：第一点，我们学习到了图形的分类；第二点，我们学习到了三角形的特性：三角形具有稳定性。

师：想不想知道你今天学习到了多少呢？

生：想。

师：拿出知训，翻到15页，做一下15页的练习题。

（练习题时间为10分钟，师巡视）

师：下面我想请同学上来展示下他的答案。韩同学你上来展示一下。

生（韩）：（展示她的答案）请问其他同学还有不同的意见吗？有请阮同学回答。

生（阮）：第一题是在平面图形中，而你写的是在立体图形中。

生（孟）：在平面图形中，曲线只有E，没有另外一个答案。

师：我想请阮同学再上来说一说她的答案。

生（阮）：刚才韩同学出现错误是没有看到题目的要求是平面图形。（然后汇报自己的答案）

师：第二题想要上来展示的同学请举手。有请刘同学上来展示。

生（刘）：图中有3个梯形，5个三角形，3个平行四边形。

生（张2）：我觉得上面同学讲得不好，应该讲一下哪个图形是梯形，哪个图形是三角形，哪个图形是平行四边形。

师：那你上去讲一讲。

生（张2）：上台展示描述答案。

师：请问还有其他同学有不同的答案吗？有请卢同学上来展示。

生（卢）：我觉得平行四边形有12个。（描述找出的12个平行四边形，描述过程中发现了自己的错误）

师：卢同学，现在你算的有几个平行四边形？

生（卢）：最后还是同意上面同学的观点。

师：哪位同学还能记得我们今天的学习内容？

生（张3）：我们今天学习了图形的分类及三角形具有稳定性。

生（程）：我们还学习了四边形没有稳定性。

教学反思

《数学课程标准》提出，动手实践、自主探索与合作交流是学生学习数学的重要方式，强调数学教学活动要向学生提供充分从事数学活动的机会，帮助他们在自主探索和合作交流的过程中真正理解和掌握基本的数学知识与技能，数学思想和方法，获得广泛的数学活动经验。我在认识图形这一单元先让学生动手去做长方形、正方形、平行四边形、三角形、梯形、圆、长方体、正方体、圆柱、球，在分类时，学生很容易就分成了立体图形和平面图形，在平面图形中，学生很快就发现了这些图形的不同点，分成了线段围成的图形和曲线围成的图形。照此思维下去，很快按围成图形线段的多少分成了三角形和四边形。本课的内容学生们学得很轻松，学习的兴趣也较高，所以要想学生学好几何知识，多让学生动手实践，充分引导学生从直观具体的实物入手建立思维的表象，再抽象、概括出几何图形，拓展思维的空间，把知识由感性上升到理性。由于学生亲自参与、经历并亲历数学的发生、发展、形成过程，最大限度地促进了学生思维的发展。

在教学过程中，我反复运用小组合作形式，让每一个学生都参与到课堂中，分享自己的思考过程，最大限度地提升了学生的思维方式，让学生在快乐中学习，在思考中前进。

图 1　黄凯老师在指导学生

黄凯　明春生 供稿

第四章

优秀接引性学习单

二年级下册数学“重复的奥妙”接引性学习单

班级：________姓名：________家长签名：________评价：________

	猜一猜，括号里可以填什么数字 112112112（　　）
请列式解决 观察课本 P84 用你明亮的眼睛细心观察哦！	我是观察小能手 观察上图，你发现了什么规律？写一写。

小组评价：

发言	倾听	尊重他人	小组合作	提问	1. 非常满意画 5 个星星 2. 满意画 3 个星星 3. 下次还需要加油画笑脸

官丽婷　供稿

五年级上册数学“平行四边形的面积”接引性学习单

班级：________姓名：________家长签名：________评价：________

一、温故知新

1. 从平行四边形的一条边上任意一点向对边所画的__________就是平行四边形的高。

2. 长方形的面积 = __________，用字母表示为 S = __________。

3. 通过分割、移补后，图形的面积没有改变，这就是数学上“__________”原理。

二、探究新知

平行四边形面积公式的推导。

1. 如何求出图 1 中右边图形的面积？

长方形的面积是长 × 宽，平行四边形的面积能用两个邻边长度相乘吗？请你借助方格纸进行验证。

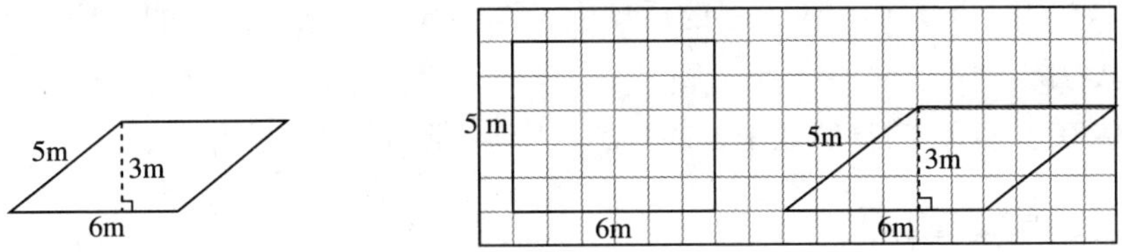

5m 3m 6m

5m 6m 5m 3m 6m

图 1

长方形的面积占了__________个小方格。

平行四边形的面积占了__________个小方格。

我们发现：________________________________，所以平行四边形的面积__________用两个邻边长度相乘。

2. 割补法：你能把平行四边形转化成长方形吗？请你在图 2 的方框中画出来。

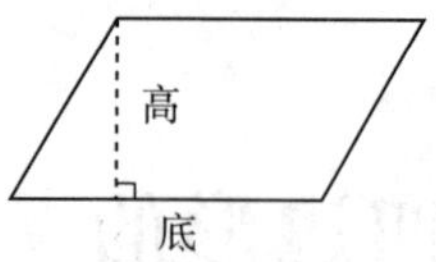

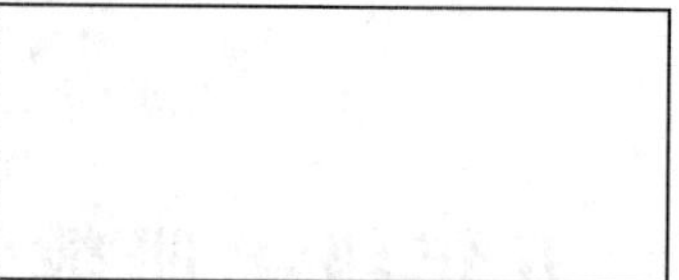

图 2

我们发现：拼成的长方形的面积与平行四边形的面积_________，长方形的长等于平行四边形的_________，宽等于平行四边形的_________。

因为长方形的面积 = 长 × 宽，所以平行四边形的面积 = _____________。

如果用 S 表示平行四边形的面积，用 a 和 h 分别表示平行四边形的底和高，那么，平行四边形的面积可以写成：__________________。

陈宠年　明春生　供稿

五年级上册数学“找因数”接引性学习单

班级：________姓名：________家长签名：________评价：________

一、学习目标

1. 在用小正方形拼长方形的活动中，体会找一个数的因数的方法，培养有条理思考的习惯。

2. 在 1 ~ 100 的自然数中，能找出某个自然数的所有因数。

二、学习重点

找一个数的因数的方法。

三、学习难点

有序地找出某个自然数的所有因数。

四、温故知新

（利用长方形面积公式）画一画，用 12 个小正方形拼成一个长方形，有哪几种拼法？把它画出来。

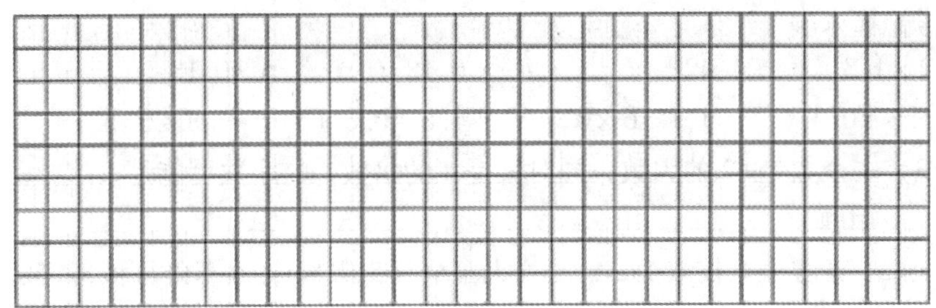

五、探究新知

（参考课本第 37 页第二个情境图，可以借助上面的“温故知新”进行思考）

1. 请找出 12 的全部因数。

12 的因数有：______________________________

我是这样找的：______________________________

2. 填空并思考规律（见表 1），小组讨论你的想法。（一个数最小的因数都有什么规律？它最大的因数和这个数有什么关系）

表 1

数据 A	A 的所有因数	A 最小的因数	A 最大的因数
2			
9			
18			
24			
25			

规律：______________________________

六、巩固练习

1. 列竖式（其中最后一题保留两位小数，不需要验算）

0. 384 ÷ 2. 4 =　　　　2. 52 ÷ 0. 14 =　　　　3. 06 ÷ 6. 3 =

2. 填空

（1）把 2. 951 四舍五入保留整数约是（　　），保留一位小数约是（　　），保留两位小数约是（　　）。

（2）比大小

42×1.3（　　）42　　　　0.18（　　）6×0.18

15.6÷0.2（　　）15.6×0.1　　7.8÷0.6（　　）78÷6

（3）一个数是12的因数，同时又是4的倍数，这个数可能是（　　）。

3. 应用题

（1）一条隧道全长4645m，一列火车全长517.5m，火车以每秒32.5m的速度行驶，整列火车在隧道里面要行驶多少秒？

（2）一辆货车的载重量是2.5t，一批砂石有17t，用这辆货车来运，至少要运多少次？

黄敏佳　供稿

五年级上册数学“比较图形的面积”接引性学习单

班级：________姓名：________家长签名：________评价：________

一、学习目标

1. 借助方格纸，能直接判断图形面积的大小，初步体验方格和割补法在图形面积探究中的应用，积累探索图形面积的活动经验。

2. 通过观察、比较、交流、归纳等活动，知道比较图形面积大小方法的多样性。

3. 体验图形形状变化与面积大小变化的关系，发展空间观念。

二、学习重点

比较图形面积大小的基本方法。

三、学习难点

运用分割法和平移法对图形进行“等积变形”。

四、温故知新（回顾比较平面图形的方法）

如何比较图形 A、B 的面积大小（见如图 1）。

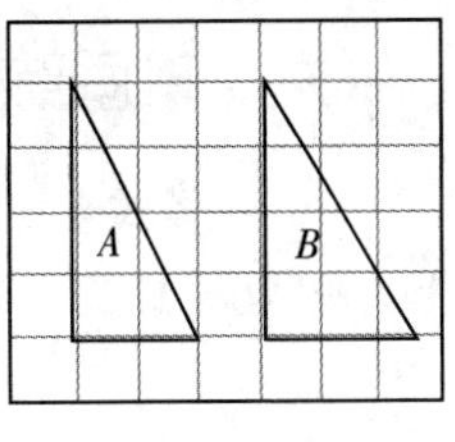

图 1

五、探究新知

1. 如图 2 所示，淘气认为图⑥的面积大于图⑦的面积，你同意吗？说说你的理由。（参考课本 P49 第一个情境图）

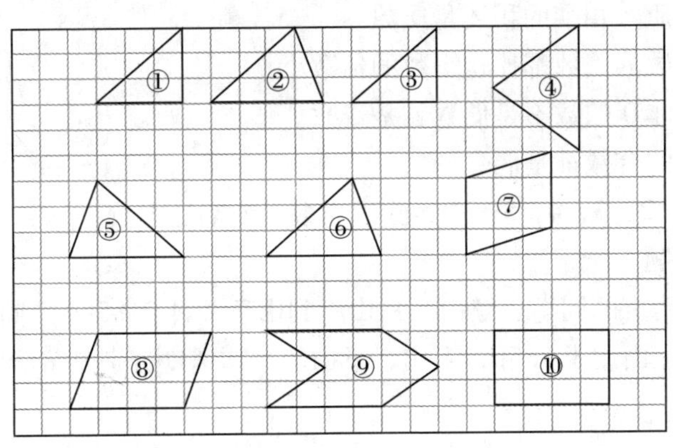

图 2

2. 图 2 中各图形的面积大小有什么关系？将课本附页 2 的图形剪一剪，拼一拼，把你找的方法写下来填在表 1 内，并在小组内分享。（想一想：哪些图形具有相等关系？哪些图形组合起来可以拼成另一个图形？）

表 1

比较的方法	图形面积的大小关系

六、巩固练习

1. 列竖式

2.46÷1.2 =　　　　　　　　　　　　　　0.18÷12.5 =

2. 填空

（1）24 的所有因数有（　　　　　　　　），其中最小的因数是（　　）。

（2）12.5÷1.5 =（　　）÷（　　）　15÷0.8 =（　　）÷8

（3）一个三位小数用四舍五入法保留两位小数是 6.78，这个三位小数最大是（　　），最小是（　　）。

3. 判断

（1）两个质数相乘的积还是质数。（　　）

（2）一个数的因数都比这个数的倍数小。（　　）

（3）一个非 0 的数不是偶数就是奇数。（　　）

（4）所有的合数都是偶数。（　　）

（5）在 1，2，3，4，5…中，除了质数以外都是合数。（　　）

4. 解决问题

周末，明明班的同学去登山。从山脚到山顶共计 2.85km。同学们上山用了 2.5h，沿原路下山用了 1.5h，上山、下山的平均速度分别是多少？

陈泽璇　供稿

五年级下册数学“长方体的表面积”接引性学习单

班级：________姓名：________家长签名：________评价：________

一、温故知新

回顾上一课时所学的长方体、正方体的特征。

1. 长方体、正方体有（　　）个面，（　　）条棱，（　　）个顶点。

2. 正方体的每个面都是（　　），面积都（　　）。

3. 长方体相对的面是（　　　　　　）的（　　　　）形。

4. 一个长为 3、宽为 4 的长方形，它的面积是__________。

5. 一个边长为 5 的正方形，它的面积是__________。

二、探究新知

1. 手工课上，同学们做长方体包装盒，如图 1 所示。同学们思考一下：做这样的包装盒需要多少个纸板？并试着画出它的展开图。

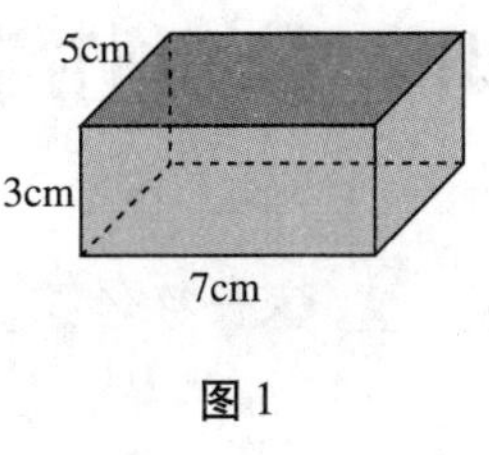

图 1

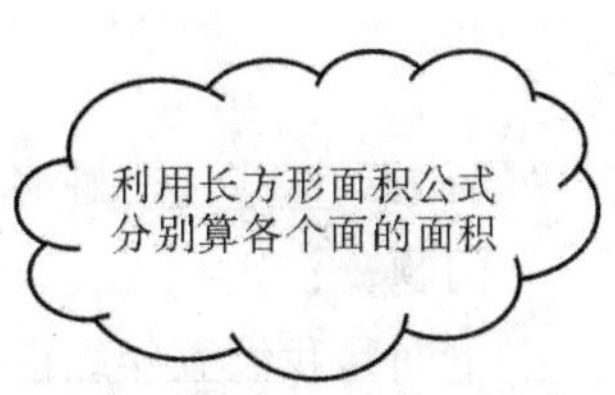

2. 依据你上面画的展开图，填写下面的表格。

表 1

前、后两面的面积和	
左、右两面的面积和	
上、下两面的面积和	
做长方体需要的纸板数	

3. 想一想还有别的好方法计算长方体的表面积吗？

____

____

4. 如图 2 所示，如果正方体的边长是 5cm，那么它的表面积是多少？请把计算过程写下来并在小组内分享。

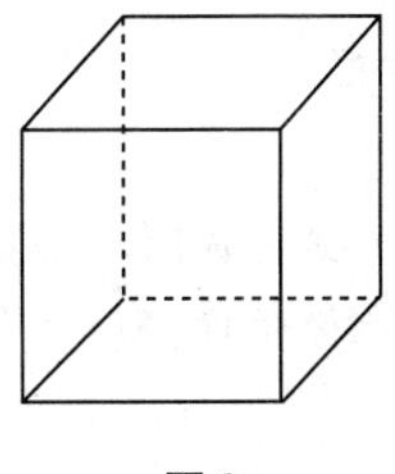

图 2

5. 我的发现：长方体各面面积之和叫作它的表面积。正方体的各面面积相等。

吴恢桂　供稿

五年级下册数学“平均数的再认识”接引性学习单

班级：________姓名：________家长签名：________评价：________

问题一：

下面是我们五年级前两周进行的管乐比赛的成绩统计表（见表1）。

表1

	评委1	评委2	评委3	评委4	评委5	评委6	评委7	评委8	排名
节目1	92	90	89	74	88	92	97	93	
节目2	97	92	85	88	90	90	82	93	
节目3	95	90	90	87	92	85	89	92	

1. 请你根据上面的数据，完成表格剩下的部分。

2. 请你说说你这样排名用了什么方法，理由是什么？

问题二：

淘气调查了操场上一起做游戏的小朋友的年龄情况：

7岁，7岁，7岁，8岁，8岁，8岁，9岁，9岁。

1. 计算这些小朋友的平均年龄。

2. 这时，李老师也加入了游戏的队伍。他的年龄是45岁，计算此时做游戏的人的平均年龄，说说你对平均数的认识，并解释为什么会出现这种情况。

3. 李老师突然有事要离开，他把他的孩子交给淘气他们照顾，让他跟着大家一起玩游戏，这时候，游戏中的这些人的平均年龄是多少？

问题三：

从上面的几道题中，你对平均数有了哪些新的认识？你认为在问题一中，怎样排名比较合理？

课堂提高

1. 小王现在还没工作，正好两家公司都在招聘员工。表2、表3为两个公司内部工资结构表。请问小王该选哪一家公司？为什么？

A 公司员工月工资一览表

表 2

职工	总经理	副经理	职员 1	职员 2	职员 3	职员 4	平均工资
工资（元）	7000	3000	1500	1500	1500	500	2500

B 公司员工月工资一览表

表 3

职工	负责人	职员 1	职员 2	职员 3	平均工资
工资（元）	2100	2000	2000	1900	2000

2. 小梅做跳绳练习，第一次跳了 67 下，第二次跳了 76 下。她要想三次平均成绩达到 80 下，第三次至少要跳多少下？

3. 一农机站有 960kg 的柴油。用了 6 天，还剩 240kg。照此用法，剩下的柴油还可用几天？

宋志航　明春生　供稿

七年级下册数学“积的乘方”接引性学习单

班级：________姓名：________家长签名：________评价：________

问题一：

计算：$10^2\times10^3\times10^4=$__________$(x^2)^5=$__________。

问题二：

若一个正方体的棱长为 2×10^3cm，你能计算出它的体积是多少吗？

问题三：

1. 计算：$(2\times3)^2$与$2^2\times3^2$，你发现了什么？

2. 类比与猜想：$(ab)^3$ 与 a^3b^3 是什么关系？

3. 猜想：$(ab)^n=$____________________，并通过计算来验证。

课堂检测

1. 下面的计算是否正确？如有错误请改正。

(1) $(ab^4)^4=ab^8$　　(2) $(-3pq)^2=-6p^2q^2$

(3) $(a^2b^4)^4=ab^8$　　(4) $(-2m^2n^3)^3=-6m^5n^6$

2. 计算：

(1) $(-3n)^3$　　(2) $(5xy)^3$　　(3) $-a^3+(-4a)^2a$

(4) $a^3\cdot a^4\cdot a+(a^2)^4+(-2a^4)^2$

(5) $(-2a^3)^2\cdot a^3+(-3a)^2\cdot a^7-(4a^3)^3$

3. 若 $x^n=2$，$y^n=3$，则$(xy)^{3n}=$____________________。

4. 已知 $a^x=3$，$a^y=4$，则 a^{2x+y}的值是____________________。

课堂小结：本节课你有什么收获？还有哪些没学会？

韦新祥　供稿

七年级下册数学“利用三角形全等测距离”接引性学习单

班级：________姓名：________家长签名：________评价：________

一、复习回顾

1. 全等三角形对应边__________，对应角__________。

2. 如图1，已知$\angle ACB=\angle DBC$，要使$\triangle ABC\cong\triangle DCB$，只需增加的一个条件是____________________。

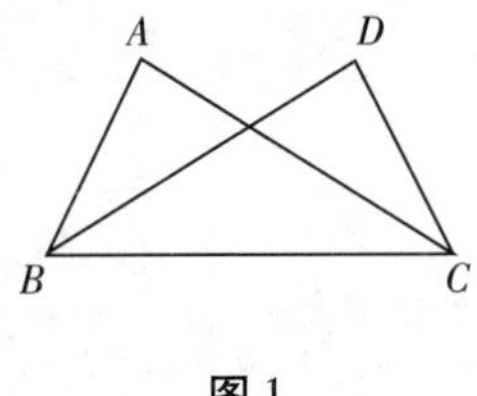

图1

二、情境引入

如图2、图3所示：A、B两点分别位于一个池塘的两端，小明想用绳子和三角尺测量A，B间的距离，但绳子不够长，不能直接量出，你能帮他想个办法吗？

1. 请你设计一个合适的、可行的方案，画出设计图形，写出设计方案，并说明理由。

2. 你还有其他设计方案吗？尽可能多地设计出不同的方案来。

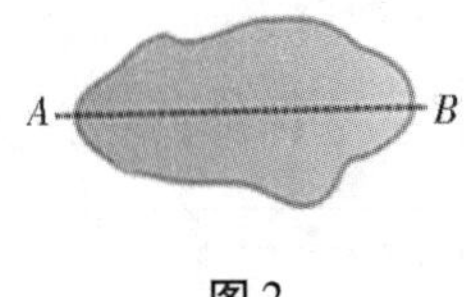

图2

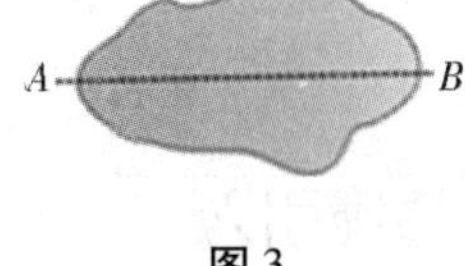

图3

三、巩固提高

1. 如图 4 所示，把两根钢条 AB，CD 的中点连在一起，可以做成一个测量工件内槽宽的工具（卡钳）。只要量得 AC 的长度，就可知工件的内径 BD 是否符合标准。你明白其中的道理吗？请说明理由。

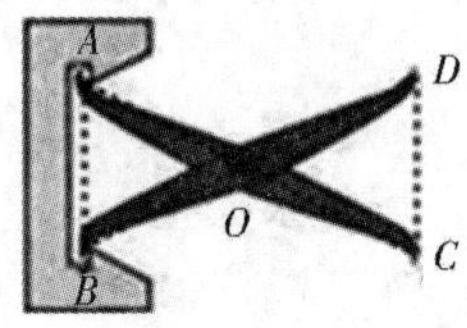

图 4

2. 你能根据所学的知识解释图 5 蕴含的道理吗？

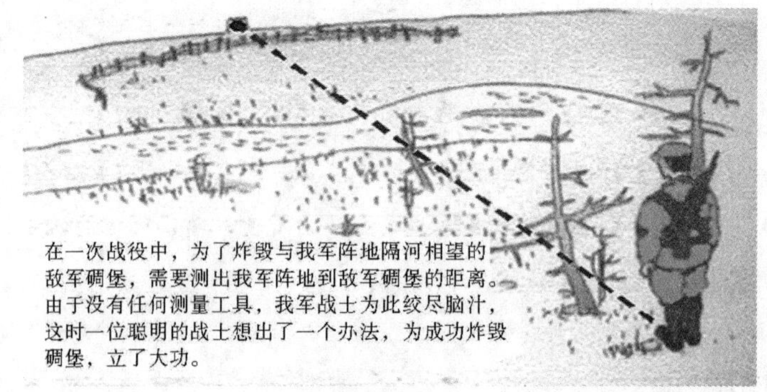

在一次战役中，为了炸毁与我军阵地隔河相望的敌军碉堡，需要测出我军阵地到敌军碉堡的距离。由于没有任何测量工具，我军战士为此绞尽脑汁，这时一位聪明的战士想出了一个办法，为成功炸毁碉堡，立了大功。

图 5

吴红平　明春生　供稿

八年级上册数学“探索勾股定理（1）”接引性学习单

班级：________姓名：________家长签名：________评价：________

一、情境引入

平面图形一般会从面积（周长等）角度考查，观察图 1，填写表 1。

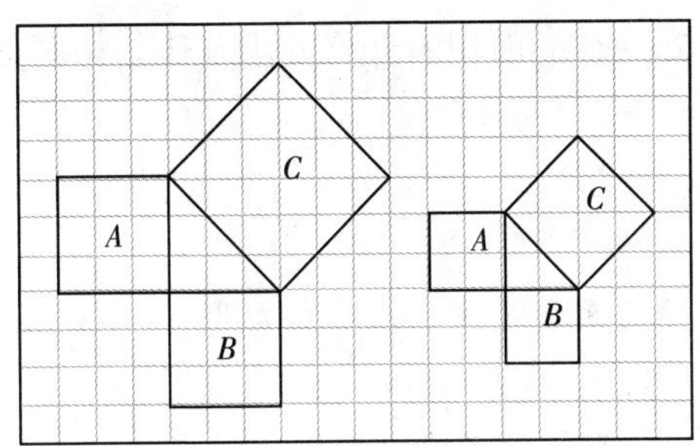

图 1

表 1

	A 的面积（单位面积）	B 的面积（单位面积）	C 的面积（单位面积）
左图			
右图			
面积关系			

1. 同样是正方形，A，B，C 的面积分别如何计算？

2. 观察图 2，填写表 2。

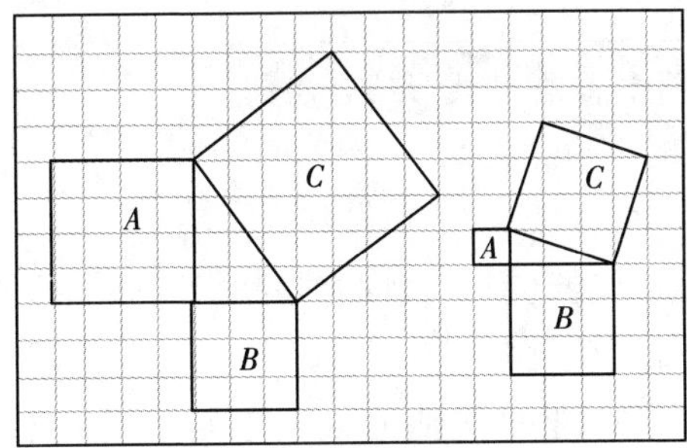

图 2

表 2

	A 的面积（单位面积）	B 的面积（单位面积）	C 的面积（单位面积）
左图			
右图			
面积关系			

此时，图 1 和图 2 中 C 的面积的计算方法有什么相同点和不同点？

设计意图：显然 C 的面积是难点，难在哪里？（不规则）如何突破？（转化为规则）

转化思想：新见化旧知是有效学习思维出发点。

提示：割补法。

二、明确定理

我们不难发现图 1 和图 2 中都成立的关系式：$S_A+S_B=S_C$，七年级我们学习过非常重要的一节内容“用字母表示数”（引入了变量），计算正方形的面积只需边长就可以确定，我们将上述面积关系式转化为边长关系式（自己先尝试写出）：

$a^2+b^2=c^2$（其中 a，b，c 依次为正方形 A、B、C 的边长）

设计意图：检查自己探索的关系式是否正确，如果不正确，自查错因。

边长关系式 $a^2+b^2=c^2$ 回扣图形（图 1、图 2），你发现了什么？

将上述发现称为勾股定理，写出完整的勾股定理的内容：

____

____

设计意图：回扣图形，应用数形结合思想。

三、问题链

1. 学习到这里，你觉得还有什么内容是我们应该掌握的？

2. 发现的定理，如何验证？

3. 在自己理解勾股定理的基础上，试想勾股定理有哪些应用（与同学交流）？

设计意图：通章整体框架要清晰！通读本章内容，先整理出用来验证勾股定理的素材。

胡译元　供稿

八年级下册数学“简单的图形设计”接引性学习单

班级：________姓名：________家长签名：________评价：________

一、学习目标

1. 经历对生活中的典型图案进行观察、分析、欣赏等过程。
2. 认识并欣赏平移、旋转在现实生活中的应用。

二、问题与活动

1. 在方格纸中，选择标有序号①②③④中的一个小正方形涂黑，与图 1 中阴影部分构成中心对称图形，涂黑的小正方形的序号是__________。

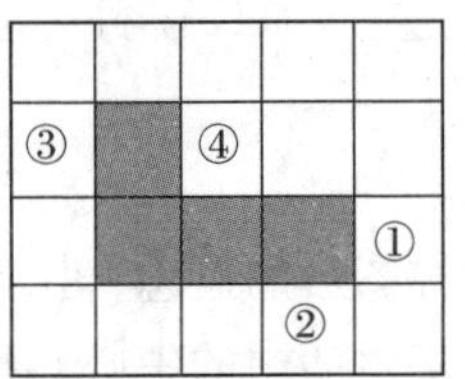

图 1

2. 一块方角形钢板如图 2 所示，请你根据中心对称的性质用一条割线将它分为面积相等的两部分（不写作法，保留痕迹）。你有其他的分割方法吗？请你在备用图中把它画出来。

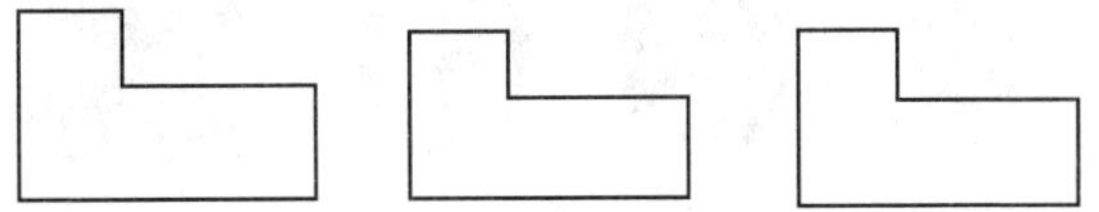

图 2

3. 如图 3，在 4×3 的网格上，由个数相同的白色方块与黑色方块组成一幅图案，请仿照此图案，在下列网格中分别设计符合要求的图案。（注：不得与原图案相同，黑白方块的个数要相同）

（1）是中心对称图形，又是轴对称图形。

（2）是轴对称图形，但不是中心对称图形。

（3）是中心对称图形，但不是轴对称图形。

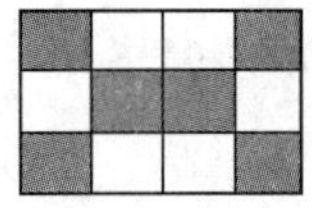
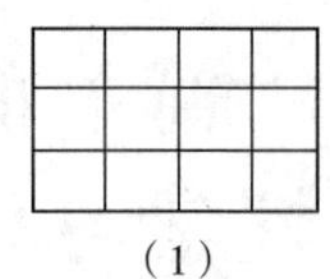
（1）
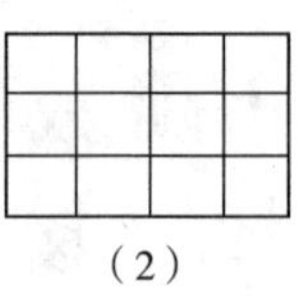
（2）
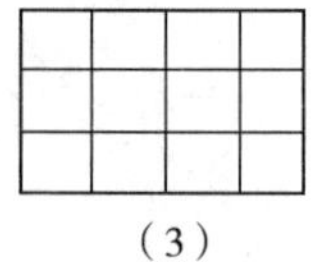
（3）

图 3

明春生　供稿

八年级下册数学“图形的旋转 2（中心对称）”接引性学习单

班级：________姓名：________家长签名：________评价：________

一、学习目标

1. 了解中心对称、中心对称图形的概念，探索中心对称图形的基本性质。
2. 认识并欣赏自然界和现实生活中的中心对称图形。
3. 经历有关中心对称的观察、操作、欣赏和设计过程。

二、问题与活动

1. 下列图案中，不是中心对称图形的是（　　）。

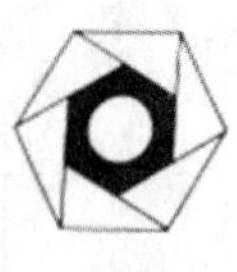

A　　B　　C　　D

2. 下列图形中是中心对称图形的是（　　）。

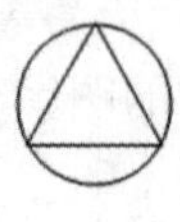
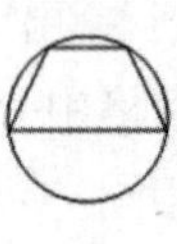
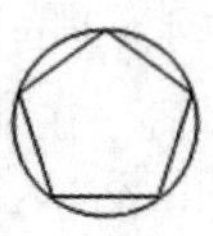

A　　B　　C　　D

3. 既是中心对称图形，又是轴对称图形的是（　　）。

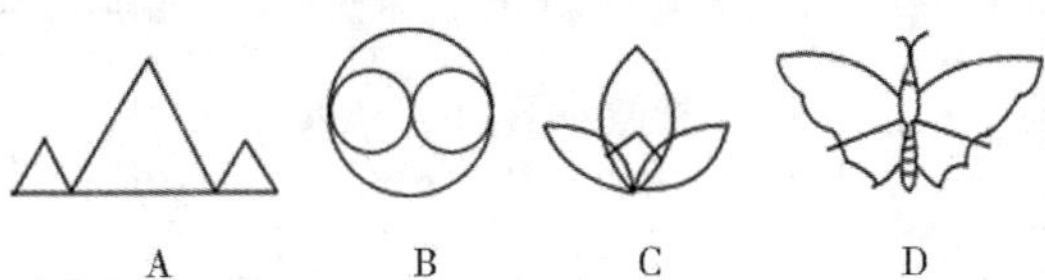

4. 如图1，已知$\triangle ABC$和$\triangle ABC$外一点O，作$\triangle A_1B_1C_1$，使其与$\triangle ABC$关于点O成中心对称。

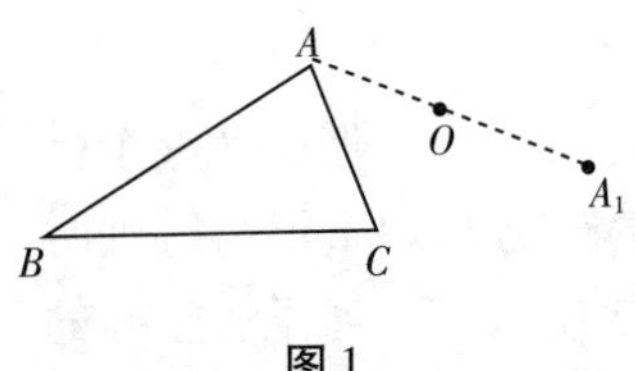

图1

5. 如图2，AO = OE，以点O为对称中心，画出与五边形$ABCDE$成中心对称的图形。

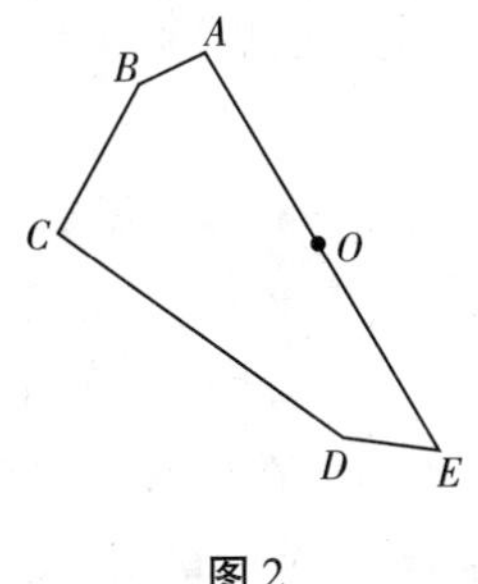

图2

明春生　供稿

八年级下册数学“不等式与函数关系”接引性学习单

班级：________姓名：________家长签名：________评价：________

一、学习目标

1. 通过具体问题体会函数与不等式的关系。
2. 感知不等式、方程、函数的不同作用与内在联系。

二、问题与活动

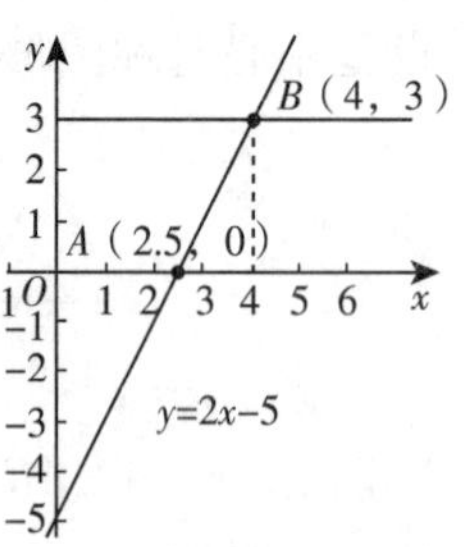

图 1

1. 填空：函数 $y=2x-5$ 的图像如图 1，观察图像回答下列问题：

（1）x ______时，$2x-5=0$。

（2）x ______时，$2x-5<0$。

（3）x ______时，$2x-5>0$。

（4）x ______时，$2x-5>3$。

2. 甲、乙两车从 A 城出发前往 B 城，在整个行驶过程中，汽车离开 A 城的距离 y（km）与行驶时间 t（h）的函数图像如图 2 所示，下列说法正确的有______个。①甲车的速度为 50km/h；②乙车用了 3h 到达 B 城；③甲车出发 4h 时，乙车追上甲车；④乙车出发后经过 1h 或 3h 两车相距 50km；⑤4h 前甲在乙的前面；⑥ 4h 后甲在乙的后面。

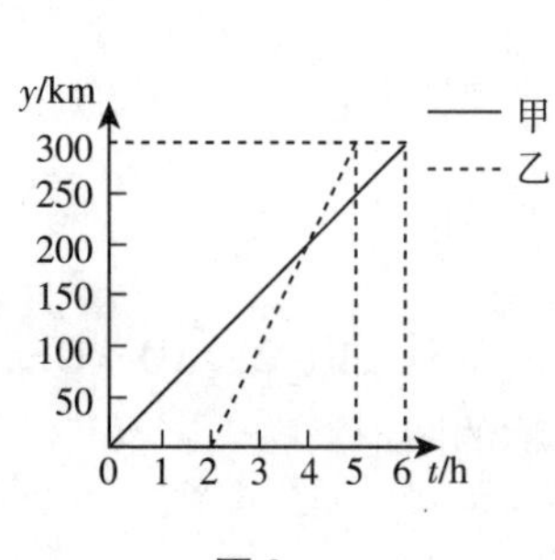

图 2

3. 某医院研究发现了一种新药，在试验药效时发现，如果成人按规定剂量服用，那么服药后 2 小时时血液中含药量最高，达每毫升 6 微克（1 微克 $=10^{-3}$毫克），接着逐步衰减，10 小时时血液中含药量为每毫升 3 微克，每毫升血液中含药量 y（微克）随着时间 x（小时）的变化如图所示（成人按规定服药后）。(1) 分别求出 $x\leqslant 2$ 和 $x\geqslant 2$ 时，y 与 x 之间的函数关系式；(2) 根据图像观察，如果每毫升血液中含药量为 4 微克或 4 微克以上，在治疗疾病时是有效的，那么这个有效时间是多少？

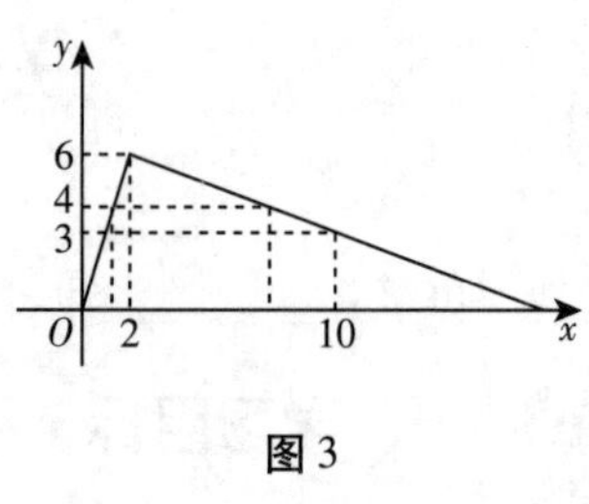

图 3

明春生　供稿

九年级上册数学“特殊平行四边形复习”接引性学习单

班级：________姓名：________家长签名：________评价：________

一、学习目标

1. 复习三种特殊平行四边形的性质及判定，理解相互之间的关系。

2. 在具体问题的证明过程中，有意识地渗透实验论证、逆向思维的思想，提高解决问题的能力。

二、请你用概念图梳理本章的知识

备选关键词：

平行四边形　矩形　菱形　正方形　性质　判定方法　边　角　对角线　面积

我的概念图：

三、中考真题链接

1. 下列命题是假命题的是（　　）。

A. 任何一个具有对称中心的四边形是平行四边形

B. 平行四边形既是轴对称图形，又是中心对称图形

C. 线段、平行四边形、矩形、菱形、正方形都是中心对称图形

D. 正三角形、矩形、菱形、正方形都是轴对称图形，且对称轴都不止一条

2. 顺次连接四边形 $ABCD$ 的各边中点所得的四边形是菱形，则四边形 $ABCD$ 一定是（　　）。

A. 菱形　　B. 对角线互相垂直的四边形

C. 矩形　　D. 对角线相等的四边形

3. 如图 1 所示，过正方形 $ABCD$ 的顶点 B 作直线 l，过点 A，C 作 l 的垂线，垂足分别为 E，F。若 $AE=1$，$CF=3$，则正方形 $ABCD$ 的边长为__________。

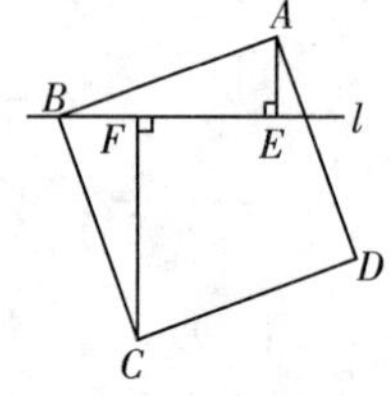

图 1

4. 如图 2 所示，将矩形 $ABCD$ 沿 EF 折叠，使顶点 C 恰好落在 AB 边的中点 C'上，若 $AB=6$，$BC=9$，则 BF 的长为__________。

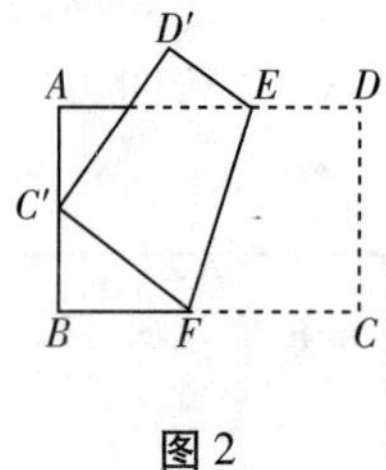

图 2

5. 如图 3 所示，在矩形 $ABCD$ 中，对角线 BD 的垂直平分线 MN 与 AD 相交于点 M，与 BC 相交于点 N，连接 BM，DN。

（1）求证：四边形 $BMDN$ 是菱形。

（2）若 $AB=4$，$AD=8$，求 MD 的长。

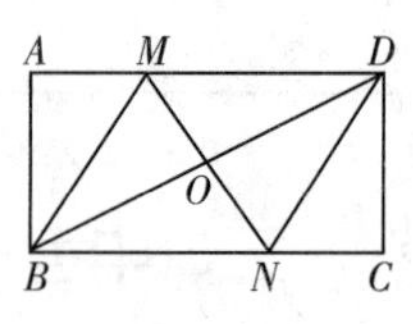

图 3

6. 如图 4 所示，在 Rt$\triangle ABC$ 中，$\angle ACB=90°$，过点 C 的直线 $MN /\!/ AB$，D 为 AB 边上一点，过点 D 作 $DE \perp BC$，交直线 MN 于 E，垂足为 F，连接 CD，BE。

（1）求证：$CE=AD$。

（2）当 D 在 AB 的中点时，四边形 $BECD$ 是什么特殊四边形？说明你的理由。

（3）若 D 为 AB 的中点，则当 $\angle A$ 的大小满足什么条件时，四边形 $BECD$ 是正方形？请说明你的理由。

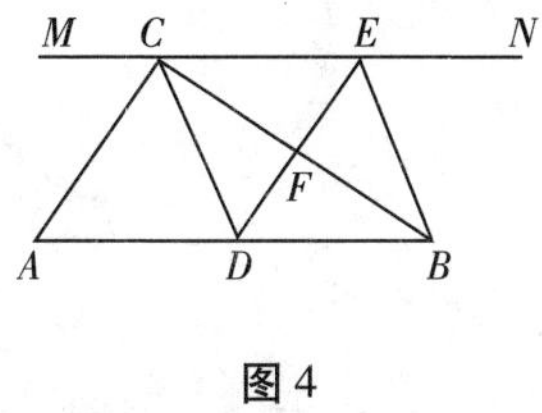

图 4

张建彩　供稿

九年级上册数学“直线与圆的位置关系”接引性学习单

班级：________姓名：________家长签名：________评价：________

问题一：

观察图 1，图中各点和圆是什么位置关系？如何判断？

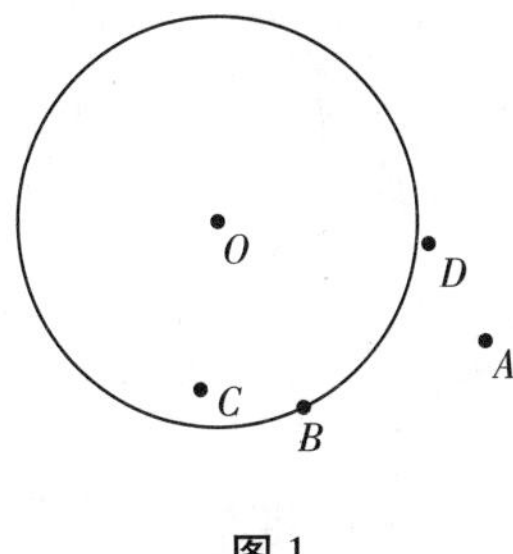

图 1

问题二：

1. 作一个圆，把直尺边缘看成一条直线。固定圆，平移直尺，试说出直线和圆有几种位置关系。（提示：可以根据直线与圆的公共点个数来分类）

2. 类似于点和圆的位置关系，用距离与半径的大小关系怎样确定直线与圆的位置关系？

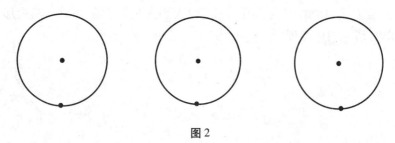

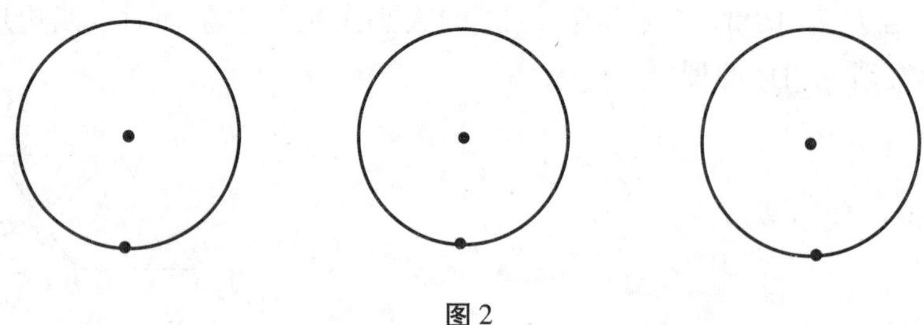

图 2

3. 如图 3，直线 CD 与 $\odot O$ 相切于点 A，这是轴对称图形吗？如果是，请画出对称轴。仔细观察，你能发现什么？

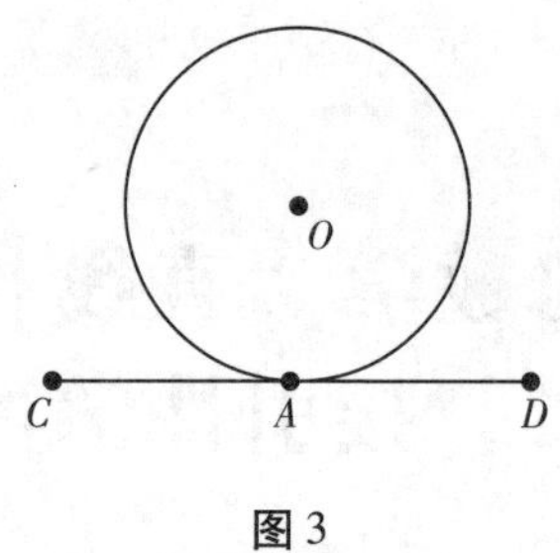

图 3

4. 已知 Rt$\triangle ABC$ 的斜边 $AB=8$cm，直角边 $AC=4$cm。

（1）以点 C 为圆心作圆，当半径为多长时，AB 与 $\odot C$ 相切？

（2）以点 C 为圆心，分别以 2cm 和 4cm 的长为半径作两个圆，这两个圆与 AB 分别有怎样的位置关系？

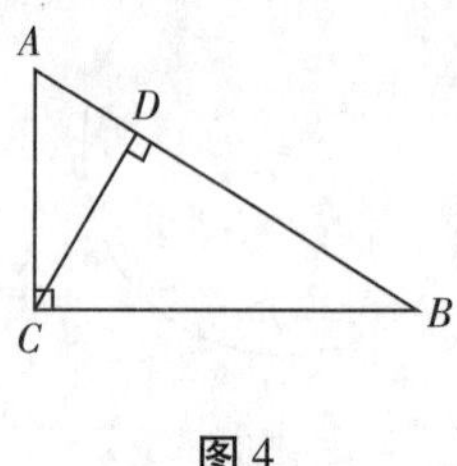

图 4

课堂检测

1. 已知 $\odot O$ 的直径为 12cm。

（1）若圆心 O 到直线 l 的距离为 3cm，则直线 l 与 $\odot O$ 的位置关系为__________。

(2) 若圆心 O 到直线 l 的距离为 6cm，则直线 l 与 $\odot O$ 的位置关系为__________。

2. 如图 5，直线 AB 与 $\odot O$ 相切于点 A，$\odot O$ 的半径为 2，若 $\angle OBA=30°$，则 OB 的长为（　　）。

A. $4\sqrt{3}$　　B. 4　　C. $2\sqrt{3}$　　D. 2

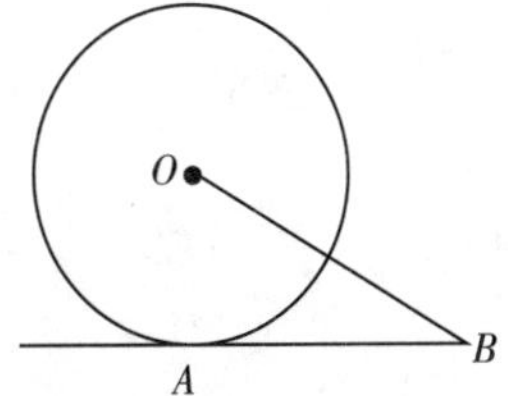

图 5

3. 如图 6，AB 是 $\odot O$ 的弦，AC 是 $\odot O$ 的切线，A 为切点，BC 经过圆心。若 $\angle B=25°$，则 $\angle C$ 的大小等于__________。

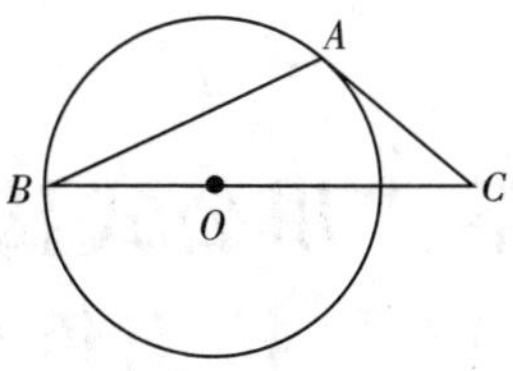

图 6

4. 如图 7，$\triangle ABC$ 的边 AC 与 $\odot O$ 相交于 C、D 两点，且经过圆心 O，边 AB 与 $\odot O$ 相切，切点为 B。已知 $\angle A=30°$，则 $\angle C$ 的大小是__________。

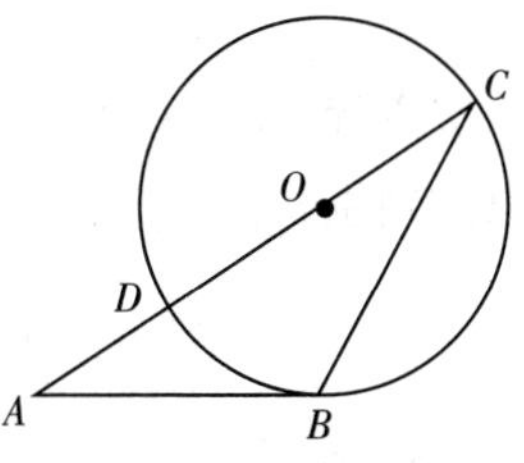

图 7

5. 如图 8，P 为 $\odot O$ 的直径 BA 延长线上的一点，PC 与 $\odot O$ 相切，切点为 C，点 D 是 $\odot O$ 上一点，连接 PD。已知 $PC=PD=BC$。下列结论：

① PD 与 $\odot O$ 相切；②四边形 $PCBD$ 是菱形；③$PO=AB$；④ $\angle PDB=120°$。其中正确的个数为（　　）。

A. 4 个　　B. 3 个　　C. 2 个　　D. 1 个

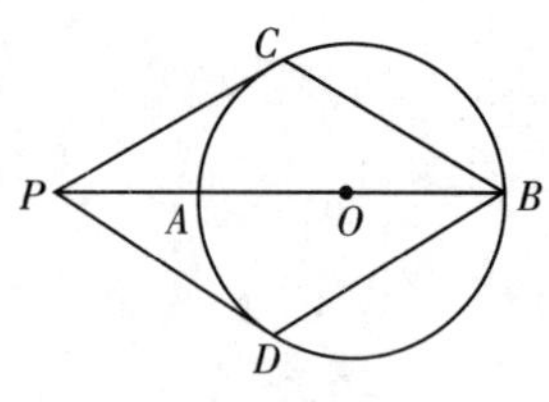

图 8

我的收获：

我的疑惑：

邱芸菁　明春生　供稿

九年级上册数学“用公式法求解一元二次方程（1）”接引性学习单

班级：________姓名：________家长签名：________评价：________

一、学习目标

1. 能利用公式法解一元二次方程。
2. 掌握一元二次方程的根的判别式。

二、复习回顾

用配方法解方程：$2x^2-4x-1=0$。

三、新知探究

探究一：推导一元二次方程的求根公式。

解方程：$ax^2+bx+c=0$（$a\neq0$）

解：方程两边都除以 a，得__________

移项，得：__________

配方，得：__________

即 $(x+\frac{b}{2a})^2=\frac{b^2-4ac}{4a^2}$

$\because a\neq0$

$\therefore$ 所以 $4a^2>0$

当 $b^2-4ac\geqslant0$ 时，得：

$x+\frac{b}{2a}=\pm\sqrt{\frac{b^2-4ac}{4a^2}}=$__________

$\therefore x=\frac{-b\pm\sqrt{b^2-4ac}}{2a}$

一般地，对于一元二次方程 $ax^2+bx+c=0$（$a\neq0$），当 $b^2-4ac\geqslant0$ 时，它的根是 $x=$__________。

上面这个式子称为一元二次方程的求根公式。用求根公式解一元二次方程的方法称为公式法。

探究二：用公式法解一元二次方程

解方程：$x^2-7x-18=0$　　　　解方程：$4x^2-4x=-1$

解：这里 $a=$______，$b=$______，$c=$______。

$\because b^2-4ac=$__________$=121>0$

$\therefore x=\frac{-b\pm\sqrt{b^2-4ac}}{2a}=$__________

即 $x_1=$______，$x_2=$______。

探究三：你能求出 $x^2-2x+4=0$ 的根吗？为什么？

对于一元二次方程 $ax^2+bx+c=0$（$a\neq0$）：

当 $b^2-4ac>0$ 时，方程有两个不相等的实数根；

当 $b^2-4ac=0$ 时，方程有两个相等的实数根；

当 $b^2-4ac<0$ 时，方程没有实数根。

我们把 b^2-4ac 叫作一元二次方程 $ax^2+bx+c=0$（$a\neq0$）的根的判别式。

四、自我检测

1. 不解方程，判断下列方程根的情况

（1）$2x^2+5=7x$　　（2）$4x(x-1)+3=0$　　（3）$25x^2+20x+4=0$

2. 用公式法解下列方程

（1）$x^2+5x-1=0$ （2）$2x^2-4x-1=0$ （3）$\frac{1}{4}x^2-6x+3=0$

（4）$5x^2+2x-1=0$ （5）$6y^2+13y+6=0$ （6）$x^2+6x+9=7$

刘治明　明春生　供稿

第五章

微课教学

有理数的运算

邱芸菁老师
龙岗区宝龙学校

一、微课标题

第一讲：有理数的加法运算。
第二讲：有理数的减法运算。
第三讲：有理数的乘法运算。
第四讲：有理数的除法运算。
第五讲：有理数的乘方运算。

二、教材信息

北师大版初中数学七年级上册。

三、适用群体

初中一年级学生。

四、微课亮点

思路清晰，关注知识的生成，帮助学生理解算理，归纳出有理数运算的法则。

五、制作信息

1. 制作软件：乐秀。
2. 共享平台：QQ 空间。
3. 图片来源：手绘。

邱芸菁　供稿

尺规作图

一、微课标题

第一讲：尺规作图。
第二讲：尺规作图——作一条线段等于已知线段。
第三讲：尺规作图——作一个角等于已知角。
第四讲：尺规作图——作已知角的角平分线。
第五讲：尺规作图——作已知线段的垂直平分线。
第六讲：尺规作图——过一点作直线的垂线。

二、教材信息

北师大版初中数学七年级上册。

三、适用群体

初中一年级学生。

四、微课亮点

思路清晰，关注知识的生成，帮助学生理解算理，归纳出有理数运算的法则。

五、制作信息

1. 制作软件：乐秀。
2. 共享平台：QQ 空间。
3. 图片来源：手绘。

邱芸菁　供稿

测　量

秦桂林老师
龙岗区宝龙学校

一、微课标题

第一讲：认识尺子。
第二讲：学习测量方法。
第三讲：常见长度单位。
第四讲：单位换算（一）。
第五讲：单位换算（二）。

二、教材信息

北师大版小学数学二年级下册。

三、适用群体

小学二年级学生。

四、微课亮点

关注知识生成，注重知识的系统性，帮助学生突破在单位换算时的难点。

五、制作信息

1. 制作软件：乐秀。
2. 共享平台：乐秀。
3. 微课共享：网络共享、蓝墨云班课。

秦桂林　供稿

图形的平移与旋转

黄庆老师
横岗吉溪初级中学

一、微课标题

第一讲：图形的平移。
第二讲：平移与坐标。
第三讲：平移的作图。
第四讲：图形的旋转。
第五讲：中心对称。

二、教材信息

北师大版初中数学八年级上册。

三、试用群体

初中二年级学生。

四、微课亮点

使用小猪佩奇卡通人物能够激发学生的学习兴趣。

五、制作信息

1. 制作软件：乐秀。
2. 共享平台：乐秀。
3. 图片来源：网络。

黄庆　供稿

有理数的混合运算

黄庆老师
横岗吉溪初级中学

一、微课标题

第一讲：有理数的加法。
第二讲：有理数的减法。
第三讲：有理数的乘法。
第四讲：有理数的除法。
第五讲：有理数的乘方。

二、教材信息

北师大版初中数学七年级上册。

三、适用群体

初中一年级学生。

四、微课亮点

以篮球为背景将数学知识串联起来，能够激发学生的学习兴趣。

五、制作信息

1. 制作软件：乐秀。
2. 共享平台：乐秀。
3. 图片来源：网络。

黄庆　供稿

锐角三角函数

一、微课标题

第一讲：正切函数。

第二讲：正切函数练习。

第三讲：正弦函数。

第四讲：余弦函数。

第五讲：正余弦函数练习 1。

第六讲：正余弦函数练习 2。

二、教材信息

北师大版初中数学九年级下册。

三、适合群体

初中三年级学生。

四、微课亮点

图形结合，形象具体，习题典型，有代表性，思路清晰，讲解清楚，帮助学生在三角函数中有更深的理解。

五、制作信息

1. 制作软件：小影。
2. 共享平台：小影。
3. 资料来源：九年级下册课本。

刘芝　供稿

因式分解

一、微课标题

第一讲：因式分解。
第二讲：提取公因式 1。
第三讲：提取公因式 2。
第四讲：提取公因式 3。
第五讲：提取公因式 4。
第六讲：公式法——平方差。
第七讲：公式法——完全平方。

二、教材信息

北师大版数学八年级下册。

三、适合群体

初中二年级学生。

四、微课亮点

习题典型，有代表性，思路清晰，讲解清楚，帮助学生对因式分解有更深的理解。

五、制作信息

1. 制作软件：小影。
2. 共享平台：小影。
3. 资料来源：八年级下册课本。

刘芝　供稿

一元一次不等式（组）

罗嘉森老师
横岗吉溪初级中学

一、微课标题

第一讲：一元一次不等式的解集的数轴表示。
第二讲：解一元一次不等式（1）。
第三讲：解一元一次不等式（2）。
第四讲：一元一次不等式组的解集的数轴表示。
第五讲：解一元一次不等式组。

二、教材信息

北师大版数学八年级下册。

三、适用群体

初中二年级学生。

四、微课亮点

思路清晰，注重演示。

五、制作信息

1. 制作软件：小影。
2. 共享平台：小影、蓝墨云班课。
3. 图片来源：网络。

罗嘉森　供稿

三角形的“五心”

赵静云老师
横岗吉溪初级中学

一、微课标题

第一讲：三角形的垂心。
第二讲：三角形的内心。
第三讲：三角形的旁心。
第四讲：三角形的外心。
第五讲：三角形的重心。

二、教材信息

北师大版初中数学七年级上册到九年级下册。

三、适用人群

初一至初三学生。

四、微课亮点

思路清晰，关注知识的生成，帮助学生从本质上突破三角形“五心”的概念。

五、制作信息

制作软件：乐秀。

赵静云　供稿

附　录

教师课题申请评审书

年度	2017 年
编号	

深圳市龙岗区教育科学研究
课题申请·评审书

（教师课题）

课题名称　数学教材整合下的接引性学习单的设计的实验研究

课题主持人　明　春　生

课题所在单位　深圳市龙岗区宝龙学校

填写日期　2017 年 6 月 12 日

深圳市龙岗区教师进修学校

2017 年 5 月印制

一、课题组基本情况

<table>
<tr><td>姓名</td><td colspan="2">明春生</td><td>工作单位</td><td colspan="2">深圳市龙岗区
宝龙学校</td><td>行政职务</td><td>无</td></tr>
<tr><td>最后学历</td><td>本科</td><td>最后学位</td><td>无</td><td>研究专长</td><td>教育教学</td><td>职称</td><td>中学高级</td></tr>
<tr><td>办公电话</td><td></td><td>手机</td><td colspan="2">1501672××××</td><td>电子邮箱</td><td colspan="2">568373960@qq.com</td></tr>
<tr><td>预期完成时间</td><td>2018.6</td><td colspan="2">预期的主要成果</td><td colspan="4">A. 论文</td></tr>
<tr><td rowspan="13">课题组主要成员</td><td>姓名</td><td>学历</td><td>职称</td><td colspan="2">研究专长</td><td colspan="2">工作单位</td></tr>
<tr><td>黄敏佳</td><td>本科</td><td>小高</td><td colspan="2">数学教学</td><td colspan="2">宝龙学校</td></tr>
<tr><td>蔡晓玲</td><td>本科</td><td>小高</td><td colspan="2">数学教学</td><td colspan="2">宝龙学校</td></tr>
<tr><td>翟兴权</td><td>本科</td><td>中一</td><td colspan="2">数学教学</td><td colspan="2">石芽岭学校</td></tr>
<tr><td>吴红平</td><td>本科</td><td>中二</td><td colspan="2">数学教学</td><td colspan="2">宝龙学校</td></tr>
<tr><td>官丽婷</td><td>本科</td><td>中二</td><td colspan="2">数学教学</td><td colspan="2">宝龙学校</td></tr>
<tr><td>陈宠年</td><td>本科</td><td>中二</td><td colspan="2">数学教学</td><td colspan="2">宝龙学校</td></tr>
<tr><td>宋志航</td><td>本科</td><td>无</td><td colspan="2">数学教学</td><td colspan="2">宝龙学校</td></tr>
<tr><td>钟巧玲</td><td>本科</td><td>小一</td><td colspan="2">数学思想方法</td><td colspan="2">宝龙学校</td></tr>
<tr><td>黄妙玲</td><td>本科</td><td>小一</td><td colspan="2">数学思想方法</td><td colspan="2">宝龙学校</td></tr>
<tr><td>周道斌</td><td>本科</td><td>中二</td><td colspan="2">数学教学</td><td colspan="2">深圳中学龙岗中学</td></tr>
<tr><td>钟庆欣</td><td>本科</td><td>无</td><td colspan="2">课前情境引入</td><td colspan="2">宝龙学校</td></tr>
</table>

二、课题研究的设计和论证

1. 课题研究的问题及其背景

宝龙学校从2016年2月开始教学改革以来，重点是促进教学方式及学生学习方式的变革，它关系到教育效能和学生的学习质量，以及学生的可持续发展问题。鉴于学校的“完整教育”的改革大前提，在初中数学的教学中，课题组尝试着在数学教材整合的基础上，进行接引性学习单的设计，引导学生进行前置性学习，可以帮助学生拓展思路，发展学生的数学思维，化解学习中的重点和难点，发展与提升学生的潜能，促进学生的自主发展。这也是课题组研究的方向。

续表

通过这一课题的研究，逐步把学生在数学学习中存在的被动学习状况，转变为学生的自主探究学习，并在实践中探索在小组合作学习中的可操作性的原则、方式及手段，使学生能够自主合作地思考并解决前置性学习中出现的重点、难点等状况，提升学生的自我学习能力与潜力。

2. 该研究领域的研究现状（文献述评）

目前，国内外关于导学案的研究相当丰富，研究时间很长，国外从20世纪80年代开始对此进行了系列研究，并取得了丰硕的成果。国内起步稍晚，且大都是理论研究。笔者在知网中键入“学案”进行搜索，可以搜索到9700多篇文章符合关键词，键入“数学学案”进行搜索，可以搜索到460多篇文章符合关键词。进一步筛选后，发现更少符合要求的文章。接引性学习单是在我校完整教育的教学改革中提出的，在国内外其他学校尚属首次，故其他地方还没有这方面的研究。而现在研究数学教材整合下的接引性学习单的设计，不但不同于一般的导学案，而且比一般的接引性学习单更进一步，它的不同之处在于：平常的导学案是在现有教材体系的基础上进行的，仅仅起预习作用，而数学教材整合下的接引性学习单的设计的实验研究，首先要在对现行教材非常熟悉的基础上，结合学生的具体情况，对现行教材进行整合，意在培养学生的思维，在此基础上，再对所学内容进行接引性设计。“接”，是指在前面所学内容与本节课的内容之间建立桥梁，包含要用的知识点、要用的思想方法、要用的解题技巧等。“引”，是指从“接”的知识中如何引出本节课的内容，“引”的方法有多种，通过多种方法的“引”，开拓学生的视野，激发学生的兴趣，训练学生的思维，通过深入研究以了解其设计原则、设计方法、设计类型是很有必要的。

3. 课题组在该研究领域的研究基础

课题组主持人明春生，中学高级教师、特级教师，具有丰富的教学经验，从教20多年，对各版本的初中数学教材非常熟悉，而且来宝龙学校已有2年，对学生的能力水平也已了解到位。再则，宝龙学校从2016年2月开始进行课改，在各位领导的指导下，在课改先锋们的感染下，作为宝龙学校数学组的一员，明春生积极参与到课改的过程中。

课题组成员黄敏佳、蔡晓玲、吴红平是老教师，对各种教材比较熟悉，尤其是对北师大版教材，有了基础就易进行教材整合。

课题组其他成员、学员是宝龙学校的教师的，全程参与了宝龙学校的课改工作，对宝龙学校的接引性学习单有一定的了解，并且从实际中掌握了接引性学习单的设计的基本经验。而工作室其他非宝龙学校的教师，也都是老教师，主要负责对数学教材进行整合，对教材的整合提出可行性方案。

4. 研究的主要目标及基本内容

主要目标：通过查找资料，先是对北师大版初中数学教材进行整合，然后在教材整合的前提下，学习时对接引性学习单的设计进行研究，通过研究，探讨出接引性学习单的设计原则、设计方法，并设计不同课型的接引性学习单，得到典型设计案例，供同行进行实践借鉴。

基本内容：一是对现行北师大教材进行章节整合的必要性；二是对现行北师大教材进行章节整合的可行性；三是教材整合后的接引性学习单的设计原则；四是教材整合后的接引性学习单的设计方法；五是教材整合后根据不同课型的接引性学习单得到典型设计案例。

续 表

5. 研究的基本思路及进度安排 （1）基本思路 一是查找国内外资料文献，得到对现行北师大版教材进行章节整合的可行方案。 二是查找国内外资料文献，结合本校接引性学习单的设计得出设计原则、方法。 三是结合具体课型，探索出不同课型的接引性学习单的典型案例。 （2）进度安排 2017 年 4 月至 2017 年 5 月课题申报的准备工作。 2017 年 6 月至 2017 年 8 月课题申报。 2017 年 9 月至 2017 年 10 月课题开题。 2017 年 10 月至 2017 年 11 月课题案例研究。 2017 年 12 月至 2018 年 1 月课题中期汇报。 2018 年 2 月至 2018 年 4 月课题案例小结。 2018 年 5 月至 2018 年 6 月课题总结。 **6. 研究的预期效果与具体成果形式** 相关的论文 1 篇以上。 典型教学案例（接引性学习单）3 个以上。

三、经费预算（单位：万元）

1. 图书资料费：1000 元。 2. 办公用品及专用材料费：300 元。 3. 交通差旅费：0 元。 4. 会议费：0 元。 5. 复印、打印和制作费：300 元。 6. 专家咨询费：500 元。 7. 其他费用：500 元。 合计预算经费为：0. 26 万元。

四、课题负责人所在单位意见

单位（盖章）　　　　　　　　　　　　负责人（签章） 年　月　日

五、评审组意见

<table><tr><td>

评审组长签名：
年　　月　　日</td></tr></table>

六、龙岗区教师进修学校审批意见

<table><tr><td>

公　　　章
负责人签名：
年　　月　　日</td></tr></table>

立项证书

经深圳市龙岗区教师进修学校审核，批准龙岗区宝龙学校申报的教师课题立项，课题编号为：2017JS206

课题名称：数学教材整合下的接引性学习单的设计的实验研究
课题主持人：明春生
研究时间：2017.06～2018.06
特发此证。

龙岗区教师进修学校
二〇一七年九月

图 1　证书

结题鉴定申请书

课题编号
NO：2017JS206

深圳市龙岗区教育科学规划项目
成果鉴定申请表

课题名称　数学教材整合下的接引性学习单的设计的实验研究

课 题 主 持 人　明　春　生

主持人所在单位　深圳市龙岗区宝龙学校

深圳市龙岗区教师进修学校制

二〇一七年五月

一、课题组基本情况

<table>
<tr><td>课题名称</td><td colspan="5">数学教材整合下的接引性学习单的设计的实验研究</td></tr>
<tr><td>课题主持人</td><td colspan="2">明春生</td><td colspan="2">工作单位</td><td>深圳市龙岗区宝龙学校</td></tr>
<tr><td>原定研究起止时间</td><td colspan="2">2017 年 4 月至 2018 年 6 月</td><td>原定研究成果形式</td><td colspan="2">论文、结题报告、优秀接引性学习单汇编</td></tr>
<tr><td>实际完成时间</td><td colspan="2">2018 年 6 月</td><td colspan="2">申请鉴定时间</td><td>2018 年 6 月</td></tr>
<tr><td>主要研究人员姓名</td><td colspan="2">单位</td><td colspan="2">职务和职称</td><td>课题研究中所承担的工作</td></tr>
<tr><td>黄敏佳</td><td colspan="2">宝龙学校</td><td colspan="2">小高</td><td>数学教学</td></tr>
<tr><td>蔡晓玲</td><td colspan="2">宝龙学校</td><td colspan="2">小高</td><td>数学教学</td></tr>
<tr><td>吴红平</td><td colspan="2">宝龙学校</td><td colspan="2">中二</td><td>数学教学</td></tr>
<tr><td>翟兴权</td><td colspan="2">石芽岭学校</td><td colspan="2">中一</td><td>数学教学</td></tr>
<tr><td>官丽婷</td><td colspan="2">宝龙学校</td><td colspan="2">中二</td><td>数学教学</td></tr>
<tr><td>陈宠年</td><td colspan="2">宝龙学校</td><td colspan="2">中二</td><td>数学教学</td></tr>
<tr><td>宋志航</td><td colspan="2">宝龙学校</td><td colspan="2">无</td><td>数学教学</td></tr>
<tr><td>钟巧玲</td><td colspan="2">宝龙学校</td><td colspan="2">小一</td><td>数学思想方法</td></tr>
<tr><td>黄妙玲</td><td colspan="2">宝龙学校</td><td colspan="2">小一</td><td>数学思想方法</td></tr>
<tr><td>周道斌</td><td colspan="2">深圳中学龙岗中学</td><td colspan="2">中二</td><td>数学教学</td></tr>
<tr><td>钟庆欣</td><td colspan="2">宝龙学校</td><td colspan="2">无</td><td>课前情境引入</td></tr>
</table>

二、重要的研究成果

成果名称	作者姓名	成果形式	出版单位或发表刊物名称、刊号
《整合教材下的数学接引性学习单的设计研究》	明春生	论文	发表在《数学教学通讯》（国内统一刊号：CN 50 – 1064/G4；国际标准刊号：ISSN 1001 – 8875）2018 年第 10 期上
《例谈高效的数学接引性学习单的设计》	蔡晓玲	论文	发表在《中学生导报·教学研究》（国内统一刊号：CN 62 – 0021；国际标准刊号：ISSN 0030 – 1996）2018 年第 22 期上

续 表

<table>
<tr><th colspan="2">成果名称</th><th colspan="2">作者姓名</th><th>成果形式</th><th>出版单位或发表刊物名称、刊号</th></tr>
<tr><td colspan="2">《追根溯源，寻找路径——浅谈学习单设计》</td><td colspan="2">黄敏佳</td><td>论文</td><td>发表《倾听花开》第 8 期上</td></tr>
<tr><td colspan="2">《数学教材整合下的接引性学习单的设计的实验研究》</td><td colspan="2">明春生</td><td>研究报告</td><td></td></tr>
<tr><td colspan="2">《优秀接引性学习单汇编》</td><td colspan="2">课题组成员</td><td>研究报告</td><td></td></tr>
<tr><td rowspan="6">拟提交鉴定的成果名称、成果的主要内容等。（主要内容含预期计划执行情况；研究成果的主要内容、特色、主要建树、创新之处和对策建议等）</td><td colspan="5">代表性成果简介</td></tr>
<tr><td>序号</td><td colspan="2">基本内容</td><td>实践价值</td><td>社会影响</td></tr>
<tr><td>1</td><td colspan="2">《整合教材下的数学接引性学习单的设计研究》</td><td>对整合教材下的数学接引性学习单的设计进行研究总结，这一研究结果具有很好地指导意见，对我校数学课组后续开展整合教材下的接引性学习单的设计具有理论的指导意义</td><td>明春生老师撰写的论文《整合教材下的数学接引性学习单的设计研究》发表在《数学教学通讯》2018 年第 10 期上，国内统一刊号：CN 50－1064/G4；国际标准刊号：ISSN 1001－8875</td></tr>
<tr><td>2</td><td colspan="2">《例谈高效的数学接引性学习单的设计》</td><td>对整合教材下的小学数学接引性学习单的设计进行研究总结，这一研究结果具有很好地指导意见，对我校小学数学课组后续开展整合教材下的接引性学习单的设计具有理论的指导意义</td><td>蔡晓玲老师撰写的论文《例谈高效的数学接引性学习单的设计》发表在《中学生导报・教学研究》2018 年第 22 期上，国内统一刊号：CN 62－0021；国际标准刊号：ISSN 0030－1996</td></tr>
<tr><td>3</td><td colspan="2">《追根溯源，寻找路径——浅谈学习单设计》</td><td>例谈接引性学习单的设计，对数学组年轻教师具有很强的理论及操作的指导意义</td><td>黄敏佳老师撰写的论文《追根溯源，寻找路径——浅谈学习单设计》被学校课改专刊《倾听花开》第 8 期采用</td></tr>
<tr><td>4</td><td colspan="2">《数学教材整合下的接引性学习单的设计的实验研究》</td><td>课题组采用数据分析法对课题组进行的接引性学习单的设计的研究进行分析，全方位地总结课题组进行研究的得失，为后续的推广起到很好的促进作用</td><td>研究结果的数据有利于课题组的前后对比，验证课题组对接引性学习单的设计的促进作用</td></tr>
</table>

主持人所在单位审查意见

<table>
<tr><td>审核项目研究是否按原计划完成任务；成果质量是否达到鉴定要求</td><td>公章负责人（签章）
年　月　日</td></tr>
</table>

结题评审专家意见

<table>
<tr><td>评审专家组长签名：
评审专家组成员签名：
年　月　日</td></tr>
</table>

龙岗区教师进修学校审核意见

<table>
<tr><td>审核人：
年　月　日</td></tr>
</table>